Pipino
REX

VOCABOLARIO

PIEMONTESE

VOCABOLARIO

PIEMONTESE

DEL MEDICO

MAURIZIO PIPINO

A SUA ALTEZZA REALE

MARIA ADELAIDE
CLOTILDE SAVERIA

DI FRANCIA

PRINCIPESSA DI PIEMONTE

TORINO, NELLA REALE STAMPARIA

M. Dcc. Lxxx. iiI.

Ego non satis intelligo hoc tam insolens rerum

domesticarum fastidium. Cic.

PREFAZIONE.

Con quanto di fatica io sia giunto a compilare questo Vocabolario, ognuno sel può facilmente immaginare * . Per ridurlo nello stato, in cui si trova, non ho risparmiata diligenza nel consultare i Vocabolarj più ricchi, nel confrontarne le diverse edizioni, nello esaminare quegli Scrittori, che mi parvero atti a somministrarmi qualche lume; e di ciò non pago, ho interrogati parecchj viventi e Franzesi, e Toscani versatissimi nel loro idioma. Ma, non ostanti le mie più sollecite ricerche, ben m'avveggo, che l'opera è ancora molto lontana dall'essere quale si converrebbe, e sono costretto a confessare d'essere, parte per imperizia, parte per inavvertenza, trascorso in non pochi difetti, ed errori. Questa mia ingenua confessione mi servirà di scusa e presso i Letterati, i quali ben

---

* Il n'y a que deux choses que je releverois volontiers, quoique souvent repétées : l'utilité qu'on peut tirer des Dictionnaires, ou plutot le besoin qu'on en a, et la peine que coutent de pareils ouvrages. Tout le monde est d'acord sur la premiere : la seconde est au dessus de toute expression. Ce qu'en dit *Scaliger* ne suffit pas :

Si quelqu' un a commis quelque crime odieux,
S' il a tué son pere, ou blasphemé les Dieux,
Qu' il fasse un lexicon : s' il est suplice au monde
Qui le punisse mieux, je veux que l' on me tonde.

L'ANTONINI nella prefazione al suo Dizionario ital. lat. e franz.

sanno, che ún'opera affattò nuòva, quäl è questa, è difficilissimo, che uscir possa la prima volta compiuta, e presso i Piemontesi, al cui uso, e comodo è spezialmente indirizzata, i quali spero anzi, che mi sapranno buon grado dell'intraprefa fatica, comecchè il lavoro sia tuttavia mancante, ed imperfetto.

Per dare a' miei Leggitori un'idea del presente Vocabolario, debbo dire, che io ho osservati in questa Capitale tre varj modi di parlare il nostro dialetto; cioè il *Cortigiano*, ossia quello, che usasi in Corte; il *Volgare*, ossia quello, che usasi comunemente dai Cittadini; il *Plebeo*, ossia quello, che usasi dal minuto popolo *. Ho in oltre osservato, che ogni Provincia ha la sua maniera propria di parlare il Piemontese, che si distingue qual più, qual meno dalla maniera della Metropoli; e questa chiamerò *Provinciale*. Resta per ultimo il linguaggio de' nostri Contadini, che chiamerò *Contadinesco*. Ora io ho pensato di contrassegnare, come si vedrà dalla tavola delle abbreviature, quelle

---

* Il parlar Cortigiano in parecchie voci differisce dal parlar del comun popolo della Città, non nella diversità delle medesime, ma nella diversa pronunzia. I Cortigiani per esempio, i Nobili, come anche le Persone letterate, e colte fanno sentire una *ë* aperta, ed una *ę* muta in parecchi vocaboli, laddove sentesi in bocca della gente più ordinaria, e de' plebei in vece della *ë* aperta in alcune voci, una *a*, ed in alcune una *ę* muta, ed al luogo di questa pure una *a*. Onde i primi dicono *sofiët*, *blët*; *bufët*, *taborët*, *nët*, *libër*, *bavër*, *otobër*, *fräsch* *crẹd*, o *crëd*, *vẹd*, o *vëd* ec. mentre gli altri pronunziano *sofiàt*, *blat*, *bufàt*, *taboràt*, *nat*, *libęr*, *bavęr*, *otòbęr*, *frasch*, *crad*, *vad*, ec.

voci, che non sono in uso in Corte, ma soltanto o presso i Cittadini, o presso la plebe, o presso gli abitanti del Contado, o presso gli abitanti delle Province. Ben è vero però, che ho tralasciato di notare parecchi termini, a cagion d'esempio, i termini proprj degli stromenti delle arti, e dell' agricoltura, perchè, sebbene questi non siano forse mai nominati, e forse anche non siano per lo più conosciuti dai Cortigiani; pure, occorrendo, non potrebbero certamente chiamarsi con altro nome, se non se con quello, che viene adoperato dagli Artefici, e dai Contadini. Non è poi senza ragione, ch'io abbia voluto adottare alcune voci Provinciali. Quelle, cui ho dato luogo, sono state da me riconosciute precise, caratteristiche, ed esprimenti al vivo la natura della cosa; e il così fare mi parve ancora spediente per agevolare alle Rrovince l'intelligenza di certi vocaboli, che sono proprj della Dominante; e reciprocamente ai Torinesi l'intelligenza di certi vocaboli, che sono proprj d'altre Città del Piemonte.

Questo Vocabolario è diviso in quattro parti, ossia in quattro piccioli Vocabolarj. Il primo è il Vocabolario Domestico, a cui si troverà in fine un'aggiunta di voci, che mi vennero in mente nel tempo stesso, che quello si stava stampando. Il secondo comprende una Raccolta de' nomi derivanti da dignità, gradi, uffizj, professioni, ed arti. Il terzo è una Raccolta de' verbi più famigliari, come anche di quelli, che più si discostano dall'Italiana favella, di alcune frasi più proprie del nostro dialetto, de' principali avverbj, preposizioni, congiunzioni, ed interjezioni. Il quarto, ed ultimo è un Supplimento al Vocabolario, in cui si comprendono quelle voci, che non erano ancora comprese nelle tre parti antecedenti.

Quanto alla serie, e alla disposizione de' vocaboli, ho sempre seguito l'ordine del nostro alfabeto; e se in alcun luogo non è con esattezza osservato, ciò è succeduto per errore. I varj sinonimi, che ho posti in tutte quattro le lingue, sono stati da me distribuiti successivamente secondo la maggiore, o minore loro proprietà. Ma siccome talvolta sono egualmente proprj, ovvero può talvolta in certe circostanze il secondo, il terzo ec. essere più adattato del primo; così starà allora al giudizio del Leggitore, o Scrittore la scelta.

Premesse queste poche, ma necessarie dilucidazioni, altro non mi rimane, se non se il conchiudere con alcune non meno necessarie proteste. Confesso di nuovo la debolezza dell'Opera mia; comprendo di quanto potrebbe esser migliore; mi dichiaro docilissimo nell'ascoltare gli avvisi altrui, prontissimo nel condannare i miei falli, tenutissimo a chiunque, non trasportato dagl'impeti di malignità, e di burbanza, ma guidato dai lumi della ragione, e del vero, vorrà accingersi ad aggiungere, a togliere, a cangiare nel mio lavoro quello, che giudicherà opportuno, e renderlo così più utile, e glorioso per la Nazione. Sarò contentissimo della mia fatica, se potrò con questa eccitare taluno di que' valenti ingegni, di cui abbonda il Piemonte, a delineare sull'imperfetto abbozzo, che presento, un esatto disegno, e a formarne un gran quadro. Ma intanto per ciò, che riguarda me stesso, ripeterò a ciascuno de' miei Leggitori le parole d'Orazio nell'Arte Poetica:

> *Hoc tibi dictum*
> *Tolle memor, certis medium, et tolerabile rebus*
> *Recte concedi.*

SPIEGAZIONE DELLE ABBREVIATURE,

Che leggonsi nel presente Vocabolario.

accr.	accrescitivo.
add.	addiettivo.
comun.	comunemente.
corrisp.	corrispondente, o corrispondenti.
dim.	diminutivo.
fem.	femminino.
f.	franzese.
fr.	frase.
fr. contad.	frase contadinesca.
fr. pl.	frase plebea.
fr. volg.	frase volgare.
fig. figur.	figurato, figuratamente.
i.	italiano.
l.	latino.
masc.	mascolino.
metaf.	metaforicamente, o metaforico.
pegg.	peggiorativo.
p. i. l.	piemontese, italiano, e latino.
pl.	plurale.
sing.	singulare.
super.	superlativo.
sust.	sustantivo.
T.	termine.
T. degli Agric.	termine degli Agricoltori.
T. degli Agrim.	termine degli Agrimensori.
T. de' Falegn.	termine de' Falegnami.
T. degli Stamp.	termine degli Stampatori.
V.	vedi.
v.	voce.
v. contad.	voce contadinesca.
v. pl.	voce plebea.
v. pr.	voce provinciale.
v. volg.	voce volgare.
v. dell' uso i.	voce dell' uso italiano.
v. dell' uso f.	voce dell' uso franzese.

* Coll'*asterisco* si notano, come dagli Accademici della Crusca, le voci latine barbare.

† Mi servo di questa *croce* per segnare quelle voci, circa le quali mi è rimasto qualche dubbio, se siano proprie, e corrispondenti alle nostre.

— Uso finalmente questa *lineetta* per tratto d'unione di quelle parole, che vengono presso noi a formarne una sola, come si pratica da' Francesi, e già osserviamo praticarsi da alcuni Scrittori Italiani.

PARTI DI QUESTO VOCABOLARIO.

Vocabolario domestico . . . . . *pag.* 1
Aggiunta al Vocabolario domestico . . . 95
Raccolta de' nomi derivanti da Dignità, Gradi, Uffizi, Professioni, ed Arti 97
Raccolta de' Verbi più famigliari, come anche di quelli, che più si discostano dall'Italiana favella, di alcune Frasi più proprie del nostro dialetto, de' principali Avverbj, Preposizioni, Congiunzioni, ed Interjezioni. 135
Supplimento al Vocabolario. 171

VOCABOLARIO
DOMESTICO

Abit. (Tutto ciò, che serve a coprire, a vestire la persona.) Abito; veste; vestite; panni; drappi; vestimento i. *Amictus* l. Habit f. ʃ (Si dice anche assolutamente de' vestimenti de' Religiosi.) Abito i. *Vestis; habitus* l. Habit de Religieux f.

Abitin. Scapolare; abitino i. . . . . Scapulaire f

Academia. Accademia i. *Academia* l. Accadémie f.

Agnus. (Piccole immagini di pietà ornate di ricamo, e fatte per li fanciulli.) Agnusdeo; agnusdei i. *Agnusdei* l. Agnus f.

Agnusdei. (Cera consegrata, e che ha l' immagine dell' agnello di Dio.) Agnus Dei; agnus Deo i. *Sacrum amuletum; agnus Dei* lat. Agnusdei f.

Aguceta; ujeta; fër da causset. Ago i. *Acus* l. Aiguille de bas f.

Agusia; uja. Ago i. *Acus* l. Aiguille f. ʃ *Agucia da cavëi; agucia neira.* Ago da testa; spillo; spilletto; spilla i. *Acus crinalis; acus comatoria* l. Aiguille de tête; épingle f. ʃ *Agucia d' diamant.* (Spillo, che ha piccoli diamanti al luogo della testa.) Spillo di diamante i. . . . . Epingle de diamans f. ʃ *Agucia da cusì;* Ago; agocchia i. *Acus* l. Aiguille f. ʃ *Agucia da testa.* Ago da testa i. *Acicula* l. Epingle f.

Agucià. V. *ujà.*

Aguein, dim. d' *agucia*; Spilletto i. *Acicula, æ* l. Camion f.

Aira; era v. pr. (Spazio di terra spianato, ed accomodato per battere il grano.) Aja i. *Area* l. Aire f.

Alabarda. (Sorta d'arme in asta.) Alabarda i. *Asta; pilus* l. Hallebarde f.

Altar; autar v. pl. Altare i. *Altare; ara* l. Autel f.

Altarin, dim. d' *altar.* Altarino i. *Parva ara* l. Petit autel f.

Amadlʃ. (Manica stretta, o sia mezza manica, che s' affibbia sul pugno.) . . . . . . Amadis f.

Amaſona; amaſön. (Sorta di veste da donna per andar a cavallo, così detta dalle Amazoni.) Amazone i.

Amit. (Pannolino benedetto, che il Prete si mette sopra il capo, o sopra le spalle, quando si para.) Ammitto i. *Amictus* l. Amict f.

Amola. (Vaso di vetro, che contiene la quantità del liquore, di cui è capace la penta, ed anche qualche cosa più, o meno.) Ampolla i. *Ampulla* l. Ampoule; fiole f.

Amolin; amolina; amolinöt, dim. d' *amola.* Ampolletta; ampollina i. *Urceolus; parva ampulla* l. Fiole; petite ampoule; burette f.

Amolon, accr. d' *amola.* V.

Amon. Amo i. *Hamus* l. Hamechon f.

Anbossor ; *enbossor*. Imbuto i. *Infundibulum* l. Entonnoir f.

Anbroseta. (Sorta di panno così detto dai signori Ambrosetti, che ne sono i fabbricatori nel Biellese.) Ambrosetta, v. dell'uso i. . . . . Ambroisette, v. dell'uso f

Ancora. (Strumento di ferro con raffi uncinati per fermare i navili.) Ancora i. *Anchora* l. Ancre f.

Ancuso. Ancudine ; ancude; incudine i. *Incus* l. Enclume f.

Anel. (Cerchietto fatto di materia dura, e che serve per attaccar qualche cosa.) Anello i. . . . . Anneau f. ſ *Anei da ridò*. Anelli da cortina; campanelle i. . . . . ſ Cerchietto di oro, o d'argento, o d'altro metallo, che si porta in dito per ornamento, ed in cui v'è qualche pietra incassata, o ritratto. Anello i. *Annulus* l. Bague f.

Angionçciatöri. V. *Genociatöri*.

Angign. Ingegno ; ordigno i. *Machina*; *machinamenta* l. Engin f.

Anima. (Pezzo di osso, o di legno, col quale mediante appropriata copertura si vien a formare il bottone. Anima, v. dell'uso i. . . . . Ame, v. dell'uso f. ſ (Dicesi anche di quel legnetto, che è sopposto al ponticello del violino, basso, ec per sostenerlo .) Anima, v. dell'uso i. . . . .

Ame, v. dell'uso f ſ. (Si dice pure quel pezzo di cuoio, che è attaccato da una parte al buco del soffietto, per cui entrar deve l'aria, e che ne permette l'entrata impediendone l' escita.) . . . . . .

Animeta. Arnese quadrato, che si sovrappone immediatamente sul calice nel sacrificio della Messa.) Copertojo i. *Opertorium* l. Pâle f. ſ Per dim. d'*anima*, V.

Ansegna. Insegna i. Signum l. Enseigne f.

Ansin. (Strumento noto per lo più di ferro, adunco, e aguzzo.) Uncino i. *Uncus* l. Croc ; accroc ; crochet ; agrafe f.

Ansola; *mani*. (La parte di certi vasi curvata in arco, per la quale si prendono ordinariamente.) Manico d'un vaso i. *Ansa* l. Anse f.

Anta. (Manifattura di legno, che serve per chiudere le finestre, ed impedirne la luce.) Imposta delle finestre i. *Postes* l. Boisage des fenêtres f.

Antermef, *tramef*. (Ciò, che tra l'una cosa, e l'altra è posto per dividere, o scompartire, o distinguere.) Tramezzo i. *Quod est interpositum* l. Entre-deux ; cloison ; séparation ; division ; cloisonage f. ſ (Per una

specie di piccol muro dentro un edifizio, qual dicesi anche *stębi*. Tramezzo; assito; palancato i. . . . . .
Cloison f.

Anticamera. Anticamera i. *Procaeton* l. Antichambre f.

Antifonari. Antifonario i. *Antiphonarum liber* l. Antiphonier l.

Antipörta; paravent. Usciale; paravento; portiera i. *Diathyrum* l. Paravent; contrevent f.

Antoelagi. (Tela rada, e per lo più fatta a maglie, che serve a guarnizione di abiti, o di ornamenti donneschi.) . . . . . .
Entoilage f.

Apartament. Appartamento i. *Diaeta, aedium pars* l. Appartement f.

Apia. V. *Piöla.*

Apis; crajon. Lapis; matita; stile i. . . . . .
Crayon; craion f.

Apröi. V. *Ponga.*

Aqua benedeta. Acqua santa i. *Aqua lustralis* l. Eau bénite f.

Arbarela. (Vaso piccolo di terra, o di vetro.) Alberello i. *Vasculum* l. Petit vase; petite phiole f.

Arbi. (Vaso grande, e quadrilungo, che serve a varj usi, e ordinariamente per riporvi acqua, e pell' estrazione del vino dalle tine.) Truogo; truogolo i. *Aquarium; vinaria, orum* l. Auge; hotte-poissée f.

Arbiöt, dim. d' *arbi*, V.

Arch. Arcale; volta, o arco di porta i. *Arcus* l. Arc; cintre f.

Archët. (Strumento, col quale si suona il violino, la viola, ec.) Archetto; plettro i. *Plectrum* l. Archet f. ʃ Per dim. d' *arch.* V.

Archibuſ. V. *Fuſil.*

Architrav. Architrave i. *Epistylium* l. Architrave f.

Archivi. Archivio i. *Tabularium; tablinum; archivium* l. Archives f.

Arcöva. Alcovo i. . . . . .
Alcove f.

Ardion; bogìarin v. pl. (Ferro appuntato della fibbia.) Ardiglione i. *Fibulae acus* l. Ardillon f.

Arfilura. (Quel, che si leva nel raffilare.) Raffilatura i. *Resegmina* l. Rognure f.

Argentaria. Argentería i. *Argentum; argentea vasa* l. Argenterie; vaissel., & autres meubles d' argent f.

Arisson. (Acconciatura di capelli arricciata, ed alta, alla moda.) . . . . . .
Hérisson f.

Arlichia. Reliquia i. *Reliquiae, arum* l. Reliques f.

Arlichiari. Reliquiario i. *Theca reliquiarum* l. Reliquaire; chasse, boîte à reliques f.

Arlögi. Orivolo; orologio i. *Horologium* l. Horloge f. ʃ *Arlogi a sol.* Orivolo a sole i. *Horologium sola-*

rium l. Cadran f.

Arma. (Ogni arnese, o' strumento di ferro, o di acciajo per difender se, o offender altrui.) Arme; arma i. *Arma, orum* l. Arme f. ¶ Per impresa, insegna di famiglia, o di popolo. Arme; arma i. *Stemma; insigne; arma* l. rme; armoiries; enseignes f.

Armari, credenza; Arma rio, armadio; credenza i. *Armarium* l. . . . . . ¶ (Quello, in cui si chiudono le vivande per mangiare, **V.** *dispensa.*

Armariöt, dim. d'*armari.* **V.**

Arpa. Arpa; arpe i. *Fides; chelys; lyra; cithara* l. Harpe f.

Arsenal. Arsenale i. *Navale* l. Arsenal f.

Arson. (Quella parte della sella, e de' basti, fatta a guisa d'arco.) Arcione i. . . . . Arçon f.

Arsört. (Pezzo di ferro, di rame, d'acciajo, o d'altra materia, che è fatto, e posto in maniera, che si ristabilisce nel suo primiero stato, quando cessa d'essere sforzato.) Molla i. *Elasterium* l. Ressort f.

Artai. (Quel piccol pezzo, che si leva nel raffilare panno, drappo, o simili) Ritaglio i. *Resegmen* l. Retaille; morceau; piece; rognure f.

Aslin; bataria. (Pezzo di acciajo, che copre lo scodellino delle armi da fuoco, e contro cui dà la pietra, che ha il cane.) Martellina i. . . . . Batterie f ¶ Per *bricket* **V.**

Aspa. (Strumento fatto d'un bastoncello con due traverse contrapposte, ed alquanto distanti tra loro, delle quali una insieme al medesimo forma una croce, e sopra queste si forma la matassa) Naspo; aspo i. *Alabrum* l. Dévidoir f.

Aspèrges. Aspersorio i. *Instrumentum ad aspergendum* l. Aspersoir; asperges; goupillon à jetter de l'eau bénite f.

As. Asse; tavola i. *Assis; asser* l. Planche; aisse f.

Assal; issal v. pr. (Legno, che passa nel mezzo delle ruote d'un carro, di una carrozza, ec. intorno all'estremità del quale esse girano.) Sala i. *Axis* l. Essieu f.

Asta. (Strumento lungo, e sottile per lo più di ferro, nel quale s'infilano i carnaggi per arrostirli.) Schidione; spiedo i. *Veru* l. Broche f.

Avantagi (T. degli Stampatori. Specie di tavola quadrata con una piccola sponda da capo, ed a due lati, sopra la quale il Compositore affetta le linee, dopo che le ha composte.)Vantaggio i. . . . . . Galée f.

Auna. (Misura, e l'arnese medesimo, con cui si mi-

ṣura.) Auna, v. dell' uso i.
. . . . Aune f.

Aussa. (Pezzo di tomajo, che i Calzolai mettono sopra la forma per far la scarpa più grande.) . . . . .
Hausse, v. dell' uso f.

Autar. V. *Altar.*

B

Bacheta. Bacchetta i. *Virga* l. Baguette; houssine; gaule f.

Bacïas. Stagno i. *Stagnum* l. Etang f.

Baciassa. (Parte del torchio, ossia recipiente, in cui pongonsi le cose da premere.) . . . . .

Baciöch. (Macchia d' inchiostro sopra la carta.) Scorbio; sgorbio i. *Litura* l. Pâte d' encre sur le papier f.

Bagnolè. (Fazzoletto rotondato con capucchio.) . . .

Bagnor. (Vaso da innaffiare.) Innaffiatojo; annaffiatojo i. *Nasiterna* l. Arrosoir f. ʃ (Vaso, in cui si prendono i bagni.) Bagno; tinozza i. *Labrum balneare* l. Baignoir; baine f.

Bajoneta. Bajonetta i. *Mucro, onis* l. Bajonette f.

Bala. (Corpo di figura rotonda.) Palla i. *Globus*; *pila* l. Balle f. ʃ *Bala.* (Ammasso di cose trasportabili unite insieme per mezzo di corda) Balla i. *Sarcina; compacta ꝛerum strues* l. Balle f.

Balòt, dim. di *bala* nel significato di cose traspor-

tabili unite insieme per mezzo di corda.

Balansa. Bilancia i. *Trutina* l. Balance f.

Balassa pegg. di *bala.* Ballaccia i. . . . . . Balle mal faite f.

Baldachin. Baldacchino i. *Umbella* l. Dais; poêle f.

Baleña. (Ossa della balena pesce ridotte a striscie per formare i busti.) . . . . .

Balestra Balestra i. *Ballista* l. Arbalete f.

Baloña, acc. di *bala* nel significato di corpo di figura rotonda. Ballaccia i. *Magna sarcina* l. Grosse balle f.

Balon. (Sorta di palla grande fatta di cuojo, e ripiena d' aria.) Pallone i. *Follis*; *follis pugillatorius*; *folliculus* l. Balon f. ʃ Per istrumento, sul quale si fan lavori di trine, o simili. Tombolo i. . . . . . Cousin sur le quel on fait de la dentelle f.

Balustra. (Ordine di balaustri collegati insieme con alcuni pilastri, e posti in conveniente distanza.) Balaustrata i. *Columellarum certo ordine dispositarum congeries*; *septum* l. Balustrade; balustre; cancel f.

Balustrin. (Sorta di colonnetta, che regge l' architrave del ballatojo) Balaustro i. *Columella* l. Balaustre; cancel f.

Banbaʃ. Cotone; bambagia i. *Gossypium* l. Coton f.

¶ *Banbaſ dla candeila*, *dla lucerna*, *dẹl lum*; *moch.* Lucignuolo : stoppino i. *Ellychnium* l. Meche; lumignon f.

Banca. (Arnese di legno, o pietra, che serve per sedile di più persone , e per altri usi.) Panca i. *Subsellium* l. Banc pour s' asseoir f. ¶ *Bancha dẹl let.* Panca del letto i. *Fulcrum lecti* l. Banc du lit f.

Banch . (Dicesi primo quella macchina di legno, che è nelle chiese ad uso di sedia, e d' inginocchiatojo; secondo quella, che è nelle scuole ; terzo quella , di cui si servono i bottegaj per la vendita de' loro generi.) Banco i. *Subsellium*; *scamnum* l. Banc. f.

Banchẹta; *banchiña*, dim. di *banca.* V.

Bancon, acc. di *banch:* (Dicesi di grosso banco, che serve per tenervi entro checchessia, e che si chiude al davanti.) Bancone i. . . . . Gros banch f. ¶ Dicesi pure di un arnese, che serve per porvi entro un letto.) Letto a vento, v. dell'uso i. . . . .

Banderöla. (Segno a foggia di piccola bandiera, che si fà esporre dalle comunità per certo tempo, pendente il quale è vietata la compra di certe cose ai rìvenduglioli.) Pannoncello, Banderuola i. *Parvum vexillum*, o *signum* l. Pennon ; banderole f. ¶ Quell' istrumento,

che si volta a tutti i venti, e si pone in alto per conoscere qual vento soffia. Banderuola i. *Index ventorum; lamina versatilis , mobilis ad omnem auram* l. Girouette f.

Bando; sẹntena . Bandolo; capo della matassa i. *Caput mataxæ* l. Centaine f.

Bandò, coll'accento sopra l' o. Benda per il capo i. *Vitta; fasciola* l. Bandeau f.

Bandera. Bambagino rigato i. . . . . . . Basin rayé f.

Bandoliera. Bandoliera i. *Balteus* l. Bandoliere f.

Bara. (Pezzo di travicello, che serve à diversi usi.) Stanga i. *Tigillum; vectis; pertica* l. Barre f.

Baraca. (Stanza di tela.) Baracca i. *Tentorium ; casula ; papilio* l. Baraque; tente f.

Baracan. Baracano i. *Pannus cilicinus ; pannus ex pilis caprinis* l. Bouracan ; barracan f.

Baral. V. *Baril.*

Barachin. (Piccol ramino col coperchio, e manico fisso.) . . . .

Baracon. (Stanza, o casa di legno.) Baracca i. *Tentorium ; casula; papilio* l. Baraque ; tente f.

Barato. (Vaso ad uso di conserve, o simili.) Barattolo i. *Vasculum dulciarium* l. Petite pot; chevrette f.

Barbis. Mostacchi ; basette i. Barbisi Lomb. *Mystax* l. Moustache f.

Barbossal. (Catenella, che stringe la barbossa.) Barbazzale i. *Catenula freni* l. Gourmette f.

Bardela. (Scaglione di legno a piè degli altari, sopra il quale sta il Sacerdote, quando celebra la messa.) Predella i. *Scabellum* l Marche pied f.

Barela. (Strumento a guisa di barra, che si porta a braccia da due persone per uso di trasportare sassi, terra, e simili.) Barella i. *Velus* l Bard ; civiere à bras f. ⸗ Per noi estendesi anche a significare la barra V. *Catalet*.

Bareta. Berretta i. *Pileus pileum* l. Bonnet; barrette f. ⸗ Quella, che è quadrata, e che portasi da' Preti. Berretta i. *Pileus quadratus* l. Gourmete f.

Baril; *baral*. Barile; carrattello i. *Cadus* l. Tonneau f.

Barilöt, dim. di *baril*. Barilotto i. *Parvus cadus* l. Cacque; baril f.

Barlēt. (Piccolo vaso di legno da portare a cintola.) Bariletta i. *Laguncula* l. Barilet; flacon f.

Barolè. (Da *bas roulès*.) Calzetti avvolti intorno al ginocchio: si usa anche da' Toscani, come si vede nel Sigli dizion. Caterin. . . . .

Barömetro. (Strumento, con cui si misura la gravità dell' aria.) Barometro i. *Barometrum* l. Barometre f.

Bartin; *bonēt*. Berretta i. *Pileus* l. Bonnette; bonet f.

Barton. . . . . . Grand bonnet f.

Bas; *bassa*. (Strumento musicale.) Basso i. . . . Basse f.

Basaña. Esca i. *Fomes* l. Amource f.

Basin. Bambagino i. *Tela xylina* l. Basin f.

Bassin. Baccino; bacile i. *Malluvium* ; *malluvia* ; *pollubrum* ; *pelvis* ; *trulleum* ; *lebes* l. Bassin f.

Bassinēt. (Quel piccol pezzo scavato della *piastra* d' un arma da fuoco, in cui si mette il polverino.) Scodellino i. . . . . . Bassinet f.

Bassinöt, dim. di *bassin*. Bacinella i. *Parvum malluvium* l. Petit bassin f.

Bassman. (Ornamento coi suoi legni a terra appoggiato, che il letto circonda.) Tornaletto i. *Conopoeum* ; *cadurcum* l. Soubassement f.

Basson. (Strumento musicale da fiate.) Bassone i. . . . . . Basson f. Ve n'ha di due sorta, uno si chiama *Basson d'uboë*, e l'altro *Basson de fluta*. ⸗ *Basson d'uboë*. . . . . . Basson de hautbois f. ⸗ *Basson de fluta*. . . . . .

Bast. Basto i. *Clitellae* ; *sagma* l. Bât f. ⸗ Dicesi an-

che di quella parte del torchio arcata, che si sovrappone immediatamente alle
cose da premere. . . . . .

Basta. (Cucitura abbozzata
con, punti grandi per accorciare una veste troppo lunga.) Basta i. . . . . .
Coûture à longs points f.

Bastët, dim. di *bast*. **V.**

Bastiña. (Specie di basto
senza arcioni.) . . . .

Bastion. Bastione i. *Pro-
pugnaculum ; terreus , aut sa-
xeus agger* l. Bastion; rem-
part; boulevart f.

Baston. (Bastone i. *Ba-
culum* l. Bâton f. ꝗ *Baston
pastoral.* Baston pastorale i.
Pedum; lituus l. Bâton pastoral f.

Batai; batöc. (Massa di
ferro pendulo entro le campane, per cui si suonano.)
Battaglio i. *Nolæ*, o *tintin-
nabuli malleus* l. Batant; marteau d'un cloche f.

Batoc. (Ferro pendulo,
con cui si picchiano le porte,
e che dicesi anche da alcuni
tabus, d'onde ne derivò il
proverbio *ogni us l'ha 'l sö
tabus*.) Picchiaporta i. *Epis-
pastrum* l. Marteau d'une
porte; heurteoir f. ꝗ Pesante
arnese appeso dietro le porte, che serve per chiuderle.
Batiocchio i. . . . . .
ꝗ Per *Batai*. **V.**

Baturia. (Quantità di cannoni con ciò, che vi è d'uopo, e l'atto stesso del battere piazze, o simili.) Bat-

teria i. *Oppugnatio* l Batterie f. ꝗ *Batatia d'cufiña.*
Strumenti da cucina i. *Vasa
coquinaria* l. Batterie de cuisine f. ꝗ Per *Aslin*. **V.**

Batent; massa. (Specie di
mazza, che batte sulle campane pel suono delle ore.)
Clava; massa i. *Clava* l.
Batant d'un cloche f.

Batisteri. Battisteo; bat-
tisterio; battistero i. *Bapti-
sterium; fons lustralis* l. Ba-
ptistaire; fonts baptismaux f.

Bator. Macinatojo i. . . .

Batùa. (Quella parte dell'
imposta d'uscio, e finestre,
che batte nello stipito, architrave, e soglia, o nell'
altra parte dell' 'mposta,
quando si serra; come anche
quella parte dello stipito,
che è battuta da essa imposta.) Battitoio i. . . . .
Collet f.

Bava. (Quel filo, che si
trae da bozzoli, posti nella
caldaja prima di cavarne la
seta.) Bavella i. . . . .
Bourre de soie f.

Bavër. (Collare di veste.)
Bavero i. *Collare* l. Collet f.

Baveta. (Parte superiore
dello scozzale, che copre
il petto.) Pettorina, v. dell'
uso i. . . . .
Bavette, v. dell'uso f. ꝗ Per
Mascra, **V.**

Baùta. (Specie di maschera alla Veneziana, di cui non
tanto presso di noi, che presso estere nazioni se ne fa
uso.) Bauta, v. dell'uso i.

Bauti. (Specie di seggiola sospesa da corde, sulla quale ci sediamo per esser sospinti, e respinti per l'aria.) Dondolo; bindolo i. *Oscillum; aliquid pensile* l. Escarpolette f.

Bavul; baul. Baule; forziere; coffano i. *Arcula viatoria* l. Bahut f.

Bęcaría; maſel. Macello; scannatojo i. *Macellum* l. Boucherie f.

Beneditin. (Vaso, che si mette all'entrata delle Chiese per tenervi acqua santa.) Pila dell'acqua santa i. *Aquarum lustrale* l. Benitier f. ¶ Parlando de' piccoli vasi, che si tengono nelle case pel suddetto uso. Vaso dell'acqua santa i. . . . . . . Benitier f.

Bergamiña; carta pecora. Pergamena; cartapecora i. *Charta pergamena* l. Parchemin; velin f.

Bęrliña. (Luogo ignominioso, dove s'espongono i malfattori.) Berlina i. . . . . . Pilori f.

Bęrsach. (Sorta di sacco, che i soldati nelle marcie, e le genti di mestieri portano per viaggio sopra il loro dorso, ed in cui pongono le loro provvisioni, i loro utensili, i loro strumenti.) Bisaccia; tasca i.

Havre-sac f. ¶ Per la tasca propria de' cacciatori, V. *Carnè.*

Bgēuja. (Immagine, figura dipinta, o di rilievo.) Effigie; impronta i. *Imago, effigies* l. Immage; jouet d'enfant f.

Bia, e più comun. *bie.*pl. (Legnetti rassomiglianti in qualche guisa ai candellieri, e che servono pel giuoco detto *dle bie.*) Birillo; birilli, voci dell' uso i. . . . . Quilles f. ¶ I randelli da strigner le some, ossieno que' legni storti, co' quali si serrano le legature delle some. Bilie i. *Vectus* l. Bille f.

Biancaría. Biancheria i. *Linteae vestes* l. Du linge f.

Bicer; goblöt, Bicchiere i. *Cyathus; calix vitreus; poculum; scyphus vitreus* l. Verre; gobelet f.

Binda. Benda; fascia i. *Vitta; tænia; fasciola* l. Bande f.

Bindel. Nastro; fetuccia; bindello i. *Vitta; tenia; fasciola* l. Ruban f.

Bindlin, dim. d' *bindel.* Nastrino i. *Vitta exigua* l. Petit ruban f.

Bio; gręmo (Spezie di cesto tessuto di vimini, sotto il quale si mettono i pulcini, perchè non fuggano, e non sieno calpestati.) † Stia i. . . . .

Biöcia. (Piccol pezzo di panno.) Pezzo, pezzuolo di stoffa i. . . . . Morceau, piéce d'étoffe f.

Bion. (Pezzo d' un fusto d'albero segato, che poi si

taglia a tavole, o listelli.)
. . . .
Billon, v. dell'uso f.

Bionda. Merletto di seta i.
. . . . . . Blonde f.

Biröc. (Sorta di carrozza.)
. . . .

Biron. V. *Tenivlöt.*

Bifegle; lisset. (T. de'
Calz. Pezzo di legno per
lo più di busso, con cui si li-
scia il contorno delle suola.)
Lisciapiante; bisegolo i. . . . .
Bizegle f.

Bifiö; bifö. (T. de'Stamp.
Pezzetto di legno tagliato
a agnatura, che serve a
stringer le forme.) Bietta;
zeppa i. . . . .
Biseau f.

Bissaca, accr. d'*sach.* V.

Blët. Belletto; fattibello;
liscio i. *Fucus; pigmentum;
offucia* l. Fard f.

Boca. (Apertura di mol-
te cose, come di mantice,
sacco, vaso, pozzo, ec.)
Bocca i. *Os, ostium* l. Bouche; ouverture f.

Bocal. Boccale i. *Culigna;
lagena* l. Chopine; bocal f.

Bochin, dim. d'*boca.* V.
ſ Per l'anelletto, dove s'
infila il lucignuolo della lucerna. Luminello i. *Myxus* l.
Lamperon f.

Böcia. (Corpo sferico di
legno, che serve per giuocare.) Palla; boccia i. *Globus* l. Boule f.

Bocin, dim. di *böcia.* V.

Bocla. (Certo anello di
metallo, che ha una pic-

cola traversa, a cui sta attaccato un piede, e l'ardiglione.) Fibbia i *Fibula* l. Boucle f. ſ Per anello fatto di
capelli. Riccio; anello i.
Cincinnus l. Boucle de cheveux f.

Boeta. Vasetto i. *Pyxis* l.
Boette f.

Bogiarin, V. *Ardion.*

Boina; palińa. (T. degli
Agrimensori. Bacchetta in
capo di cui si pone un
pezzo di carta, che si usa,
per misurare i campi.) Pa-
lina, v. dell'uso i. . . . . .
Paline, v. dell'uso f.

Bonba. Bomba i. *Pila in-
cendiaria; glans igniaria; olla
ignea missilis* l. Bombe f.

Bonët. Berretta i. *Galerus;
pileus* l. Bonnet f. ſ *Bonët*
dicesi pure un vaso di rame
a foggia di berretta a uso
di pasticceria. . . . . .
Bonnet f.

Bora. (Cimatura de'panni.)
Borra i. *Tomentum* l. Bourre f.

Boracia. (Fiasca da viaggio.) Borraccia i. *Ænophorum* l Bouteille de cuir f.

Börd. (Frangia, o lista di
che si frigiano, o orlano le
vesti.) Bordo i. . . . .
Borde; bordure f.

Bordon. (Baston de'pellegrini.) Bordone i. *Baculus
peregrinantium; hastile* l. Bour-
don f.

Borgiachin. (Piccola borsa,
che si tiene cucita alla cintola de'calzoni.) Borsellino i.
Locellus; sacculus l. Gousset;

bòusson; poche; pochette f.

Borsa. Borsa i. *Crumeha;*
pera; loculus; bulga; saccu-
lus; marsupium l. Bourse f
§ Per la borsa, che ferve
per porvi i sacri lini.) *Sa-*
crorum linteorum theca l.

Borsa da viagi; sach da
neuit. Bisaccia i. *Mantica;*
pera; bisacium; bulga l. Canapse f.

Bofoër; bufìa (Sorta di
candeliere senza gambo con
manico.) Bugía, v. dell'
uso i. . . . . . .
. Bougeoir f.

Bisson, V. Stopon.

Bot. Orcio i. *Urceus* l.
Bot f. § *Bot dl' ēuli; doj*
dl'ēuli. Orcio; vafo da oglio
i. *Urceus* l. Pot à huile f.
§ Per la parte di mezzo della
ruota, in cui sono conficcati
i suoi raggi, ed entro cui
passa la sala. (Mozzo i.
Modiolus l. Moyeu f.

Bota. (Zucca secca, e
vuota a uso di tenervi acqua, o vino.) Zucca i. *Cu-*
curbita lagenaria l. Gourde;
calebasse f. § Per vaso di
vetro di capacità mediocre
con ventre lungo, e collo
stretto, V. botelia.

Botal. Botte i. *Dolium* l.
Tonneau; tonne; fût f.

Botala. (Botte lunga per
uso di trasportare il vino
sui carri.) . . . . . .

Botalin, dim. di *botal.*
Botticello; botticella; bot-
ticino i. *Doliolum* l. Petite
tonneau f.

Botalon, accr. di *botal.* V.

Botega. Bottega i. *Officina;*
taberna l. Boutigue f.

Boteghiña, dim. di *botega.*
Botteghetta; botteghina i.
Tabernula l. Petite boutigue f.

Botegòn, accr. di *botega.* V.

Botelia; bota; botía. Bottiglia i. *Amphora; lagena* l.
Bouteille f.

Botin, dim. di *bot.* (Orciuolo; orciuoletto; orciuo-
lino i. *Urceolus* l. Cruche;
cruchon; petite pot f.

Botiña. (Dicesi certo calzare di suolo, che s'affibbia
tutto lungo la gamba, e
che ufane portar i soldati.)
Stivale affibbiato i. *Ocrea*
fibulata l. Botine f. § Per
dim. di *bota.* V. *bota.* Zucca.

Boton. Bottone i. *Globu-*
lus l. Bouton f.

Botonëra. (Pertugio, dove entra il bottone.) Oc-
chiello i. *Ocellus* l. Bouton-
niere; oeillet f.

Braga; stafa. (Ferro,
che sostiene, o rinforza,
o tiene collegato checchessia, ed è di forma qua-
dra, od anche curva.) Staffa
i. . . . .
Lien de fer f.

Braje; culote. Calzoni;
brache; brachesse i. *Femo-*
ralia; bracae l. Culotte; haut-
de-chausse ; haut-de-chaus-
ses f.

Brancard. (Sorta di carrettone.) . . . . .

Brandè. Alare i. *Fulcrum*
focarium; focarium canterie-

lus l. Chenet ; landier f. *Brandon.* (Gran torchio)

. . . .

Bras. (Arnese di legno, o d'altra materia a foggia di quadretto, con uno, o più viticci da basso per uso di sostener candele, e si appende alle pareti per dar lume.) Ventola i. . . . . . Bras f. Il viticcio però più propriamente da noi si chiama *bras*, ed il quadretto *placa.* V. ſ *Bras.* (Dicesi pure un certo sostegno, quasi braccio, che fatto uscire da corpo di muraglia, o simile serve per sostener lume, o altro.) Viticcio i. *Capreoli* l. Bras f.

Braſa. Brace ; bragia ; carboni ardenti, accesi i. *Pruna* l. Braise f.

Braſera. (Vaso, dove si accende la brace per iscaldarsi.) Braciere i. *Focus* l. Brasier f.

Brassa. V. *Teiſa.*

Brassà. (Coll'accento sopra l'*à*. Tanta materia, quanta in una volta può stringersi colle braccia.) Bracciata i. *Manipulus* l. brassée f.

Brassal. (Strumento di legno, che arma il braccio per giuocare al pallone.) Bracciale i. *Brachiale* l. Brassard f.

Brassalēt. (Ornamento, che le donne portano al braccio.) Smaniglie ; brac-

cialetti i. *Brachiale, is* ; *armilla* l. Bracelet f.

Brassiera. Giubba ; giustacore ; giustacorpo i. *Tunica* l. Corset f.

Brichēt ; *fusilēt.* Acciajuolo ; battifuoco ; focile i. *Igniarium* l Briquet ; fusil f.

Brila. Briglia i. *Frenum* ; *frena* ; *freni, orum* ; *habenae* l. Bride f.

Brinda. (Misura, ed il medesimo vaso, con cui si misura.)Brenta, v. dell'uso i.

. . . .

Brente, v. dell'uso f.

Brochęta, dim. di *brŏca.* V.

Brodaria. Ricamo i. *Acu pictum opus ; phrygium opus* l. Broderie f.

Brons. (Vaso di bronzo consimile al marmitto, e che ha inoltre tre piedi.) Marmita ; ramino i. *Cacabus ; ahenum* l. Marmite f.

Bronsa. (Vaso di barra di ferro della figura del *brons.*) Marmita ; ramino i. *Cacabus* l. Marmite f.

Bronsin, dim. di *brons.* V.

Brope, *bropa*, e più comun. *Brope* pl (Grosse pertiche, o lunghi pali, che servono nelle vigne per sostener le viti.) . . . .

Brŏca. (Piccol chiodo.) Bullettina i. *Clavulus* l. Petit clou f.

Brŏcà. (Coll'accento sopra l'*a.* Sorta di pannina di seta, o drappo grave tessuto a brocchi, cioè ricci.)

Broccato i. *Pannus lacinio-*
sus l. Brocart f.

Bròcia. (Strumento di fer
ro lungo , ed appuntato,
con cui si passano le carni,
che si vogliono far arro-
stire.) Ischidione ; schidione i. *Veru* l. Broche f. ¶ Per
rameta. **V.**

Brusacafè. (Strumento noto di ferro , con cui si ar-
rostisce il caffè.) Tamburino, v. dell' uso i. *Vas ad*
caffè torrendum l. Rotissoir
à caffé ; brûle-caffé , voci
dell' uso f.

Bu , fem 'Manico arcato
dell' aratro.) Bure i. *Buris*
l. Manche de la charrue f.

Bua; *dent.* (Si dice delle
parti di alcuni strumenti
fatte a similitudine dei denti. Tali sono i rastrelli ,
l'erpice , il pettine , ec.)
Dente i. . . . .
Dent f.

Buata. (Figurina fatta per
lo più di legno , di cencio,
ec.) Fantoccio i. *Fictus pu-*
sio l. Pompée ; bambouche;
godenot f.

Bufèt. Banco ; credenza i.
Abacus l. Buffet f.

Burat. Frullone i.; bu-
rattone Lomb. *Cribrum fari-*
narium l. Bluteau à bluter
la farine f.

Buratin. (Fantoccio di
cenci , o di legno con molti
de'quali rappresentano i ciarlatani, o simili varie come-
die per adunar la gente.)
Burattino; fantoccio i. *Pu-*

pa , æ l. Marionnette ; godenot f.

Burera. (Vaso di legno
fatto in forma di lungo barile più largo alla sua parte
inferiore , che alla superiore , in cui si batte , e si
forma il burro.) Zangola i.
. . . . Baratte f.

Burin. (Strumento da intagliare.) Bulino i. *Viricu-*
lus l. Burin f.

Burnia. (Piccol vaso basso,
e rotondo di creta, ove gli
Speziali sogliono riporre le
loro conserve.) Barattolo i.
Vasculum dulciarium l. Petite
pot ; chevrette f.

Burò. (Arnese civile a
più cassettini d' ordinario
ad uso di riporvi le cose
più preziose d'una famiglia.)
Cassettone i. *Capsularium* l.
Bureau ; commode f.

Bus. (Cassetta da pec-
chie.) Caviglio i. *Alveare*
l. Buche f.

Busca. (Pezzuolo di sottil ramicello, di paglia, o
simili.) Fuscelletto i. *Fe-*
stuca l. Fetu f.

Buscaja. (Pezzetti di legno , che i falegnami non
possono a meno di fare , ed
inutili pei loro lavori.) Truciolo i. *Frustum* l. Petit brin f.

Busìa. (Cucitura , che si
fa agli abiti troppo larghi
per restringerli.) ¶ Per sorta
di candelie e **V.** *Bosuër.* ¶
Busìa, e più comunemente
busìe pl. *ris* sing., e pl.
Quella sottil falda , che trae

la pialla in ripulire il legname.) Truciolo i. *Frustum frustulum* l Coupeaux f.

Bussola. (Vasetto di terra cotta, nel quale i fanciulli per un piccol pertugio, ch'egli ha, mettono i loro danari per salvarli, non gli potendo poi cavare se non rompendolo.) Salvadanajo i. *Loculus* l. Tirelire f. ¶ Arnese di legno con serratura, in cui per una fessura s'intromettono i danari . . . . ¶ Per vaso di legno da tenervi il sale. *Vas salsamentarium* l. Saloir f. ¶ Strumento marinaresco, ove si aggiusta l'ago calamitato ad uso di trovar i luoghi, ove uom si trova Bussola i. *Pyxis nautica* l. Bussole f. ¶ Riparo di legname, che si pone davanti gli usci per riparar dall'aria le camere. Bussola i. *Cancelli* l. Cloisson f.

Bussolot. (Vaso, dove si mettono i dadi in giuocando.) Bossolo; bussolotto i. . . . . Cornet f. ¶ *Bussolot*, che più comunemente usasi al pl., per noi significano pure quei vasi di latta, con cui si fanno i giuochi detti *di Bussolöt.* . . . . . .

Bust. Busto i. *Strophium*; *fascia*; *thorax* l. Corps de jupe; corps de robe; corps de balene f.

Bustët, dim. di *bust.* Bustino i. *Parvus thorax* l. Petit coins de jupe f.

C.

Ca. Casa i. *Domus*; aedes l. Maison; logis f.

Cabarět. (Specie di piccola tavola coi lati rilevati, e sul quale si mettono le tazze per portare del thè, e del caffè.) Vassoio i. . . . Cabaret; Bandege f.

Cabassa. Gerla; sporta; cesta i. *Corbis* l. Hotte f.

Cabassët. (Piccolo cesto di paglia, o di giunco pieghevole, che si usa per portar carne, o altri commestibili.) Cavagnuolo i. . . . . .

Cacët; sigil. (Strumento, che serve per far l'impronto nel sigillo delle lettere.) Sigillo i. *Anulus sigillaris*, o *signatorius*; signum; *sigillum* l. Cachet; sceau; anneau pour cacheter f.

Cadeña. Catena l. *Catena* l. Chaine f.

Cadnas; *cadenas*, accr. di *cadeña*. Catenaccia, *Pessulus* l. Cadenas; verrou f.

Cadneta; *cadeneta*, dim. di *cadeña*. Catenella i. *Catenula* l. Chainette; petite chaine f.

Cadrega. Sedia; seggia; seggiola; sedile, i. *Sedile, is* l. Chaise f. ¶ *Cadrega da bras*. (Sedia d'appoggio; sedia a bracciuoli i. . . . . Chaise à bras; fauteuil f. ¶ *Cadrega da viagi.* (Sedia, che si piega.) Ciscranna i. *Sella plicatilis* l. Siége-pliante f. ¶ *Cadrega da portëur;*

portantiña. Seggetta; seggiola i. *Sella gestatoria* l. Chaise à porteurs f. ʃ *Cadrega da comod; cadrega forà.* Seggetta i. *Sella familiarica; sella* l. Chaise percée; chaise d'affaires f.

Cafetiera. Caffettiera i. . . . . . Caffettiere f.

Cafetieriña, dim. di *cafetiera* V.

Cafetieroña, acc. di *cafetiera,* V.

Calancà. .... Kalanckai f.

Cales. V. *Sedia.*

Calice. (Vaso sacro.) Calice i. *Calix* l. Calice f.

Caligneta. (Vaso di diverse maniere, e per lo più di metalli, nel quale si mette oglio, e lucignuolo, e s'accende lume.) Lucerna i. *Lychnus; lucerna* l. Lampe f. ʃ *Caligneta a doi bochin.* Lucerna a due lucignuoli i *Lucerna bylichnis* l. Lampe à deux meches f.

Calisson. (Strumento musicale a due corde accordate in diapente.) Colascione i. Calissone Lomb. *Cithara* l. Colachon f.

Calöta. (Arnese, che si sovrappone alla chierica.) Berrettino i. *Pileolus* l. Calotte f. ʃ *Calöta* si dice pure un arnese di simigliante figura, fatto di carta sugante, che usano quelli, che portano perucca. . . . . . .

Camifa Camicia i. *Indusium* l. Chemise f.

Camifeta; ovata v. pr.

Camiciuola; farsetto; imbottito i. *Inducula; allix, icis* l. Chemisette; veste f.

Camiföla. (Sorta di vestimenta per lo più di lana, che portasi sopra la camicia per riparo dal freddo.) Camiciuola i. *Inducula* l. Camisole; chemisette f.

Canpaña. V. *cïöca.*

Canpanil. V. *cïochè.*

Canpanin. V. *cïochin.*

Canpanon, acr. di *Campaña.* Campanone i. *Magnum tintinnabulum* l. Grosse cloche f.

Camral. (Sorta di tela rara.) . . . . . . Chambral, v. dell'uso f.

Camus. (Veste lunga di pannolino bianco, che portano le persone ecclesiastiche nella celebrazione della Messa, ed altri uffizj sotto il primo paramento.) Camice i. *Lintea tunica sacerdotialis* l. Aube de Prêtre f. ʃ *Camus.* (Dicesi anche quell'abito lungo, di cui si vestono i confratelli delle Confraternite nelle loro funzioni. Sacco; cappa i. . . . .

Can. (Ferro dell'archibuso, del moschetto, terzetta, o simile, che tien la pietra focaja.) Cane i. *Rostrum* l. Chien f.

Cana. (Canna, che serve d'appoggio nel camminare.) Canna i. *Arundo; canna; calamus* l. Canne f. ʃ *Cana d'archibuf.* Canna da archibuso i. *Fistula igniaria* l. Canon de' fusil. f. ⁋ *Cana del fornel.* Aja del cammino i. *Focus* l. Cheminée; tuyau de cheminée f. ⁋ *Caña.* Capello canuto i. *Capillus canutus* l. Cheveu blanc f.

Canal. Canale i. *Canalis; ductus* l. Canal; aqueduch; tuyau; canon d'une machine f. ⁋ Quando si usa nel genere fem., e dicesi *la canal*, significa il condotto di latta, o di legno, che raccoglie l'acqua dal tetto, e la portà nella grondaja. Gronda; doccia i. *Tubulus; tubus* l. Chenau f.

Canapè. (Sorta di gran sedia spalliera, su cui più persone insieme possono sedere, e che si usa talvolta come letto di riposo.) Canapè; lettuccio i. *Bisselium* l. Canapé f.

Canavas. (Sorta di panno lino grosso, e ruvido.) Canavaccio i. *Tela cannabina* l. Canavas; carisel; grosse toile f.

Canaveta. Portafiaschi; canavetta; cantina da trasporto i. *Cista* l. Verrier f.

Canavëuj. (La parte legnosa della canapa spogliata dalla filamentosa.) . . .

Canaula. (Parte dell'aratro.) . . . . .

Canbra bassa. V. *Cömod.*
Canbrin. V. *Gabinet.*
Canbron. (Camera grande.) Camerone i. *Immane cubiculum* l. Grande chambre f.

Candeila; candela. Candela i. Candela l. Chandele f.

Candlè. Candeliere i. *Candelabrum* l. Chandelier. f.

Candleta, dim. di *candela.* Candeletta i. *Parva candela* l. Bougie; petite chandele f.

Canët. V. *Caviöt.*

Canoa; cauna. Canapa i. *Cannabis* l. Chanvre f.

Canocial. Cannochiale i. *Thelescopium* l. Telescope; lunette d'approche; lunette de longue vue, ou à longue vue f.

Canon. (Grosso, e lungo pezzo d'artiglieria.) Cannone i. *Tormentum bellicum* l. Canon f. ⁋ Strumento di terra cotta fatta a guisa di cannella, che se ne fa i condotti per far correr l'acqua. Doccione i. *Tubus fictilis* l. Conduit; tuyau f. ⁋ *Canon* dicesi pure quella parte tubulata del calamajo da tasca, in cui si tengono le penne. Pennajuolo i. ... E'critoire f. ⁋ Dicesi anche di diverse piegature delle creste delle donne fatte a guisa di cannoni. Cannoncini di creste, o cuffie, v. dell'uso i. . . . . Papillons f.

Canfel. (Forma per far le tegole.) . . . . . .

Cantabruña. (Specie d'imbuto di legno.) . . . . .

Cantaraña; raña. (Strumento, che aggirandolo dà un suono rassomigliante a quello della rana.) . . .

Cantè. . . . .

Canterii, orum l. Forces f.

Cantèr. (Sorta di vaso per uso dell'evacuazione necessaria.) Cantero i. Lasanum; trulla; scaphium l. Bassin de chambre, de guarderobe f.

Cantin. (Corda più piccola del violino, ed altri strumenti da corde di suono acutissimo.) Cantino i. Nete l. Chanterelle f.

Cantìna. (Luogo sotterraneo, dove si tiene, e conserva il vino.) Cantina i. Cella vinaria l. Cantine f. ʃ Per luogo, dove si vende il vino a minuto. Canova i. Ænopolium l. Taverne f.

Canton. Angolo i. Angulus l. Angle f. ʃ Canton da scufia. Code della cuffia i. Vittæ; tæniæ l. Barbe f.

Cantonèra. (Spezie d' armario triangolare, che si mette negli angoli delle camere.) Cantoniera, v. dell' uso i. . . . . Cantoniere, v. dell' uso f.

Cantonèt, dim. di canton. V.

Capa . (Specie di mantello, che ha un cappuccio di dietro per ornamento, e che dicesi capperuccia.) Cappa i. Pallium l. Cappe; manteau à capuchon f. ʃ Capa del fornel. Capanna del cammino i. . . . . . . Manteau de chèminée f.

Capel. Cappello i. Galerus; pileum; petasus l. Chapeau f. ʃ Capel d'paja. Cappello di

paglia i. Segestrium l. . . .

Capela. Cappella i. Sacellum l. Chapelle f.

Caplas, caplòn, accr., e pegg. di capel. Cappellone i. Immanis petasus ; inelegans pileus l. Grand, et mauvais chapeau f.

Caplèt. V. Caplin.

Caplin ; caplèt, dim. di capel. Petasetto ; cappellino; picciolo cappello i. Petasunculus ; pileolus l. Petite chapeau f.

Caplìna. Cappellina i. Pileolus l. Chapelline f.

Caponèra. Capponaja; gabbia da capponi i. Cavea l. Mue f.

Capòt. Cappotto; pappofico i. Cucullus l. Capuchon; manteau fourré, ou doublé f.

Capus. Cappuccio i. Cucullus l. Capuchon; capuce; domino; froc f.

Carabìna. (Sorta d'archibuso.) Carabina i. Ballista ignea l. Carabine f.

Carafìna. (Vaso di vetro corpacciuto con collo stretto.) Caraffino i. Parva phiola l. Petite carafe; buire ; burrette f.

Caramàl. Calamajo i. Thæca calamaria l. Ecritoire; encrier f.

Carbon. Carbone i. Carbo l. Charbon f.

Carcasa. (Rami di filo di ferro coperti di seta, e sostenuti tutti per una traversa, alla quale esse mettono capo.) Gabbia i. . . . . .

B

: . . . . . . Carcasse f.
¶ *Carcasa.* Dicesi pure uno strumento militare. . . . .

Carda. (Strumento con denti di fil di ferro uncinati, col quale si raffina la lana.) Scardasso i. *Carmen* l. Carde à carder la laine f.

Carèra. (Botte grande.)

Carèta. Carretta i. *Carpentum; plaustrum; plostrum* l. Charrette f.

Carèt. (Strumento di legno con quattro girelle, ove si mettono i bambini, perchè imparino ad andare.) Carruccio i. *Plostellum* l. Boulette f. ¶ Per dim. di *chèr.* V.

Carèton. V. *Carton.*

Carnè. (Tasca propria de' cacciatori per riporvi la preda.) Carniere i. *Pera venatoria* l. Carnassiere f.

Carò. (Strumento, che usano i Sarti per soppressare.) Quadrello; ferro da Sarti; soppressa i. *Pressorium* l. Carreau f.

Carössa. Carrozza i. *Currus; carrum; vehiculum; rheda* l. Carrosse; equipage f.

Carossassa, pegg. di *carössa.* V.

Carossèra. Rimessa per le carrozze i. *Rhedarium; receptaculum* l. Remise de carosse f.

Carossiña, dim. di *carössa.* V.

Carossoña, accr. di *carössa.* V.

Carpionèra. (Vaso, in cui si ripongono, e si conservano i pesci marinati detti (da noi *carpionà.*) . . . .

Carta; papè. Carta i. *Papyrus* l. Papier f. ¶ *Carta,* e più comun. *carte* pl. (Carta dipinta, di cui ci serviam per giuocare.) Carta; pl. carte i. *Alea; charta lusoria* l. Carte f.

Carta glòria sing., e *carte glòrie* pl. Carta gloria; carte glorie; tavoletta, voci dell'uso i. *Tabella pugillaris* l. . . . .

Carton; carèton, accr. di *carèta.* Carrettone i. *Magnum ciffium* l. Fourgon; grosse charrette f.

Cartron. (Composto di cenci, o carte macerati ridotto in foglio grosso.) Cartone i. . . . . Carton; papier mâché f.

Casaca. (Sorta d'abito, di cui ci serviamo come d'un mantello, e che ha ordinariamente le maniche molto larghe.) Casacca i. *Tunica manicata; gallica palla* l. Casaque f.

Casachin. Giubba da donna i. *Sagulum; togula* l. Casaquin f.

Cassa. (Strumento ordinariamente di rame, che si usa per prendere l'acqua.) Ramajuolo da acqua i. *Trulla, æ* l. Bassin à boire f.

Cassaciò.. (Strumento di ferro, col quale percuotendolo si cacciano gli aguti in dentro.) Cacciatoja i.

Ferreum instrumentum, cujus ope clavi infiguntur l. Repossoir f.

Cassaröla. Casserola i. *Aenea paroxis, idis* l. Casserole f.

Cassia. (Arnese di legno da riporvi dentro panni, vestimenti, e simili, fatto a diverse foggie, ma di figura quadrilatera.) Cassa i. *Arca* l. Caisse ; coffre f **ʃ** *Cassia* dicesi anche quell' arnese, in cui si rinchiudono i corpi de' morti. Cassa i. *Feretrum; loculus* l. Cercueil f. **ʃ** *Cassia d' anel.* (Parte dell'anello, dove è posta, e legata la gemma.) Castone i. *Annuli pala* l. Chaton d'une bague f.

Cassięta; cassiöt, dim. di *cassia.* Cassetta i. *Capsula; arcula* l. Cassette f.

Cassion, accr. di *cassia.* Cassone i. *Magna arca* l. Caisson ; grande caisse ; grand coffre f.

Cassiöt. V. *Cassięta.*

Cassöla. Cazzuola ; mestola da muratori i. *Trulla,* l. Truelle f.

Cassùl. Ramajuolo da brodo i. *Coclear; tudicula* l. Cuillier à pot ; litron f.

Cassulèra. V. *Scumojra.*

Cassulin; cassulöt, dim. di *cassul.* V.

Cassulon, accr. di *cassùl.* V.

Castagnęte. (Sorta di strumento fatto di due ossa, o di due pezzi di legno, che si mette tra le dita, colli quali si forma qualche suono misurato battendo l'uno contro l'altro.) Nacchera ; battigliuolo i. *Crotalum* l. Cliquette f.

Castel. (Fortezza.) Castello i. *Arx* l. Chateau f.

Catalet. Bara ; cataletto i. *Feretrum* l. Bierre f.

Catalögna. Coltre di lana i. *Lodix* l. Castelogne f.

Cateconba. (Luogo sacro sotterraneo.) Catecomba i. *Hypogeum* l. Catacombes f.

Catedra. (Sede, che il Pontefice, il Vescovo ha nella sua Chiesa Cattedrale.) Cattedra ; sedia Pontificale i. *Cathedra; sedes; thronus* l. Cher f. **ʃ** Luogo eminente fatto a guisa di pergamo, dove stanno i Dottori a leggere lezioni. Cattedra i. *Cathedra* l. Cher f.

Catin. Catino i. *Pelvis* l. Bassin f.

Cavagn. (Arnese da tenervi, e porvi entro robe, intessuto per lo più di vimini, canne, salci, vermene di castagna, e simili, con manico arcato, e posto nel mezzo) Paniere i. *Cista; calathus; canistrum* l. Panier f.

Cavagna. (Arnese per riporvi entro robe, intessuto per lo più di rami fessi di salci, o di castagna con due piccoli manici ai lati.) Cesta ; cesto i. *Canistrum* l. Panier ; corbeille f. **ʃ** *Cavagna saröjra.* (Arnese fatto di vimini, ed a foggia di cofano.) . . . . .

Cavagnęta, dim. di *cavagna*. (Arnese fatto di vimini, che si usa per lo più per riporvi il pane per uso della tavola.) Cestello i. *Cistula; cistella; çistellula; fiscella* l. Petit panier f.

Caval d'frisa. (Gran pezzo di legno lungo dieci, o dodici piedi foracchiato da una all'altra parte di più buchi, nei quali si mettono piuoli ferrato alle due estremità per difendere una breccia, o per difendere un battaglione dalla cavalleria.) Cavallo di frisa i. . . . . . Cheval de frise f.

Cavalët; tręsp. (In generale si dice d'istrumenti di legno da sostenere un peso.) Cavalletto; trespolo i. *Canterius, cantherius; fultura* l. Chevalet f.

Cavalia. (Strumento composto di due bastoni l'uno attaccato all'estremità dell'altro con correggie, e che serve a battere il grano.) Trebbia; correggiato i. *Tribula, læ* l. Fleau f.

Caudèra. Caldaja; caldajo i. *Ahenum; caldarium; cacabus; cortina* l. Chauderon; chaudiere f.

Cavej. Capelli i. *Capilli* l. Cheveux f.

Cavès; cavęssa. (Quella fune, o cuojo, colla quale si tien legato per lo capo il cavallo, o altra bestia simile per lo più alla mangiatoja.) Cavezza i. *Capistrum* l. Licol; chevêtre f.

Cavía. (Piccol legnetto a guisa di chiodo.) Cavicchia; cavicchio i. *Cuneolus* l. Cheville; pieu f. ¶ *Cavia* dicesi pur anche un chiodo lungo, e grosso . . . . . . ¶ Legnetto congegnato nel manico del violino, od altro strumento da corda per attaccarvi le corde. Bischero i. *Verticulus* l. Cheville de violon, ec.

Cavięta; caviöt, dim. di *cavía.* Cavigliolo i. *Cuneolus* l. Petite cheville; petite pieu f. ¶ *Caviöt, canët* v. pr. dicesi pure un cavigliolo bucato nella sua parte ottusa, che serve per entroporvi l'ago per far calze, berrette, ec. . . . . . .

Cavion. Capo del filo. . . . .

Cauna. V. *Canoa.*

Causinàs. (Pezzo di calcina stato in opera nelle muraglie.) Calcinaccio i. *Rudus, eris* l. Plâtras f.

Caussa. V. *caussët.*

Caussët; caussa v. pl. Calza; calzetta; calzetti i. *Tibialia* l. Bas f.

Cęni, cęnil. (Letto da cani.) Canile i. *Lectus caninus; cubile canum* l. Lit de chien; tolas; loge d'un chien f. ¶ Si dice anche della stanza, dove si tengono i cani. Canile i. . . . . Chenil f.

Cea; grà. (Graticchio per

lo più di vimini tessuti in su masse, che serve per lo più a riporvi castagne per farle seccare al fumo.)....

Cela. (Camera de' Frati, e Monache.) Cella i. *Cella* l. Cellale f.

Cenbalo. Cimbalo i. *Cymbalum* l. Cymbale f.

Cenotafio ; simiteri. Cimi terio i. *Cœnotaphium* l. Cimetiere f. Si è adottato da noi questo nome, da che per benefica cura di S. M. VITTORIO AMEDEO III. furono terminati i due cenotafi, cioè sepolcri comuni, fuori della città di Torino l' anno 1778.

Cefa. Chiesa i. *Templum* l. Eglise f.

Cerc. V. *Serc.*

Cheña, cheina v. pr. Catena da fuoco i. *Cremacularia focaria; cremaster, eris* l. Cremaillere f.

Cher. Carro i. *Cisium; currus, currum* l. Chariot f.

Cheuva. (Piccol fascio di paglia, che si usa per coprire i tetti.) . . . . .

Chicra. Chicchera i. *Catillus; vasculum* l. Tasse f.

Chinchin. V. *Manighin.*

Chitàra. Cetera ; cetra ; mandolo i. *Cythara* l. Harpe f.

Chitarin, dim. di *chitàra.* V.

Cianberluch. Camberlucco i. *Pallium* l. Espèce de gaban f.

Cianbiron. (Calzare in uso

in certe alpi.) . . . . .

Cianbraña. (Ornamento di legno, o di pietra, che fregia i lati delle porte, delle finestre, e dei cammini.) Intelajatura, o ornamento delle porte, delle finestre, dei cammini i. *Antepagamentum* l. Chambranle f.

Ciap. Coccio i. *Testa* l. Tet ; morceau de pot de terre cassé f.

Ciaparia. Stoviglie ; vassellame di cucina i. *Vasa coquinaria* l. Poterie ; vases de terre, qui servent pour la cuisine f.

Ciapeta ; enta. (Pezzo di suolo, che s'appicca alle scarpe rotte.) Taccone i. *Soleæ resegmen* l. Bouts f.

Ciapin ; fèr da caval.....

Ciapin. (Ferro, che si lega sotto le scarpe per marciare sopra il ghiaccio.) . . . . *Encentris* l. Eperon de glace f.

Ciapöjra. V. *Ratöjra.*

Ciapon; meson v. pr. (Certa quantità di filo avvolto sull' aspo, o sul guindolo.) Matassa i. *Mataxa* l. Echeveau f.

Ciapulöjra. (Legname piano, su cui si trittano, e minuzzano le vivande.) Tagliere i. *Quadra* l. Tianchoir, tailloir ; hachoir f.

Ciapulor. (Strumento di ferro tagliente, e curvo con due manici di legno,

con cui si tritan le vivande sul tagliere.) Mezzaluna, v. dell' uso i. . . . .
Couteau à hacher f.

Cïassil. V. Giassil.

Cïassilon, accr. di cïassil. V.

Cïav. Chiave i. *Clavis* l. Clef f. ꟻ Per quel ferro, che tien unita una fabbrica. Chiave i. *Destina* l. Ancre; tirant f.

Cïavëta. (Pezzo di ferro, che si conficca in altro, che è già conficcato in un terzo, e che serve per tenerlo fisso.) . . . .
ꟻ Per quello strumento di metallo, che aggirandosi tura, o apre il cannello della botte, o della fontana. Zipolo i. *Vertibulum* l. Broche de la cannelle d'un tonneau f.
ꟻ Strumento, che serve per accordare alcuni stromenti musicali. Chiave i. . . . . .
Accordoir; clef. f.

Cïavin, dim. di cïav. Chiavetta i. *Clavicula* l. Petite clef; clavette f.

Cïav fausa. Chiave falsa i. *Clavis adulterina* l. Fausse clef. f.

Cïò. Chiodo i. *Clavus* l. Clou f. ꟻ Cïò da testa. Chiodo capitato i. *Clavus capitatus* l. Clou à tête f. ꟻ Cïò ranpin. Rampino; rampone i. *Clavus uncinatus* l. Clou à crochet f.

Cïöca; canpaña. Campa-

na i. *Æs*; *tintinnabulum* l. Cloche f. ꟻ Per vaso da riscaldar le stanze. Caldano i. *Caldarium* l. Poële f.

Cïochè; canpanil. Campanile i. *Turris sacra* l. Clocher f.

Cïochin; canpanin. Campanellino i. *Tintinnabulum*; *exiguum tintinnabulum* l. Clochette f.

Cïodas, pegg. di cïò. V.

Cïodin, dim. di cïò. V. Bròca.

Cïodon, accr. di cïò. V.

Cirimía, cïurumía. (Strumento artificiale musico da fiato.) Cennamella i. *Fistula* l. Chalumeau f.

Cicolatèra. (Vaso per fare il cioccolato.) Cioccolatiera; cioccolatiere i. . . . . Chocolatiere f.

Cimàfa. (Uouolo, o membro della cornice.) Cimazio; cimaza i. *Cymatium* l. Teloir; cimaise; ove; domine f.

Cimosa. Orlo del panno, o corda; lembo i. . . . Lisiere f.

Cirimía. V. Cïurumía.

Clach. (Spezie di scarpe, che si portano sulle scarpe ordinarie per ripararle dall' umidità, e dal fango.) Clache; galoscio i... . . . Claque f.

Clarinèta. (Strum. da fiato.) Chiarina i. *Fistula* l. Clarinette; sorte de hautbois f.

Claustr. Chiostro i. *Peritylium* f Cloitre f.

Coa d' rondola. (T. de' Legn. Quella intaccatura, o incavo angolare, che è largo da una parte, e stretto dall' altra, a somiglianza della coda della rondine, acciocchè stieno più forti le commessure.) Coda di rondine i. . . . . . Queue d' aronde f.

Cocàrda. (Nodo di nastri, che si mette all'ala del capello.) Nappa; fiocco i. . . . . Cocarde f. ʃ (Per quel nodo di nastri, che portano i soldati.) Nappa; fiocco i. *Tessera militaris; symbolum militare* l. Cocarde f.

Cochёt. (Quel gomitolo ovato, dove si rinchiude il baco filugello facendo la seta.) Bozzolo i. *Folliculus bombycinus* l. Cocon; la coque du ver-à-soie f.

Cociä; stopa. Stoppa i. *Stupa* l. Etoupe f.

Coco. (Vaso, che le donne popolari riempiono di fuoco, e che mettonsi sotto per iscaldarsi.) Maritozzo, v. dell'uso i. . . . . .

Cocomàr. (Vaso di terra, o di metallo con ansola, che serve a far bollire acqua, decozioni, ec.) Piccolo tugurio; capannetta; e secondo altri piccolo bagno; cucuma in alcuni luoghi d'Italia. *Urceus; urceolus; cucuma* l. Coquemar f.

Cocon. V. *Tapon.*

Coda. (Parte deretrana della veste, che si strascica per terra.) Strascico; coda i. *Syrma* l. Queue f.

Codin. (Parte di capelli, che portano gli uomini ristretti insieme, per mezzo d' un nastro, che li si avvolge.) . . . . . .

Coè. (Vaso di legno, che portan seco i falciatori, in cui ripongono acqua per bagnare la cote, quando vogliono affilare la falce.)
. . . .

Coefa (Cappuccio da coprire il volto.) Bacucco i. *Calymna; calyptra* l. Coëffe f.

Coefùra. Acconciatura di capo i. . . . . . . Coiffure; coëffure f.

Cöfo. Cofano; forziere i. *Arca* l. Coffre f.

Colan; colarin. Collana i. *Torques* l. Collier f.

Colaña. Collana i. *Torques* l. Collier; coulant f.

Colar. (Quella divisa di panno lino, che si porta da Preti, e da alcuni Frati attaccata alla goletta.) Collare i. *Fascia linea* l. Collet; rabat f. ʃ *Colar long.* Collare i. *Pendens e collo linteolum* l. Rabat f.

Colarin. Collare i. *Strophium; focale* l. Collier f.

Colariña. V. *Goleta.*

Colege. Collegio i. *Collegium* l. College f.

Colèt. (Quella parte del vestito, che copre il collo.) Goletta i. *Gula, vel colli te-*

gmen, *operimentum* l. Talon; collet de pourpoint, de manteau f.

Cɔliè. Collana; monile; pendente i. *Torques*, *is* l. Collier; coulant f.

Colm. (Sommità del tetto.) Comignolo i. *Fastigium*; *culmen* l. Comble; faîte d' un toit f.

Colöna. Colonna i. *Columna* l. Colonne f.

Colonbèra. Colombaja; colombajo i. *Columbarium* l. Colombier f.

Colonęta; *coloniña*, dim. di *colöna.* Colonnetta; colonnina i. *Columella* l. Petite colonne f.

Colonassa, pegg. di *colöna.* V.

Colonoña, accr. di *colöna.* V.

Color. (Strumento, per il quale si cola.) Colatojo i. *Colum* l. Couloire; passoire; filtre f.

Colovriña. (Sorta d'artiglieria più lunga, e più sottile, che i cannoni ordinarj.) Colubrina i. . . . . . Coulevrine f.

Comöda. (Specie di cassettone, che serve per riporre abiti, ed altre cose.) Armadio i. *Armarium* l. Commode f.

Conca. (Vaso di legno di gran concavità, e di larghissima bocca, che, oltre a varj altri usi, serve a lavare il vascellame.) Conca i. . . . . Baquet f.

Conchèt; *conchęta*, dim. di *conca.* V.

Condot dl' aqua. Acquidotto i. *Aquæductus* l. Aqueduc f.

Confessionàri. Confessionario; confessionale i. *Exedra ad excipiendas confessiones* l. Confessional f.

Conpas. Compasso i. *Circinus* l. Compas f.

Conpositor. (Arnese per la stampa, in cui si compongono le linee ad una ad una, e serve a dar loro la dovuta giustezza.) Compositojo i. . . . . . Composteur f.

Continensa. (Arnese, che gli Ecclesiastici si pongono sopra le spalle, e con cui prendono l' ostensorio per dar la benedizione.) Continenza, v. dell'uso i. *Humerale*, *is* l. . . . . .

Coni. V. *Cuñi.*

Contrabas. (Strumento musicale.) Contrabasso i. . . . . Basse-contre; contre-basse f.

Contraltar. Paliotto i. *Altaris frontale* l. Devant d'autel f.

Convent. (Abitazione de' Frati.) Convento i. *Cænobium* l. Couvent f.

Cop. (Sorta di lavoro di terra cotta lungo, e arcato, che serve per coprire i tetti.) Tegolo; tegola i. *Tegula* l. Tuile; creuse f. ¶ Per certa misura continente l'ottava parte dell' emina. Coppo, v. dell'uso i. . . . .

Coupe v. dell' uso f.

Copa. (Sorta di vaso ordinariamente più largo, che profondo.) Coppa; tazza i. *Patera; cratera* l. Coupe f. ⁋ Dicesi pure certo vaso di legno, di cui si servono i poverelli mendichi per porvi le vivande questuate....

Coràsa. Corassa i . *Thorax , cis; lorica* l. Cuirasse f.

Cordéta; *cordíña*; *cordin* , dim. di *còrda*. Cordella i. *Funiculus; resticula* l. Cordelet; cordeau f.

Cordin , dim. di *còrda*. V. *Straforsin*.

Cordon. Cordone i. *Funis; restis* l. Cordon f. ⁋ Quello, che gli Ecclesiastici sovrapongono al camice cingendosene i lombi. Cingolo i. *Cingulum* l. Cingule f.

Corèa. (Cintura di cuojo.) Coreggia i. *Corigia* l. Corroie; laniere; longe f.

Corët . Coretto, v. dell' uso i. . . . .

Coridòr. (Stanza lunga.) Androne; andito; corritojo; corridore i. *Mesaula; peridromus* l. Corridor; couloir; allée; galerie f.

Coriéta . . . . *Calceamenti corrigia* l. Couroi; quartier de soulier f.

Corneta. (Strumento musicale da fiato.) Cornetta i. *Buccina* l. Cornete f.

Coroña. Corona i. *Corona* l. Couronne f. ⁋ (Pello strumento , che si tiene per contare le Ave Marie , e li Pater nostri.) Corona ; rosario i. *B. V. corona; rosarium ; corona; globuli precatorii* l. Rosaire; chapelet f.

Corpët. Farzetto; giubbettino i. *Sagulum ; thorax exiguus* l. Gilet f.

Corporàl . (Quel pannicello di lino bianco , sul quale posa il Prete l'ostia consecrata nel dir Messa.) Corporale i. *Pannus lineus Hostia subtractus* l. Corporal f.

Corsè. Giustacuore ; giustacorpo ; giubbettino; giubba i. *Thorax exiguus* l. Corset f.

Corsìv , add. (Carattere corsivo dicono gli Stampatori quello , che è simile allo scritto , a differenza del tondo.) . . . . *Literæ Italicæ* l. Caractere Italique f.

Cort; cortil. Cortile i. *Cavedium ; area* l. Cour d'une maison ; basse-cour f.

Costùra. (Cucitura , che fa costóla.) Còstura i. *Sutura* l. Couture f.

Cotèl. Coltello i. *Culter* l. Couteau f. ⁋ *Cotèl da cassa*. V. *Palös*. ⁋ *Cotèl da cusiña*. Coltello , o coltellaccio da cucina i. . . . . . . Couperet; couteau de cuisine f. ⁋ *Cotèl saror ; cotèl da sacòcia*. Coltello a molla; coltello da tasca i. . . . . . Couteau pliant ; couteau de pouche; jambette f.

Cotin; fauda, v. pr. (Veste, è abito per lo più femminile, che dalla cintura giunge alli calcagni.) Gonna; gonnella; gonnellino; cioppa; sottana i. *Cyclas; tunica; palla* l. Jupon; cotillon f.

Cotlas; e *cotlon*, accr., e pegg. di *cotèl.* Coltellaccio i. *Magnus, o vilis culter* l. Gros, o mauvais couteau f.

Cotlin; cotlèt, dimin. di *cotèl.* Coltelletto; coltellino i. *Cultellus* l. Petite couteau f.

Coton. Cotone; bambaggia; bambaggio i. *Gosyppium* l. Coton f.

Cotoniña. Cotonina i..... Cotonnine f.

Cotre. (Ferro tagliente, che fa parte dell'aratro, e che serve a spaccare la terra, quando si lavora.) Coltella per i risconrri; coltro; dentale i. *Culter* l. Coutre f.

Covas. (Fascio di paglia.) l. . . . .

Cömod; canbrabasa; privà; lñucomun. Agiamento; destro; necessario; privato; cesso i. *Latrina; forica, e* l. Privé; comodité f.

Cörda. Corda i. *Funis* l. Corde f.

Cörn. Corno i. *Cornu, u; cornus, us* l. Corne f. ¶ Per istrumento da fiato fatto a similitudine di corno, e talvolta fatto anche dello stesso corno, Corno i. *Cor-*

nu; buccina l. Cor f. ¶ Corn da cassa. Corno da caccia i. *Lituus* l. . . . .

Cöro. Coro i. *Corus* l. Cheur f.

Crajon. V. *Apis.*

Crava. (Strumento di legno, che serve a trasportare specchi, quadri, ed altre simili cose fragili.) . . . . ¶ *Crava* dicesi pure un arnese, che sostiene una botte. . . . .

Credensa; dispensa. (Armario, in cui si ripongono le cose commestibili) Credenza i. *Abacus* l. Buffet; office f.

Credensin, dim. di *credensa.* V.

Credenson, pegg., e accr. di *credensa.* V.

Crestal; cristal. Cristallo i. *Crystallus, i; crystallum, i* l. Cristal f.

Crepo. Velo; tocca i. *Byssus lugubris; ventus textilis* l. Crêpe f.

Crica. Saliscendo i. *Pessulus* l. Loquet f.

Cristal. V. *Crestal.*

Crocèt. (Strumento di metallo diviso in *masc*, e *fumèla*, che fissi l'uno nell'altro servono ad unire gli abiti. Il *masc* è fatto a uncino, e la *fumèla* è fatta a occhio.) Il primo dicesi fibbialio; fermaglio; uncino i. *Uncus exiguus* l. Agrafe f. Il secondo dicesi maglietta i. . . . . Porte f.

Crof. Croce i. *Crux* l. Croix f.

Crofàs. (Moneta d'argento.) Crosazzo i. Crusade f.

Crofiò. Panno incrocciato i. . . . .

Crossan. (Ramo di ferro incurvato, che si ingessa ne' piccioli pilastri de' cammini a uso di tenere le palette, e le molli.) Gancio i. *Uncus* l. Croissant f.

Crotin, dim. di *cröta*. V.

Crovata; *crovatin*. Cravatta. i. *Focale*, *is* l. Cravate f.

Cröch. Uncino; rampicone i. *Uncus* l Croc f.

Crössa. (Bastone forcuto per appoggiarsi.) Gruccia; stampella i. *Scipio*, *onis* l. Bequile f. § Per la parte curva della cassa d'un archibuso, d'un moschetto, che si appoggia sopra la spalla nel tirare. V. *Culata*.

Cröta; *cantiña*. Cantina i. *Cella vinaria* l. Cave; cantine f.

Cröt; *croton*. (Stanza a uso di carcere, in cui si rinchiudono i rei di delitti di cognizione del Governo.) . . . .

Crucifis. Crocefisso i. *Crucifixi effigies*; *effigies*, *imago Christi de cruce pendentis* l. Crucifix f.

Cuchia. Conchiglia; conchiglio i. *Conchilium*; *concha* l. Coquille f.

Cuciar. Cucchiajo i. *Cochlear*, *is*; *cochlearium* l. Cuiller f. § *Cuciar da sausa*. . . . . Cuiller à ragout.

Cuciarin, dim. di *cuciar*. V.

Cuciaron, acc. di *cuciar*; *cuciar da supa*. Mestola; cucchiaio da minestra i. *Rudicula* l. Cuiller à soupe f.

Cuërc. Coperchio i. *Operculum* l. Couvercle f.

Cuërcia. Coperchio i. *Operculum* l Couvercle f.

Cuërcieta, dim. di *cuërcia*. V.

Cuërt. Tetto; coperto i. *Tectum* l. Couverture f. § Per tondo, salvietta, ec., di cui si serve per la tavola ciascuna persona. Posata i. . . . . Couvert f.

Cuërta. Coltre; sargia; coperta i. *Operimentum*; *stragulum* l. Couverture; courte-pointe f. § *Cuërta d' lana*; *catalögna*. Coltre di lana i. *Lodix* l. Castelogne f. § *Cuërta d' un libër*. Coperta d' un libro i. . . . . Couverture d' un livre f.

Cuërtiña, dim. di *cuërta*. Coltretta; coltroncino i. . . . . Courte-pointe légère f.

Culata; *crössa*. (La parte curva della cassa d' un archibuso, d'un moschetto, che si appoggia sopra la spalla nello scoccare.) Calcio d' archibuso i. *Amentum* l. Crosse f.

Culöte. V. *Braje*.

Cuña. Culla; cuna; [illegible]

na i. *Cunæ, arum* l. Berceau f.

Cuñi, coni v. pr. Zeppa; conio i. *Cuneus* l. Coin; biseau f.

Cuniët. (Quella parte della calza fatta a zeppa, che coprendo la noce del piede s' estende circa alla metà della gamba.) Cogno i. ... Coin f. ¶ Per dimin. di *cuñi.* V.

Cunon, accr. di *cuña.* V.

Cunöt, dim. di *cuña.* V.

Cupola. Cupola i. *Testudo* l. Dom f. ; la parte interna però della cupola da' Francesi dicesi coupole.

Cupolin, dim. di *cupola.* V.

Curadent. Stuzzicadenti; stuccadenti i. *Dentiscalpium* l. Cure-dent f.

Curaorie. Stuzzicorecchi i. *Auriscalpium* l. Cure-oreille f.

Curla. (Piccol tino ad uso di trasportar vino sui carri.)
. . . .

Curnif. Cornice i. *Corona* l. Corniche f.

Curnifon, accr. di *curnif.* V.

Cufiña. Cucina i. *Culina;* coquina l. Cuisine f.

Cussin. (Questo nome si dà in generale ad un ammasso di qualche sostanza molle, compressibile, elastica, e rinchiusa in una specie di sacco di tela, o di stoffa destinato a sostenere dolcemente il corpo.) Cuscino; guanciale; pimaccio i. *Pulvinar; pulvinus* l.

Coussin f. ¶ Per quel cuscino, che s'estende per tutta la larghezza del letto. V. *Traversin.* ¶ Dicesi anche della cassetta usata dalle donne per cucire. . . . . .

Cussinët, dim. di *cussin.* V.

Cuverpië. Copertina i. *Stragulum* l. Couvre-pied f.

Cuvertor. Copertina i. *Stragulum* l. Couvre-pied f.

D

D a. Dado i. *Talus; taxillus; tessera* l. Dé à jouer f. ¶ Sorta di strumento, col quale si tormentano gli uomini stringendo loro con esso le noci del piede. Dado i. *Supplicii genus; quo nocentium crura premuntur* l. Escarpin f.

Dagn. V. *Fausîa.*

Dama. (Piccolo pezzo di legno piano, e rotondo per giuocare alli giuochi detti di trictrac, alle dame, e a tutte tavole.) Dama i. ... Dame f. ¶ Nel giuoco poi le dame son chiamate *pediñe,* finché non son giunte al fine del tavoliere là, dove s'usa per segno di sovrapporvene altra. V. *Pediña.*

Damasch. (Sorta di drappo di seta fatto a fiori.) Dammasco; dommasco i. *Sericum damascenum; pannus damascenus* l. Damas f.

Damè. Tavoliere; scacchiere i. *Abacus; abaculus; alveus lusorius* l Damier f.

Damegiàna. Damigiana i. *Lagena* l. Dame-jeanne f.

Davanòjra; vindola v. pr. (Strumento, che si aggira orizzontalmente per fare la matassa.) Bindolo i. *Oscillum* l. Dévidoir f.

David. (T.de'Falegn.Strumento, che serve a tener fermo il legname, che si vuol unir con colla, o con altro.) Sergente i. . . . . . Sergent f

Decopìra. (Piccolo taglio fatto per ornamento a qualche stoffa, seta, o carta.) Frastaglio; taglio; ritaglio i. *Lemniscus* l. Découpure f. ¶ Per guarnizione lavorata a traforo. Trina i. *Prætextum* l. Gallon; ganse; crepine; dentelle f.

Dent. (Si dice delle parti di molti strumenti, e d'altre cose fatte a similitudine dei denti. Tali sono i rastrelli, le seghe, ec.) Dente i. *Dens* l. Dent f.

Dentajrēul; denterēul.) Strumento, che si dà a'bambini in fasce per agevolarli l'eruzione de'denti.) Sonaglio i. . . . . Hochet f.

Dentàl. (Legno, a cui s'attacca il vomero.) Dentale i. *Dentale, is* l. Ce qui tient le coutre; l'endroit, où il est attaché f.

Depòsit. (Luogo, in cui si depositano i cadaveri.) Deposito, v. dell'uso i. . . .

Dessèrta. Avanzi; il resto di tavola i. . . . . . . desserte f.

Dessèr. (Macchina o di cristallo, o d'altra materia più preziosa, la quale reca in tavola confetture, e frutte le più squisite.) . . . . dessert f.

Demora; dmora da masnà. (Piccola bagatella, che si dà ai fanciulli per divertirli, di cui si solazzano.) Crepunde; balocco; trastulli da bambini i. *Crepundia, orum* l. Jouet d'enfant f.

Denè; dnè. (Moneta in generale. Danajo; danaro; denajo, denaro i. *Nummus; pecunia; argentum; denarius* l. Argent; monnoie f. ¶ Per moneta della minor valuta, cioè la duodecima parte del soldo. Danaro; danajo i. *Obolus* l. Denier f.

Desèrica. (Piccol pezzo di ferro, o d'acciajo, che serve a far rilasciare la molla d'un arma da fuoco.) Grilletto i. . . . . Détente f.

Despensa. V. *Dispensa*.

Destissor; stupalùm. Spegnitojo i. *Instrumentum ad extinguenda lumina* l. Eteignoir f.

Destreit. (Strumento, col quale i Fabbri, ed altri Operaj stringono, e tengono fermo il lavoro, che hanno tra le mani.) Morsa i. *Forceps* l. Etau f.

Desviarin; sviarin. Sveglia; svegliatojo i. *Tintinnabulum stata hora excitans* l. Reveille-matin f.

Dial. Ditale i. *Digitale* l. Dé à coudre f.

Diablemanfört. (Specie di stoffa.) . . . . . . Diablemenfort, v. dell'uso f.

Dispensa; despensa. Dispensa i. *Penus; penum; penu; cella obsonaria; escarium cellarium; cella penuria* l. Dépense; garde-manger; serdeau f. ꟾ *Dispensa* dicesi pure l'armario, in cui si ripongono le cose commestibili, e che si chiama anche *credensa.* Credenza i *Abacus* l. Buffet; office f.

Dnè. V. *Denè.*

Doa; dova. (Tavola, che serve alla costruzione della botte.) Doga i. *Dolii lamina* l. Douve f.

Dobla. Doppia i. *Aureus nummus* l. Pistole f.

Doi; picè. (Vaso di terra cotta da portar liquori.) Brocca i. *Urna; hydria* l. Broch; cruche f.

Doi dl'euli. V. *Bot dl'euli.*

Doja. (Vaso per lo più di creta con manico, e che ha ordinariamente il ventre lungo, e il collo stretto.) Mezzina; brocca i. *Hydria* l. Cruche f.

Doidnè; doi denè. Due denari i. *Duo oboli* l. Deux deniers f.

Doiemès. Pezza da soldi due, e mezzo i. . . . . . Piéce de deux sous et demi f.

Döm. (Chiesa, nella quale risiede il Vescovo.) Duomo i. *Majus templum* l. Eglise cattedrale f.

Dominò. (Sorta d'abito da ballo.) Cappuccio i. . . . Domino f.

Dorin. Vezzi i. . . . . .

Dormitöri. Dormentorio i. *Dormitorium, ii* l. Dortoir f.

Dova; doa. (Tavola, che serve alla costruzione della botte.) Doga i. *Dolii lamina* l. Douve f.

Drap. (Specie di stoffa di lana.) Panno i. *Pannus* l. Drap f.

Drapò. Bandiera i. *Vexillum; signum* l. Banniere; bandiere; enseigne f.

Droghèt. Droghetto i. *Pannus lino, lanaque textus* l. Droguet f.

Ducaton. Sorta di moneta d'argento. Ducatone i. . . . . Ducaton f.

Dugaña. Dogana i. *Telonium* l. Douane f.

E

Ægrèta. (Ornamento di capo di diamanti, o altre gioje per le donne.) Pennino i. . . . . Aigrette f.

Elmo. (Armatura di sol-dato a cavallo, che arma il capo, e 'l collo, e dalla parte dinanzi s'apre, e si chiude.) Elmo i. *Galea; cassis* l. Casque; héaume; timbre f.

enbossor. V *Anbossor.*

Entrà dlà cà. V. *intrà dlà cà.*

Epitafio. Epitafio i. *Epitaphium* l. Epitaphe f.

ërca; ërca da pan; ërca da pasta; ërca pastöira; ma-stra v. pr. Madia i. *Mactra* l. Huche f.

ërpi. (Strumento di le-gname con denti di ferro, che tirato da buoi, e cal-cato dal bifolco spiana, e trita la terra de' campi as-solcati.) Erpice i. *Hurpex; hyrpex; urpex; irpex; cra-tes* l. Herse f.

F

Faciata. V. *Fassada.*

Fagotàs, pegg. di *fagöt.* V.

Fagotin, dim. di *fagöt.* Fagottino i. . . . . . Petite fagot f.

Fagoton, acc. di *fagöt.* V.

Fagöt. Fagotto i. *Sarci-na* l. Fagot f.

Fanàl. (Quella lanterna, nella quale si tiene il lume la notte sui navili, e 'n sulle torri de' porti.) Fanale i. *Fax; lanterna; pharus* l. Fa-nal f.

Farabalà. (Benda di stoffa piegata, e messa per orna-mento sopra le vesti don-nesche, e mobili.) Balza-na i. *Lacinia* l. Falbalà f.

Farò. (Fuoco d'allegrez-za.) Baldoria; falò i. *Fe-stus ignis* l. Feu de joïe f.

Fas. Fascio; fastello i. *Fascis* l. Botte f.

Fas d'legne. . . . . . *Lignorum fascis* l. Faulorde f.

Fassa. Fascia i. *Fascia* l. Bande; bandelette f. Par-lando della fascia d'un bam-bino Maillot f.

Fassada; faciada. Fac-ciata di casa i. *Ædium frons* l. Façade; fasce; le devant d'un batiment f.

Fassët; fassöt, dim. di *fas.* Fascetto; fascettino i. *Fa-sciculus* l. Petit fardeau f.

Fassęla. (Arnese, in cui si pone il quaglio per for-mare il cacio.) . . . .

Fassiña. (Piccol fascetto di legne minute, di rami.) Fascina i. *Virgultorum fa-scis* l. Fascine; fagot de brancage; de menu bois f.

Fassinè. Catasta di fasci-ne. . . . . Tas de fascines f.

Fassolët. Fazzoletto; moc-cichino i. *Sudarium* l. Mou-choir f. ʃ Quello, che le donne portano sulle spalle .

. . . . *Amictorium* l. Fichu; mou-choir de cou f. ʃ Quello, che le medesime portano sul capo. . . . . Couvre-chef f.

Fasson, accr. di *fas*. V.
Fauda. V. *Cotin*.

Faudàl; *scossàl*; *minagèra* Grembiale ; grembiule *i*. Scozzale Lomb. *Ventrale* l. Tablier f

Faudiña. (Parte di sopravveste, che pende dalla cintura al ginocchio, e a somiglianza di questa la parte del farseto, che pende dalla cintola in giù.) Falda *i*. *Extrema pars vestis* l. La basque d' uu pourpoint f.

Faussía ; *siessa* ; *dagn*. v . pr. Falce *i*. *Falx* l. Faucil e ; faux f.

Fenestra. V. *fnestra*.
Fenestrassa , pegg. di *fnestra*. V.

Fenestrin; *fenestriña*; *fenestreta*, dim. di *fnestra*. Finestrello; finestrella; finestretta; finestrino *i*. . . . Petite fenêtre f.

Fenestron, accresc. di *fnestra*. V.

Fër. Ferro *i*. *Ferrum* l. Fer f. ꝗ *Fër da caussèt*. V. *agucieta* . ꝗ *Fër da caval*. V. *Ciapin*. ꝗ *Fër da stirè*. (Strumento da soppressare Cucchiaja; soppressa *i*. *Præssarium* l. Fer; fer à repasser f. ꝗ *Fër da papiöte*; *fèr da frisè*. Ferro da increspar i capelli *i*. *Calamistrum* l. Fer à friser f. ꝗ *Fër da ridò*. Verga di ferro *i*. . . . Tringle f.

Ferlöca. (Sorta di cuffia, che portano le fanciulle.) . . . .

Feston. (Travaglio a disegno intagliato ai manicchini, ai fazzoletti da collo, ec.) Festone *i*. . . . . . . Feston f.

Fëu. Fuoco *i*. *Ignis* l. Feu f.
Fëudër. Guaina *i*. *Vagina* l. Gaine ; étui ; coutelier f.

Fojët. (Suolo che si mette ai taloni. ꝗ Per dimin. d' *fëui* V.

Fëuja. V. *Tortèra*. Tegghia da pasticci *i*. . . .

Fiamanghin. (Lavoro, che si fa ai manicchini.) . . . .

Fiasch. Fiasco *i*. *Ænophorum* l. Bouteille f.

Fiascheta. (Piccol fiasco di latta, di forma schiacciata, di cui si servono i Cacciatori per tenevi la polvere.) Fiaschetta *i*. . . . . . Petite bouteille platte f.

Fiaschët ; dim. di *fiasch*. Fiaschetto *i*. *Parvum ænophorum* l. Petite bouteille ; flacon f.

Fiascon, accr. di *fiasch*. Fiascone *i*. *Immane triental* l. G rande bouteille f.

Ficìa. (Strumento composto di due o più anelli, e d' un arpione incastrato in essi, o d' altri ordigni a quelli somiglianti per uso di tener congiunte insieme le parti di qualsivoglia arnese, che s'abbiano a ripiegare, e volgere l'una sopra l'altra.) Mastietto *i*. Fiches; contrefiches f.

Fil. Filo *i*. *Filum* l. Fil f. ꝗ *Fil da cusì*. Refe ; accia

da

da cucire i. *Filum; acia* l. Fil f.

Filà. (Strumento di fune, o di filo tessuto a maglia per pigliar pesci, fiere, o uccelli.) Rete i. *Rete* l. Rets; filet f.

Filandra. (Fila, che spicciano da panno rotto, o stracciato, o tagliato, o cucito. Filaccica i. *Titivilitia* l. Filandre f.

Filatòr. Filatojo i. *Rhombus maior* l. Moulin à soie f.

Filatùra. Filatura i. . . . Filature f.

Filös. (Lavoro alla moda di filo di seta, od anche di lino fatto a rete.) . . .

Filosèla. Nastro di fioretto i. . . . . Fleuret f.

Filosöf, fem. (Veste da donna alla moda.) . . .

Filùra; fissùra.) Fissura i. *Rima* l. ʃ *Filùra,* per lo far filare. Filatura, v. dell'uso i. . . . .

Fiöch. (Massa di fili d'oro, d'argento, di seta, ec., che si usa per ornamento degli abiti, de' baldacchini, ec.) Fiocco: nappa i. *Lemniscus* l. Flochon f.

Fiöla. (Piccola botte di vetro.) Fiala; ampolla i. *Phiala* l. Fiole f.

Fiorè. (Panno, che cuopre i panni sudici, che sono nel tinello del bucato, sopra del quale si versa la cenerata.) Ceneracciolo i. *Pannus* l. Charrier; torchon

qu'on met au-dessus de la lescive f.

Fiorët. Stracci i. . . . Fleuret f. ʃ (Per quella spada senza punta, e senza taglio, con cui s'impara a tirar di spada.) Fioretto i.

Fleuret, épée sans pointe et sans tranchant f.

Fissù. Fazzoletto da collo i. *Amictorium* l. Fichu f.

Fissùra; filùra. (Piccola spaccatura, o crepatura lunga.) Fessura; fesso; fenditura i. *Rima; fissura; scissura* l. Fente: crévasse: ouverture; lézard; renard f.

Flagiolët. Zuffolo; zuffolino; zampogna i. *Tibia; fistula; arundo* l. Flageolet f.

Flanbò. Torchio; face i. *Fax* l. Flambeau f.

Flussionèra; flussionària. (Cuffia, le di cui code facendosi passare l'una sopra l'altra sotto la gola si fanno ascendere sopra il capo.) Serrateste, v. dell'uso i. . . . Bagnolette f.

Fluta. (Stromento musicale a fiato.) Flauto i. *Tibia, calamus* l. Flûte f.

Fnèra. Fenile; fienile i. *Fænile* l. Fénil; grenier au foin f.

Fnestra. Finestra i. *Fenestra* l. Fenêtre f. ʃ Talvolta si dice anche della chiusura dell'istesse finestre dette *Vedrià,* e *vrera* V.

Fnestrassa, V. *Fenestrassa.*

Fnestrin; fnestriña;

fnestreta, V. *Fenestrin*.

Fnestron, V. *Fenestron*.

Födra; *feudra*. Soppanno; fodera i. *Subtegmen*; *pannus subdititius*; *pannus subsutus* l Doublure f

Fodreta; *fodreta da cussin*. Fodera; guscio d' un guancialino i. *Pulvini tegmen*, *inis* l. Taie d'oreiller. f.

Fott. (Cordicella di canapa, o di cuojo, che è attaccata ad una bacchetta, ad un bastone, di cui ci serviamo per castigare i cavalli, ed altri animali.) Sferza; ferza; frusta; staffile i. *Ferula*; *verber*; *flagrum*; *scutica* l. Fouet f.

Foforò. (Fodero, in cui si pone la fonda della pistola.) Sovrafodero i. . . . . Faux foureau f.

Fofo. (Si dice a' capelli, che soprastano alla fronte, e che sono più lunghi degli altri.) Ciuffetto i. *Frontis capillitium* l.

. . . . Toupet; toupillon f.

Fogon. Braciere i. *Focus* l. Brasier f. ʃ *Fogon* picciol buco, che è alla culatta d'un arma da fuoco. Focone i. . . . . Lumiere f.

Fojòt. (Vaso di creta picciolo con manico ad uso di cucina.)

Fonda. (Arnese di legno coperto di cuojo fatto a guaina, che serve per mettervi entro la pistola.) Fonda del-

la pistola i. . . . . Foureau du pistolet f.

Fondamenta. Fondamento i. *Fundamentum* l. Fondement f.

Forca. (Baston lungo intorno a tre braccia, che ha in cima due o tre rami aguzzati, e piegati alquanto.) Forca i. *Merga*, *arum* l. Fourche f. ʃ *Forca* dicesi anche il patibolo. Forca i. *Furca* l. Gibet; potence f.

Forclina. Forchetta; forcina i. *Fuscinula* l. Fourchette f.

Forèt (Strumento di cui i Formagiai si servono per prender l' assaggio del caccio.) Sgorbia i. . . . .

Forma. (Modello di legno sopra il quale si fa un cappello, una scarpa, ec.) Forma i. *Forma* l. La forma de' calzolai più propriamente *mustricula*; *modulus sutorum* l. Forme f. ʃ *Forma* si dice ancora di cosa incavata, e preparata per dare una figura precisa alla cera al piombo, ec., che si intromette. Forma i. *Forma* l. Moule f.

Formagièra. (Arnese di legno, che si soppone alla grattugia per grattarvi il formaggio.) . . . . . .

Forn. Forno i. *Clibanus*; *furnus* l. Four f.

Fornèl. Cammino i. *Caminus*; *focus* l. Cheminée; âtre; foyer f.

Fornlèt. (Specie di piccol forno ad ufo delle filature.)

. . . . . ſ Per dim. di
fornèl , V.

Fornët , dim. di *forn* , V.

Fortificasion. Fortificazione
i. *Munitiones* l. Fortifica-
tions f.

Frà. Ferrata i. *Cancelli
ferrei* l. Grille de fer ; bar-
reau : treillis f.

Frach; crẽuvghẽu. (Specie
di pastrano in uso per lo più
presso la gente ordinaria.)...

Franda. Fionda; frombo-
la i. *Funda* l. Fronde f.

Frangia. Frangia ; cerro;
balzana i · *Lacinia; fimbria* l.
Frange f.

Freſa. Manico del trapano . . . .
ſ Dicesi pure *freſa* quel pezzo del trapano , che serve
per dilatare i buchi . . . .

Friſ. (Guarnitura a guisa
di lista per adornare, arricchire vesti, e arnesi.) Fregio i. *Taenia; instita* l. Garniture; bordure f. , . . .
ſ Per quel membro d' ar-
chitettura tra l' architrave,
e la cornice. Fregio i. *Zo-
phorus* l. Friſe f. ſ *Friſ.* Nastro di lana . . . . .
ſ Ornamento che ricorre
intorno alle stanze. Fre-
gio i. . . . Lambris f.

Friſa. (Panno , o drappo
nero , con cui si usa coprire
la bara nel portare i morti
alla sepoltura.) Coltrice i.
Pannus niger loculum tegens l.
Drap mortuaire; poële f.
ſ *Friſa* per piccola porzione , forse da *frango.* , e in-

fringo. Briciola; fragmento i.
Mica ; *frustulum* l. Miette f.

Friſon. (Specie di stoffa.)
. . . .
Frison, v. dell' uso f.

Friſura. Arricciamento i.
. . . .
Friſure f.

Froj. Chiavistello i. *Pessulus* l. Verrou f.

Frolòr. (Strumento noto
per disfare , e sbattere il
cioccolato.) Mulinello i. *Turbo* l. Bâton à chocolat f.

Frontàl, e più comun. nel
plurale *frontai.* (Guancia-
letto a guisa di cerchio formato con alcuni nastri al
capo de' bambini per riparo
delle percosse del capo.)
Cercine i. *Circulus; arcus* l.
Bourelet; borlet f.

Frustañi. Frustagno; fusta-
gno i. *Tela xilina* ; *pannus
xilinus* l. Futaine f.

Fuſ. Fuso i. *Fusus* l. Fuseau f. ſ Quel legno , che
è infisso nel *bot* delle ruote. Raggio delle ruote; raz-
za i. *Radius* l. Rais; rayeau
de roue f. ſ Dicesi pure di
quelle cavicchie delle ruote
da molino, per le quali vengono ad incontrarsi pella
comunicazione del movi-
mento . . . . . .

Fuſà. (Fuso pieno di filo.)
Fuso pieno i. . . . . .
Fusée f.

Fuſèra. (Strumento di legno triangolare , in cui si
conficcan i fusi.) Fusara, v.
dell' uso i. *Qualus* l. . . . .

Fufil; archibùf. Fucile; archibuso; arcobugio; archibugio i. *Ballista ignea* l. Arquebuse; fusil f.

Fufilët; fufilöt, per dim. di *fufil,* V. ʃ Per *brichët,* V.

Fufiña. Fucina i. *Officina* l. Forge f.

G

Gabàs; cabàs. (Tavola su cui i muratori pongono la calcina per pórla in opera.) . . . .

Gabia. (Strumento per rinchiudere uccelli vivi.) Gabbia i. *Cavea* l. Cage; voliere f. ʃ Per tessuto di fili di ferro, di cui si servono le crestaje per tener in sestó le cuffie. Gabbia i. . . . Carcasse f.

Gabinët; canbrin. Gabinetto; camerino i. *Penetrale; zotheca; conclave* l. Cabinet f.

Gabriolè. (Sorta di picciol biroccio.) Biroccino i. . . . . Cabriolet; phaéton f.

Gagïeta. (Ferretto nell'armi da fuoco, che toccandosi per mezzo del grilletto le fa scattare.) Grilletto i. . . Gachette f.

Galaría. Gallería; loggia i. *Porticus, us* l. Galerie f. ʃ Per la stanza di pitture. Piniera; gallería;

stanza di pitture i. *Tablinum; pinacotheca, ae* l. Galerie f.

Galerin. (Vaso di rame, o di qualche altra materia, in cui si conserva acqua per lavarsi le mani.) Fontana i. . . . . . Fontaine f.

Galiné; polì; galinèra. (Luogo, dove si tengono i polli.) Pollaio i. *Gallinarium* l. Poulailler; basse cour f.

Galon. Gallone; nastro i. *Taenia* l. Galon f.

Gamlöt. (Drappo fatto di pelo di capra talvolta liscio, talvolta a onde.) Ciambellotto i. *Cilinicus pannus tenuior* l. Camelot f.

Gangài. (Carta, o cencio arrotolato, che serve per formar il gomitolo.) Anima del gomitolo, v. dell'uso i. (*Gangài* da quincaille f.)

Gansa. (Cordoncello di seta, d'oro, d'argento, ec.) Cappietto; trina i. . . . . . Ganse f.

Gardabì. (Veste, che si porta di sopra per custodire li sopposti abiti.) Guarnacca; guarnaccia i. *Toga* l. Robe de chambre; simarre f.

Gardanfan; paniè. (Sottana di tela co' cerchi per le donne.) Guardinfante; faldiglia i. guardanfante Lomb. . . . . . . *Panier* f.

Garët de scarpe, o de stivài Calcagno di scarpe, o di stivali i. . . . . . Talon des souliers, ou des bottes f. Dicesi *garèt* quando il calcagno è fatto di cuojo; ma quando è fatto di legno, dicesi *talon*, V.

Gartèra; *gartiè* (Parte posteriore della scarpa, contro cui poggia il calcagno.) Quartiere i. . . . . . Quartier de soulier f.

Gateröla. (Buca nell'uscio, acciocchè il gatto possa passare.) Gattajuola i. *Foramen* l. Chatiere f.

Gatiòn; *descrìca*. (Ferretto che toccandosi fa scattare le armi da fuoco.) Grilletto i. . . . Détente f.

Garsa d' crepo. Velo; tocca i. *Ventus textilis*; *linea nebula*; *perlucidum textum* l. Gaze de crêpe f.

Gavabòra; *gavabòro*. (Strumento, che s'usa per estrarre lo zuffo, o simili dall' archibuso.) Cavastracchi i. . . . . . Tire-bourre f.

Gavadent. (Strumento con cui si cavano i denti.) Cavadenti i. *Dentharpaga*. l. Davier f.

Gavia. (Vaso di terra cotta di grande concavità, e di larghissima bocca.) Conca i. . . . . Auge; Cuve de terre f.

Gavièta, dim. di *gavia*, V.

Gaviöt; *gaviòta*. (Vaso di terra fatto a foggia di *gavia*, ma più piccolo, e con un manico.) . . . . .

Gelofìa. (Stromento di legno, o di ferro, a traverso di cui si vede senza esser veduto.) Gelosìa i. *Transenna*; *cancelli* l. Jalousie; abajour f.

Genevriña. (Specie di cappello, che si usa dalle donne specialmente ne' viaggi per ripararsi dal sole, fatto di cartone, e per lo più foderato di seta, all' uso di Geneva.) . . .

Genojèra. (Ginocchio d'uno stivale.) Ginocchiello i. *Genualia* l. Genouillere f.

Getòn; *gitòn*. (Pezzo rotondo, e piatto ordinariamente di metallo, sopra il quale si mettono ritratti, armi, divise, ec. quale serve per gettare, e calcolare, notare, e pagare al giuoco.) Gettone, v. dell'uso i. . . . Jeton f.

Gĕrba (Fascio di grano tagliato.) Covone; manna i. *Manipulus* l. Gerbe f.

Gĕrbè. (Catasta di covoni di formento, di segala, d' avena, coperta di paglia lunga, che serve di riparo dalla pioggia.) Pagliaio; mucchio, colmo di paglia i. . . . Gerbiere; moule f.

Ghĕt (Case degli Ebrei.) Ghetto i. *Judaeorum contubernium* l. Demeure des Juifs f.

Gheta. (Spezie di sopraccalza di panno, o tela, che si affibbia tutto lungo la gamba.) Uosa i. *Impilia*, *ium*; *pero*, *onis* l. Guêtre f.

Ghingàje, pl. Mercanziuo-

C 3

le i. *Merces exiguae* l. Quincaille f.

Ghirindon. Candelabro ; candeliere i. *Candelabrum* l. Gueridon f.

Giaca; giacöt. (Sorta d'abito in uso presso certi villani, che viene sino alle ginocchia, e talvolta più al basso.) Sajone, o casacca de' contadini. *Sagulum breve* l. Jaquette f.

Giacotin. Giubbettino ; giubberello; gonnellino de' bambini i. *Thorax exiguus* l. Jaquette f.

Giacöt. V. *Giaca*.

Giargiatole, pl. (Coserelle; cose di poco valore.) Carabattole ; bazzecole i. *Reculae, arum* l. Fanfreluque; minutie; vétille ; chose de rien f.

Giassil; ciassil. (Term. de' Falegnami. Pezzi di legno, che uniti insieme formano più quadrati , in cui si mettono pezzi di vetro, o di tela, o di fogli di carta per impedir il vento, e le ingiurie del tempo.) Se si mette carta dicesi Impannata i. . . . . Chassis de papier f. Se vi si mettono vetri dicesi Invetriata i. . . . . Chassis de verre f. ꝗ Quando l' impannata, o invetriata è fatta di più pezzi, li quali si possono chiudere , ed aprire separatamente , questi chiamansi più comunemente *Volët*. V. ꝗ Col nome di *Giassil* comprendono anche talvolta non solo l' impannata, o invetriata , ma anche il legname, che si affigge al muro , e che queste riceve, e che propriamente dicesi *tlè*. V.

Giassilon, accr. di *giassil*. V.

Giassèra. (Luogo, dove si conserva il ghiaccio.) Ghiacciaia i. *Cella glacialis; glaciei servandae locus* l. Glacière f.

Gierla. (Vaso di terra grande , in cui si conserva l' olio.) Orcio i. . . . . Pot à huile f.

Giergon. (Sorta di diamante gialliccio.) Giargone i. . . . . . Giargon f.

Gioch. (Luogo dove vanno a posare le galline la notte per dormire.) . . . .

Gioja. Gioja; gioiello i. *Gemma; monilia, ium* l. Joyeau f.

Giojèra. (Cassetta col coperchio di vetro, nella quale si tengono in mostra cose preziose.) Bacheca i. *Transenna* l. Montre f.

Giov. Giogo i. *Jugum* l. Joug f.

Gibassè. (Borsa lunga, e piatta di cuojo, nella quale li Cacciatori mettono il piombo, la polvere, e le altre cose, di cui si servono alla caccia.) Carniera; carniere; carniero i. *Pera* l. Gibecier f.

Gipa. Gonna; gonnella ;

gonnellina ; gonnellino ; giubba i. *Thorax* l. Jupe f.

Gipon. (Gonna corta, che le donne mettono sotto le altre gonne.) Giubbone; giuppone; cipone; sottana i. *Thorax* l. Pourpoint; camisolle ; camisette ; jupon f. § *Gipon* per *corpĕt*, V.

Gir d' pĕrle ; *vir d' pĕrle.* Vezzo di perle i. *Monile baccatum* ; *unionum linea* l. Fil de perle f.

Gitàl; *stringa.* Stringa ; lacciuolo i. *Lorum* ; *ligula adstrictoria* l. Lacet ; éguillette f.

Giton, V. *Gęton.*

Gnomon. Gnomone ; ago ; stile d' un quadrante, d' un oriuolo a sole i. *Gnomon* l. Gnomon f.

Goant. Guanto i. *Digitalia*, *ium*; *Chiroteca* l. Gant f.

Goardarŏba. Guardaroba i. *Vestiarium* l. Garde-robe; dépense f. § *Goardarŏba da mantèj.* Guardaroba da mantelli i. *Penularium* l.

. . . . ,

Goardia. (Quella parte d'una spada, d'un pugnale, che è intorno al manico, e che serve per difender la mano.) Elsa; elso i. *Capulus* l. Garde f.

Goarnitùra. Guarnitura ; guarnizione i. *Ornatus* ; *ornamentum* l. Garniture f.

Gobloton, accr. di *goblŏt.* Bicchierone i. *Immane poculum* l. Un grand verre f.

Goblŏt, V. *Bicèr* . . . .

Golęta ; *colariña.* Goletta del collare; collarina i. *Collaris* l. Porte-collet f.

Gondŏla (Piccol vaso per bere lungo e stretto, che non ha nè piede, nè manico, così chiamato per cagione della somiglianza, che ha alle gondole di Venezia.) Ciotola i. *Cymbyum* l. Gondole f.

Gorgèra. V. *Cŏl d' camìſa.* *Gorgerin*; *gorgeriña.* (Parte delle veste, che copre il collo. Gofeta l. *Colli tegmen* l. Talon f.

Gossa. (Arnese a foggia di gocciola d' acqua, che pende per mezzo di due aneletti dalla parte del pendente, che si conficca nell' orecchio, e fa parte di esso.) Goccia; gocciola, v. dell' uso i. . . . .

Görba. (Arnese profondo, e rotondo fatto per lo più di rami fessi, che serve ordinariamente per trasportare la frutta, ed erbaggi sopra giumenti da soma.) Corba i. *Corbus* ; *canistrum*; *cophinus* l. Corbeille f.

Görgia. (Condotto di legno, o di pietra.) . . . § Per *la canal.* V. *Canal* . .

Grà. (Strumento di varie forme fatto per lo più di vimini tessuti in su masse.) Graticcio i. *Crates* ; *vimenta* l. Claie f.

Grafa. Fermaglio; fibbialio ; borchia di diamanti; tempestata di diamanti i.

Gemmarum sertum, cumulus, globulus. Agrafe de diamans f.

Grafi. (Strumento di ferro, che serve per estrarre specialmente le secchie dai pozzi.) Uncino da pescar le secchie i. *Harpago* l. Graffe f.

Gramola. Maciulla; gramola i. *Malleus stuparius* l. Brisoir; broye; mache f.

Gramolin. (Quella materia legnosa, che cade dal lino, e dalla canapa, quando si macciulla, si pettina, e si scottola.) Lisca i. *Festucca* l. Chenevotte f.

Granàta. (Bomba piccola di fuoco, da tirarfi con mano.) Granata i. *Globus igneus* l. Grenade f. ¶ *Granàta,* e più comun *granàte,* pl Sorta di gioia. Granato i. *Amethystus* l. Grenat f.

Granè. Granaio i. *Horreum* l. Grenier f.

Gratifèla. (Graticola i. *Craticula* l. Grille f. ¶ Per quella reticella di ferro, o di rame, che si mette per difendere i vetri delle finestre, o l' ingreffo degli uccelli. Ragna; ragnata i. *Reticulum ferreum,* o *æreum* l.

Gratùfa. Grattugia i. *Tyrochnestis* l. Rape f. ¶ Pello strumento, con cui si grattugia il tabacco, V. *Rapa.*

Gremo; bio v. pr. (Spezie di cesto tessuto di vimini, sotto il quale si mettono i pulcini perchè non fuggano, e non sieno calpestati.) † Stia i. . . . .

Gria. Grata; graticola; inferriata; inferriato i. *Crater, ris; craticula* l. Grille f.

Grif. (Strumento di ferro con aculei per prendere animali.) Raffio; graffio i. *Harpago, onis* l. Graffe f.

Grilèt. (Vaso di cristallo ad uso di recar frutta in tavola) . . . .

Grip. (Sorta di cresta alla moda.) . . . .

Grifèul. (Vasetto di terra cotto, dove si fondono i metalli.) Crogiuolo i. *Vasculum fuforium* l. Creuset f.

Grondaña. Gronda i. *Subgrundium; compluvium* l. Goutier; battellement f.

Gropèra. (Pezzo di cuojo ripieno di borra, che si passa sotto la coda d'un cavallo, d' un mulo, ec., e che è attaccato alla sella, al basto, ai fornimenti.) Groppiera i. *Postilena* l. Croupiere f.

Grotèsch, add. (Sorta di pittura licenziosa a capriccio.) Grottesco i. *Museæ, arum* l. Grottesque f.

Grumisèl. Gomitolo i. *Glomus* l. Peloton f.

Grupia. Mangiatoia i. *Præsepe* l. Mangeoire; crèche f.

I

Ighèra. Mesciroba; boccale; brocca d'acqua; acquereccia i. *Aqualis, is; guttus* l. Aiguiere f.

Imagine. (Figura di rilievo, o dipinta.) Immagine i. *Imago; simulacrum; effigies* l. Image f

Inciöstr. Inchiostro i. *Atramentum* l. Encre f.

Indièna. (Sorta di tela dipinta, che dapprima ci capitava dall' Indie, e che oggidì si fabbrica anche in varj paesi dell' Europa.) Indiana i. . . Indienne f.

Interlìgn. (Piccola listella di legno, o di metallo, che gli Stampatori usano per accrescere lo spazio tra due linee.) . . . . . .

Intrà dla cà; entrà dla cà. Ingresso della casa i. *Vestibulum* l. Entrée de la maison f.

Issàl, V. *Assàl.*

Issöla. (Specie di scure curva, di cui si servono i Bottaj.) . . . . . .

L

Lama. (La parte della spada fuor dell'elsa, ferro d'un coltello, d'un temperino.) Lama di spada, di coltello, di temperino, ec. i. Per la detta parte della spada. *Ensis* l. Le fer de l' épée d'un couteau, d'un canif f. ꝝ *Lama* diconsi pure certe laminette, o striscioline d'oro o d'argento, di cui si coprono talvolta le stoffe, e che si usa ne' galoni, ec. Laminetta; strisciolina d'oro

o d'argento i. . . . . Lame f.

Lanpadàri. (Arnese proprio a sostener lampade.) Lumiera i. *Lycnus*, *i*; *polimixus* l. Lampadaire f. ꝝ *Lanpadàri* per *lustr* V.

Lanpia. Lampada; lampana i. *Lampas, adis;* Lampe f.

Lañi. (Pezzo di lana, che serve per coprire, e difendere dal freddo i bambini.) Pannicello i. *Panniculus* l. Lange; couche f.

Lansa. Lancia i. *Lancea* l. Lance f.

Lanseta. Lancetta i. *Scalprum chirurgicum* l. Lancette f.

Lanternassa, peg. di *lantèrna,* V.

Lanternin, dim. di *lantèrna.* Lanternetta; lanternino i. *Parva laterna* l. Petite lanterne f.

Lanternon, accr. di *lantèrna* Lanternone i. *Magna laterna* l. Grande lanterne f.

Lantèrna. Lanterna i. *Laterna* l. Lanterne f.

Lardöira. Lardatojo i. *Acus qua laridum carnibus infertur* l. Lardoire f.

Las. Laccio i. *Tendicula* l. Lacs f. ꝝ *Las scoròr.* (Sorta di cappio. che quanto più si tira, più serra, e che scorre agevolmente.) Cappio corsoio, scorsoio i. *Laqueus* l. Nœud coulant f.

Lasagnòr. (Legno lungo, e rotondo, su cui s'avvolge la pasta per ispianarla, e assottigliarla.) Matterello i.

Cylindrus l. Rouleau f.

Lastra. (Pietra non molto grossa, e di superficie piana) Lastra i. *Lamina lapidea* l. Pavé ; pierre de taille pour paver ; cadette ; table de pierre f. ¶ *Lastra*. (Gran ferro piano, che si applica al fondo del focolare.) Frontone di cammino i. . . . . Plaque de feu ; plaque de cheminée f. ¶ Si dà pure il nome di *lastra* ai vetri di superficie piana, e larga, e non molto grossa. Lastra di vetro i. . . . . . . Planche f.

Lata. (Pezzo di legno lungo, stretto, e piano, che s' inchioda sopra travicelli per portar la lavagna, e serve anche per altri usi.) Corrente ; pannoncello i. *Axiculus* ; *ligni bractea* l. Latte f.

Lavèl. Lavatojo i. *Lavacrum* l. Lavoir ; évier f.

Lèca. Ghiotta i. Leccarda Lomb. *Assaria cucuma* ; *pateila* l. Lechefrite f.

Legna ; *ligna*. Legna i. *Lignum* l. Buche f.

Legnè ; *lignè*. Legnaja i. *Lignorum strues* l. Bucher f.

Legnèra ; *lignèra*. (Luogo, dove si mette il legno destinato per bruciare.) Legnaja ; stanza delle legne i. *Legnite*, *is* l. Bucher f.

Legnèt, dim. d' *legn*. V.

Lessìa. (Imbianchitura di panni lini fatta con cenere, ed acqua bollente.) Bucato i. *Lixivium* l. Lessive f.

Letièra. (Legname del letto de' contadini.) Lettiera i. *Fulcrum lecti* l. Chalit ; bois de lit f.

Legn ; *lëgn*, voci pr., *trav*. Trave i. *Trabes* ; *lignum* l. Poutre f.

Lenghèta. (Quella parte del lume scanalata, su cui si mette il bombagio.) . . . . ¶ Dicesi anche della parte inferiore della cravatta, che si affibbia. . . . . .

Lesa. (Carretta senza ruote.) Slitta i. *Traha*, *æ*; *vehes* ; *is* l. Traineau f.

Lesna. (Ferro appuntatissimo, e sottile con manico rotondo di legno, col quale per lo più si fora il cuojo per cucirlo.) Lesina i. *Subula* l. Alêne f.

Let. (Arnese, nel quale si dorme.) Letto i. *Cubile*; *lectus* l. Lit ; couche f.

Letiga. (Arnese da far viaggio portato per lo più da due muli detto forse così, perchè vi si può giacer come nel letto.) Lettiga i. *Lectica* l. Litière f.

Letoril. (Strumento di legno, sul quale tengono il libro coloro, che cantano i divini uffizi.) Leggio i. *Pluteus anagnosticus* ; *agnosterium* l. Lutrin ; pupitre f. ¶ *Letoril* dicesi anche uno strumento di legno, che si tiene sulla tavola per appoggiarvi il libro, che si ha tra le mani per leggerlo più comodamente.

Letùra. (T. degli Stamp. Sorta di carattere per la stampa, che è tra la filosofia, e il silvio.) Lettura; cicerone i. . . . . . . Cicéro f.   '

Leva. (Strumento meccanico.) Leva i. *Vectis* l. Lévier f.

Lëch. (Quel segno, al quale in giuocando alle pallottole, o alle piastrelle, o alle morelle, ciascuno cerca d' avvicinarsi il più, che può con quella cosa, ch' ei tira.) Lecco i. *Meta* l. But f.

Lëgn. V. *Legn.*

Liaganba. V. *Liassa.*

Liamët. (Piccol nastro di filo.) . . . .

Liaroca. (Nastro, con cui si lega sulla rocca il pennecchio.) . . . . . .

Liassa. Legaccia i. *Ligamen; ligamentum; vinculum* l. Lieu; attache f. ꝭ Per sorta di nastro, con cui si legano le calze o sotto, o sopra il ginocchio, e che in varie Provincie dicesi *liaganba*, e più sovente in pl. *liaganbe.* Legaccia i. *Periscelis, idis* l. Jarretiere f

Libër. Libro i. *Liber; volumen; codex* l. Livre; volume f.

Librarìa. Biblioteca; libreria i. *Bibliotheca* l. Bibliotheque f.

Ligna. V. *Legna.*

Lignè. V. *Legnè.*

Lignèra. V. *Legnèra.*

Lignöla. (Piccola cordicella, di cui i Muratori, i Giardinieri, ed altri si servono per far a retta linea i loro lavori.) Corda ; cordicella ; archipenzolo i. ... Cordeau f.

Lima. Lima i. *Lima; scobina* l. Lime f. ꝭ *Lima dossa.* . . . .

Lin. Lino i. *Linum* l. Lin f.

Lingotèra. (Vaso di chimica, in cui si colano i metalli strutti per ridurli in verghe.) Pretelle i. .... Lingoterie f.

Lingöt. (Si dice principalmente dell' oro, e dell' argento in massa, e che non è posto in opera.) Verga d'oro, o d'argento i. *Lamina auri, argenti* l. Lingot f.

Linon ; renfa. (Sorta di tela di lino chiarissima, e finissima, che si fa in Picardia.) Rensa; tela di rensa i. . . . . Linon f.

Linsēul. Lenzuolo i. *Linteum* l. Drap de lit; linceul f.

Lira. (Moneta, che nel nostro paese vale venti soldi.) Lira i. *Libella* l. Livre f. ꝭ Per peso, che contiene un certo numero di oncie più, o meno secondo il differente uso dei luoghi, e dei tempi. Libbra i. *Libra; pondo* l. Livre f.

Liron. Mezzo scudo di Savoja da lire tre i. . . . . •

Ècu de trois livres f.

Lisserèuj. (T. di orditura. Piccole righe di legno, sulle quali si tendono i licci.) Regoli i. . . . . . . Lisserons f.

Lissèt ; *bisègle*. (T. de' Calz. Pezzo di legno per lo più di busso, con cui si liscia il contorno delle suole.) Lisciapiante ; bisegolo i.

. . . . Bisegle f.

Lissùra. (T. de' Tessitori. Unione di fili torti a uso di spago, disposti sopra regoli di legno, che abbracciano i fili della trama, e che li fanno alzare, ed abbassare, come si conviene nel tesser la tela.) Liccio i.

. . . . Lisse f.

Listèl. Listella i. . . . . Listel ; listeau ; filete ; réglet ; bandelette f.

Listin, sing., e pl. (Parte della camicia, che a guisa di piccol nastro addoppiato circonda il braccio vicino alla mano, ed a cui si attacca il manichino.) Orlo delle maniche d'una camicia i. . . . . Poignet f.

Livèl. (Strumento, col quale si traguarda, e si aggiustan le éose all'istesso piano.) Livella i. *Libella, æ*, l. Niveau f.

Livrèa. (Assisa, e colore di vestimento di più persone in un'istessa maniera.)

Livrea i. . . . . . . Livrée ; couleur ; devise f. ¶ Dicesi anche dei nodi di nastri, che usansi dare al tempo di nozze. Coccarda, v. dell'uso i. *Tænia* l. . . . .

Lòbia. (Dal latino *lobia*, e *lobium*. Che se non si trova nei Dizionari moderni, si trova però ne' più antichi Calepini, nel Ducange, ec. Sporto di casa di legname.) Loggia i. *Peristylum* ; *peristylium* ; *pergula*; *porticus* l. Terrasse, ou galerie couverte ; balcon couvert f.

Lògia ; *lògie* pl. (Quei palchi, dove stanno gli spettatori.) Palchetti del teatro. . . . . Loges f.

Lòfa. Lavagna ; lastra i. *Ardosia* l. Ardoise f.

Lucèrna. Lucerna i. *Lycnus* ; *lucerna* l. Lampe f.

Luchèt. Lucchetto i. *Sera* l. Cadenas f.

Lunęta. (Quello spazio a mezzo cerchio, che rimane tra l'uno, e l'altro peduccio delle volte.) Lunetta i. *Lunula* l. Lunette f. ¶ Vetro, che ingrandisce gli oggetti. Occhialloni i. . . . . . . Lunette f.

Lustr. (Candeliere di cristallo, bronzo, o legno a più braccia.) Lumiera ; lustro i. *Lichni pendentes* l. Lustres f.

Lustriña.(Sorta di drappo.) Lustrino i. . . . . Lustrine f.

M

Macia. Macchia i. *Macula*; *labes* l. Tache f.

Madrepèrla. (Spezie di conchiglia, nella quale dicono generarsi la perla.) Madreperla i. *Conca*; *mater perlarum* l. Nacre de perle f.

Magafin. Magazzino i. *Promptuarium*; *cella*; *cella promptuaria* l. Magasin f.

Maja. (Specie di piccol anello, di cui più insieme formano un tessuto.) Maglia i. *Ansula*; *apulus* l. Maille f. ¶ Dicesi anche di specie di borsa formata del suddetto tessuto. Maglia i. . . . . Maille f. ¶ Per rete da testa. V. *Scufiẹta.*

Mai. (Strumento noto da giuocare al maglio.) Maglio i. *Clava lusoria* l. Mail f. ¶ Per albero, che s'è tagliato, e che si pianta il primo giorno di maggio avanti la porta di alcuno per fargli onore. Maggio i. . . . . Mai f.

Majèt. (Martello di legno a due teste.) Mazzapicchio; maglio i. *Malleolus ligneus* l. Maillet; mailloche f.

Majnagièra. V. *Minagièra.*

Mala.) Valigia, che i Corrieri, e Postieri hanno dietro se, nella quale portano le lettere.) Valigia; bolgia; borsa i. *Culeus sarcinarius* l. Malle f.

Manciòn. (Manica grande.) Manicona; manicone i. *Ingens manica* l. Large, ou longue manche f.

Mandilia. (Sorta d'ornamento, o d'abito, che portano le donne sulle spalle.) Mantiglia i. . . . . . Manteau de femme f. ¶ Per *mantlẹt.* V.

Mandolin. Mandolino i. *Parva cithara* l. Mandoline f.

Manẹte, pl. (Strumento di ferro, col quale si legano le mani giunte insieme a' rei da'ministri di giustizia.) Manette i. *Manica* l. Menottes; manicles f.

Mañi; *mania* v. pr. Manico i. *Manubrium*; *ansa* l. Manche f.

Mania. (Parte della veste, nella quale si mette il braccio.) Manica i. *Manica* l. Manche f.

Manighin. Manicchino; manichetto i. *Linea manica*; *manicæ fimbria* l. Manchette f.

Maniola. (Pezzo di cuojo per riparo nel lavorare.) Manopola i. . . . . . . Gantelete; manique f.

Maniöt, dim. di *mania.* V. ¶ Dicesi anche d'una specie di guanto, che copre semplicemente la parte inferiore del braccio, ed una parte della mano.) . . . . .

Manipol. (Striscia di drappo, o altro, che tiene al

braccio manco il Sacerdote nel celebrar la Messa.) Manipolo i. *Manipulus l.* Manipule f.

Manisa. Manicotto i *Manica; pellita manica* l. Manchon f.

Manoje, pl. (Ordigno di ferro arcato, a cui sono appesi con nodi due uncini, il quale serve per levar dal fuoco i vasi, che hanno a lato piccoli manici) . . . . .

Mantèl. Mantello; tabarro; cappa; palandrone i. *Pallium; penula; mantelum; amiculum* l. Manteau f.

Mantil. Tovaglia i. *Mappa* l. Nappe f.

Mantlët; mandilia, v. pr. Mantelletta i. *Palliolum humerale; calantica* l. Mantelet f.

Mantliña. V. *Pinoër.*

Manto, e *mantò.* (Spezie di vestimento simile al mantello.) Manto i. *Pallium* l. *°L manto Reàl. Paludamentum; trabea* l. Mante; voile; sorte de manteau f.

Mantes. Mantice i. *Follis* l Souflet f.

Mapa. (Strumento di ferro, ottone, od altra materia con piegatura simile ad un anello.) Ganghero i. *Cardo* l. Gond; pivot f.

Manarin. (Gran coltello con assai larga lama, di cui si servono i *Tajant* per tagliar la carne.) Mannaja i. *Securis; bipennis* l. Hache f.

Marbroch. (Sorta di stoffa.)

. . . . Durois, v. dell'uso f.

Marca. (Segno, che si fa a cose per riconoscerle.) Marco; marcio; impronta; segno i. *Signum; nota* l. Marque f.

Marèla. Matassa i. *Metaxa; mataxa* l. Echeveau f.

Margin. (T. de' Stamp. Que' legnetti, o regoletti, che servono alla division delle pagine, per mezzo delle quali è determinata la larghezza delle margini.) Margini i. . . . . . Garnitures f.

Marionèta, e più comunemente *marionète,* pl. (Piccole figure, che rappresentano uomini, animali, e che si fanno muovere per artificio, per ordigni.) Burattino; fantoccio di cenci, o di legno i. *Pupa; nervis alienis mobile lignum* l. Marionnette f.

Marmita. Marmito; ramino i. *Cacabus* l. Marmitte f.

Marochin. (Sorta di cuojo di becco, o di capra concio colla galla.) Marrocchino i. *Corius* l. Marroquin f.

Maron. (Capelli arricciati in grossi anelli.) Grossi ricci i. . . . . Marron f.

Marseria. (Cose minute appartenenti al vestire.) Merceria i. *Merx* l. Mercerie f.

Martèl. Martello i. *Malleus, lei* l. Marteau f. ¶ *Mar-*

tel da murador. Piccone a lingua di botta i. . . .
Pioche des maçons f. ¶ *Martèl da frè.* Martello di ferrajo i. *Marculus* l. . . .
¶ *Martèl d'bosch.* Mazzapicchio i. *Malleus ligneus* l. Marlet ; mailloche f.

Martinèt. Martinetto, v. dell'uso i. . . . . . .

Masèl. V. *Becharìa.*

Masèra. (Muro fabbricato senza calcina.) Muro a secco i. *Maceria* l. Muraille seche, o à pierre seche f.

Mas. (Una piccola quantità d'erbaggi, e di fiori, o cose simili legate insieme.) Mazzo i. *Fasciculus* l. Bouquet; botte f.

Mas. (T. de' Stamp. Strumento di legno a guisa d'imbuto ripieno di lana, o di crini coperto di pelle di cane, o di montone, con cui si toccano le forme dopo d'averle inzuppate nell' inchiostro tenendolo per un lungo manico.) Mazzo i. . . . . Balle f.

Masc. (Sorta di dente fatto dalla pialla lungo un legno per incastrarlo nell' incavatura d'un' altro.) Linguetta i. . . . . . . Languette f.

Mascra. (Faccia, o testa finta di carta pesta, o cosa simile.) Maschera i. *Larva* l. Masque f.

Massa. (Quantità indeterminata di qualsivoglia materia ammontata insieme.) Massa i. *Massa; moles* l. Masse; amas; tas; bloch f. ¶ (Strumento ordinariamente d'argento, che portasi innanzi al corpo de' Magistrati, e Collegi.) Massa v. dell'uso i. . . . .
¶ Specie di grosso martello di ferro, che è quadrato ai due lati con manico di legno.) Mazzo, o mazzuolo di ferro i. . . . . . .
Masse f. ¶ (Per istrumento di legno in forma di martello, ma di molto maggior grandezza.) Maglio i. *Malleus* l. Massue f. ¶ Si dice in fine *massa* uno strumento di ferro concavo, il quale s'incastra nell' aratro per fendere in arando la terra.) Vomero; vomere i. *Vomer, eris* l. Soc f.

Mastra. V. *erca.*

Mataràs. Se di lana. Materasso i. *Culcita lanea; anaclinterum* l. Matelas f. Se di piume. Coltrice i. *Culcita plumea* l. Couvette, lit de plume; matelas f.

Matlöta; matalöta. (Veste da uomo con ripieghi al dinanzi d'ordinario di diverso colore, così detta dagli abiti de' marinaj detti in Franzese *Matelots.* . . . . .
¶ *Matlöte; matalöte*, pl. (Chiamansi i suddetti ripieghi, che sono in uso presso le persone militari.) . . . .

Mausolèo. Mausoleo i.

Mausoleum l. Mausolée f.

Mecïa. (Corda concia con salnitro, per dar fuoco al moschetto, e all'artiglieria.) Miccia i *Funis incendiarius* l. Mêche f.

Merlì. Merletto i. *Textile pinnatum* l. Dentelle f.

Mefanèl. (Camera bassa, che è al di sotto de'piani nobili.) Mezzado, mezzanino i. *Entresol; mezzanine* f.

Mefon. V. *Ciapon.*

Messöira Falce da mietere i. *Falx messoria* l. Faucille f

Microscöpi. Microscopio i. *Microscopium, ii* l. Microscope f.

Midàja. Medaglia i'. *Numisma* l. Médaille f.

Mignonèta. (Sorta di merletto sottilissimo.) . . . . . Mignonette f.

Mińa ; umina v. pr. (Misura, che contiene otto coppi, ossia la metà d'uno stajo.) Mina i. *Hemina* l. Hémine f.

Minagièra; mainagièra. Gremiale corto, V. *Faudàl.*

Minutàri ; sfera dle minùte. Sfera di minuti i. . . . . .

Mira. (Quel segno della balestra, o dell'archibuso, o simili, nel quale s'affissa l'occhio per aggiustare il colpo al bersaglio.) Mira i. *Oculi directio* l Mire; but; visée; visiere f.

Mira. (T. de'Stamp. Piccola listella divisa da una parte per lo lungo in due, che i medesim itengono sul-

lo scritto, acciò loro non isfugga il luogo, dove sono restati.)Cavaletto i.Vision ion f.

Mistà; bgeüja. Immagine, figura dipinta; effigie; impronta i. *Imago ; effigies* l. Image; jouet d'enfant f.

Mitèna. Guanto i. *Manica* l. Mitaine f.

Mitra p. i. l. Mitre f.

Mnis. Spazzatura i. *Quisquiliæ; sordes* l. Balayures; épluchures; ordures f.

Mnifèra. Cassetta da spazzatura i. *Quisquiliarum receptaculum* l. Instrument de bois où l'on met les balayures; émondoir f.

Mnussàja . (Una certa quantità di cose minute.) Minutaglia i. *Scruta* l. Menuailles f.

Möbil. Suppellettile i. *Supellex* l. Meûble f.

Mocèta. (T. de'Legnaj.) Pialla col taglio a mezzo cerchio; bottaccio i. . . . . . Mouchette f.

Moch. (Quella parte del lucignolo arsiccio a guisa di picciol fungo acceso, che si smoccola.) Smoccolatura i. *Fungus* l. Le bout du lumignon f. ſ Dicesi anche *moch* l'avanzo della candela. V. *Mochèt.*

Mochèt . (Avanzo della candela.) Moccolo i. *Candela semiusta reliquiæ* l. Lumignon f. ſ Dicesi anche di pezzi di candela di cera franta espressamente , che si vendono per comodo del pubblico. . . . . . .

Mochęte, plur. Smoccola-
toje; smoccolatojo i. Moc-
chetta Lomb. *Emunctoria ,
orum*; *forceps , ipis* l. Mou-
chettes f.

Modion. (Specie di men-
sola.) Modiglione i. *Mutulus* l. Modillon f.

Moela. Moerro i. . . . .
Moire f.

Moelon . Grossagrana i.
. . . .
Gros de Tours f.

Mōla. (Pietra da affilare
ferri.) Cote i. *Cos , tis* l.
Queue; pierre à aiguiser f.
§ Strumento, che fermo
da un lato si piega age-
volmente dall'altro, e la-
sciato libero ritorna nel suo
primo essere, ond'egli fu
mosso. V. *Arsört.*

Mōle. (Utensile di ferro,
che serve per accomodare
il fuoco.) Molle; molli pl. i.
*Forcipes ; valsellæ , arum ;
fuscinula* l. Pincettes f.

Molęte, dim. di *mōla.* V.

Molton. Mollettone i. . . .
Molletton f.

Mon. Mattone; quadrello i.
Later, eris l. Brique f.

Monèda. Moneta i. *Moneta* l. Monnoïe f.

Monęstè. Monistero i. *Cænobium*; *monasterium* l. Mo-
nastere f.

Monia ; prejve. (Arnese
di legno, che serve per is-
caldar il letto. (Trabiccolo;
prete, v. dell'uso i. . . . . .
Moine f.

Montadùra. Cassa , o tutta
cassa d'archibuso, o pistola i.
. . . .
Fut f.

Montànt. Regolo d'appoggio, o sostegno i. *Coagmen-
tum* l. Montant f.

Moręsca. (Quel filo, che
si trae da bozzoli, posti
nella caldaja prima di cavarne la seta.) Bavella i.
. . . .
Bourre de soie f.

Mors. (Quella parte della
briglia, che si mette nella
bocca del cavallo.) Freno;
morso; imboccatura i. *Frenum i*; *freni*; *orum*; *frena* l.
Frein; embouchure de che-
val f.

Mörsa; *mörse* pl. (Pietra,
o mattone, che sporge in
fuori da' lati de' muri lascia-
tavi affine di poter collegare
nuovo muro.) Morsa; mor-
se; addentellato i. *Mutulus*;
lapis extans l. Pierres d'at-
tente f.

Mortàfa. (Incavo fatto in
un pezzo di legno per ri-
cevere il maschio.) Fem-
mina; cavo; intaglio i.
. . . .
Mortoise f.

Mortè. Mortaio i. *Mortarium* l. Mortier f. § Per istrumento militare . Mor-
taio i. *Mortarium* l. Mortier f.

Mortrin , dim. d' *mortè.*
Mortajetto i. *Mortariolum* l.
Petite mortier f.

Mortrèt. (Strumento, che
si carica con polvere d'ar-

D

chibuso per fare strepito in occasione di solennità.) Mastio i. . . . . . . Boîte f.

Mosca. (Ornamento, che si mettono le donne sulla faccia.) Neo i. *Nævus* l. Mouche f.

Moschèra. (Arnese composto di regoli di legno di forma quadra, e impannato di tela, il quale serve per guardar dalle mosche qualunque sorta di cibi.) Moscajuola i. *Muscarium* l. Garde-manger f. ꝗ *Moschèra* dicesi anche un tessuto, che si sovrappone ai cavalli, acciò non siano molestati dalle mosche. . . . . . .

~ *Moschèt.* (Spezie d'arme da fuoco alquanto più grossa dell'archibuso.) Moschetto i. *Ballista ignea* l. Mousquet f.

Moscola. (Strumento d'ottone, o di ferro, che si appone alla cima del fuso per poter più agevolmente filare.) Cocca i. . . . .

Mosseta. Mozzetta i. *Palliolum* l. Aumusse f.

Mossolina. Mussolina; mussolo; mussolino i. *Linea nebula* l. Mousseline f.

Mostardèra. Mostardiera; (Vasetto della mostarda) i. *Sinapiarius* l. Moutardier f.

Mostra. (Orivolo da tasca.) Mostra i. *Horologium* l. Montre f. ꝗ Piastra di ferro, acciajo, ottone, o simile, che suole essere intagliata, e serve d'orna-

mento al foro della serratura. Bocchetta, o scudetto della serratura i. . . . . Entrée; platine f. ꝗ Dicesi anche *Mostra*, e più comunemente *Mostre* pl. quella rivolta di panno foderata per lo più di color differente da quello della veste medesima; Mostra i. . . . . Parement f. ꝗ Si dà pur questo nome a parte di mercatanzia, che si pone in vista avanti le botteghe, ed a piccoli pezzi di panni, che si danno per far vedere come è il rimanente. . . . . .

Mota. (Specie di sciabla corta, e senza punta). . . .

Msura; mesura. (Strumento, col quale si distingue la quantità.) Misura i. *Mensura* l. Mesure f.

Mudande. Mutande; sottocalzoni i. *Subligaculum; Subligar, aris* l. Caleçons f.

Mulin. Mulino i. *Pistrinum* l. Moulin f.

Mulinèt. dim. di *Mulin*; Mulinello i. *Pistrilla* l. Petit moulin f.

Muràja. Muro; muraglia i. *Paries; murus* l. Mur; muraille f.

Musèl. (Strumento, che si mette al muso d'alcuni animali, acciò non mordano, o non pascolino). Musoliera i. *Orea* l. Muselière f.

Museo. Museo i. *Pinacotheca; pinacothece, es; tablinum* l. Cabinet; collection de choses rares f.

N

Nanchia. (Specie di tela.) Nankin, v. dell' uso f.

Nanfa. Cesta i. *Nassa* l. Nasse f.

Nata Sughero; suvero i. *Suber* l. Liege f.

Navà. (Quella parte di Chiesa, o d'altro edifizio, che è tra 'l muro, e pilastro; o tra pilastro, e pilastro.) Nave i. *Ala; ala sacra ædis; Ecclesiæ navis* l. Nef f.

Naveta. (Ter. de' Tessit. Strumento di legno a guisa di navicella, ove con un fuscello detto spoletta si tiene il cannel del ripieno, per uso del tessere.) Spola i. *Radius* l. Navette de Tisserand f.

Navia. (Picciolo strumento di ferro, o di legno, che aggirandosi sopra la base serve a chiudere le finestre; Paletto i. . . . . . . Ligne f.

Navicèla. (Vaso fatto a foggia di nave, in cui si tiene l'incenso da porre nel turibile.) Navicella i. *Acersa, æ* l. Navette f.

Nicia. (Vuoto, e incavatura, che fassi nelle muraglie ad effetto di mettervi statue, o simili.) Nicchia i. *Ædicula* l. Nice f.

Nudepè. (Fiocco di nastro, che si porta alla spada.) Cicisbeo i. *Tænia; vitta; lemniscus* l. Nœud d'epée f.

O

Oboè. (Strumento a fiato.) Cennamella i. . . . . Hautbois f

Ociàl; baricola, e più comun. nel pl. *ociàis baricole*. Occhiale; occhiali i. *Conspicillum* l. Lunettes; besicles f. ¶ *Ociài* pl. diconsi anco quegli ordigni, che si mettono dietro, ed a lato degli occhi de' cavalli, e de' muli, acciò dietro, e lateralmente veder non possano. . . . .

Ocupage. (Masserizie, che si portan dietro i soldati nell' esercito.) Bagaglio; bagaglia; bagaglie i. *Impedimenta* l. Bagage; hardes f. ¶ Per similitudine dicesi di tutti gli arnesi, o masserizie. Bagaglio; bagaglia; bagaglie i. . . . . . . Harde; Meuble; ustensile f.

Oiro. (Pelle tratta intiera dall' animale, e per lo più di becchi, e di capre. Serve per portarvi entro olio, vino, e simili liquori.) Otre i. *Uter* l. Outre f.

Ola. (Vaso per lo più di terra cotta con due, o quattro piccoli manici a lato.)

Pignatta; pentola; pignatto i. *Olla*; *cacabus*; *testa*; *schutra*; *cuthra* l. Pot. f.

Onbrèla. Ombrelia; parasole i. *Umbella* l Parasol f

Onghër. Unghero i.°. . . Sequin d'Hongrie f.

Opa. (Unione di più fili di lana, o di seta legati insieme in forma di bochetto.) Nappa; fiocco i. *Lemniscus* l. Houpe f.

Orchestra. Palco de'sonatori. O'chestra i. . . . Orchestre f.

Orcin. sing., e più com. si usa in pl. Orecchini i. *Inaures* l. Boucle d'oreille f.

Ordegn. ordigno i. *Machina* l. Machine; ressort; instrument; outil; engign f.

Organin. (Strumento rinchiuso in una cassetta, col quale si suona per mezzo d'una manovella.) Srumento per insegnare delle arie a' canarini. . . . . . Serinete f.

Oría. (Parte dell'aratro) . . . . ʃ Dicesi pure quella parte, che è attaccata al tomajo superiore della scarpa. Bocchetta i. . . . . . Oreille; coup de-pied f.

Oriè; *cussinöt*; *cussinèt*. (Cossino corto, che serve a sostener il capo.) Origliere, guanciale, capezza; le i. *Pulvinar*, *aris*; *catalietum* l. Oreiller f.

Orinàri, V. Urinàri.

Orifèl. (Parte dell'aratro.) ? . . . .

Orlo. Orlo i. *Fimbria*; *ora*; *limbus* l. Bordure f.

Orpèl. (Rame in lamine sottili indorato.) Orpello i. *Bractea ærea* l. Oripeau; clincan; similor f.

Oslèra; *uslèra*. (Luogo, dove si conservano vivi gli uccelli.) Uccelliera i. *Aviarium* l. Voliere f.

Ospidàl (Luogo pio, che ricetta i viandanti.) Spedale i. *Publicum Hospitium* l. Hôpital f. ʃ Per luogo pio, che ricetta gli infermi. Spedale degli infermi i. *Nosocomium*. Hôpital des malades f. ʃ Per lo spedale de' poveri, e de' bastardi. Spedale de' poveri, e de' bastardi i. *Brephotrophium* l. Hôpital des pauvres, & des bâtards f.

Ossa. (Sorta di copertura, che si attacca alla sella di un cavallo, e che ne copre la groppa.) Gualdrappa; copertina i. *Stragulum*; *dorsale instratum* l. Housse f.

Ostarìa. Osteria i. *Caupona* l. Hotellerie f.

Ostensöri. (Vaso sacro di figura quasi cilindrica sostenuto da un piede, entro cui si pone l'Ostia consecrata, e si fa vedere al popolo mediante vetri.) Ostensbrio, v. dell'uso i.

Ovata, V. camifęta.

öm, V. Pörtamantęl.

örgano. (Strumento musicale note.) Organo i. *Organum pneumaticum* l. Orgue f.

━━━━━━━━━━━━━

P

Pachèt. Pachetto, piego i. . . . .
Paquet f. ʃ *Pachèt*. Dicesi anche di più lettere unite insieme sotto un medesimo inviluppo. V. *Plich*.

Pajàs. (Ravvolto di panno a foggia di cerchio, usato da chi porta de' pesi in capo, per salvarlo dall' offesa del peso.) Cercine i. *Cesticillus; arculus* l. Torque f.

Pajàssa. Pagliericcio i. *Culcitra stramentitia, o straminea* l. Paillasse f.

Pajè. (Mucchio grande di paglia.) Pagliajo i. *Palearium* l. Pailler; tas de paille.

Pajrëul; pejrëul. (Vaso di rame rotondo colla bocca alquanto più larga della ramina.) Pajuolo i. *Cacabus; ahenum; lebes* l. Chaudron t.

Pajrolët; pejrolët, dim. di *pajrëul*, V.

Pal. (Legno ritondo, e lungo, e non molto grosso.) Palo i. *Palus; paxillus* l. Echalas; pieu f.

Pal d' fèr. Pallo di ferro i. *Vectis* l. . . . .

✠ *Pala.* Pala i. *Pala* l.

(Strumento per tramutar le cose minute, che non si tengono insieme.) Pelle f.

Pala del forn. Pala da infornare i. *Infurnibulum* l. Pelle f. ʃ Strumento di ferro con manico di legno, che rassomiglia alla *Pala*. Badile i. *Batillum* l. Hogeau f.

Paladiña. (Spezie di fazzoletto da collo.) Palatina i.
. . . .
Palatine f.

Palàs. Palaggio; palazzo i. *Ædes; palatium* l. Palais f.

Palch. Palco i. *Spectaculum; pulpitum; fori, orum* l. Theatre f. Se palco de'ciarlatani. Traiteau f. Palco per qualche spettacolo, Echafaud f.

Palchèt. Palchetto i. *Tabulatum* l. Parquet. f.

Palët. (Pietra piana, e rotonda, colla quale si giuoca gettandola in aria per piazzarla più vicino che si può al posto, che si è prefisso.) Piastrella i. *Lamella* l. Palet f. ʃ Da noi si estende anche a significare piastre rotonde di ferro, o di piombo fatte per lo stesso uso.

Paleta. Paletta i. *Batillum* l. Pelle f. ʃ Per quel arnese di legno a foggia di paletta, di cui si servono le lavandare per battere la biancheria . . . . .
Batoir f.

D 3

Paliña; *böina*. (T. degli Agrim.) (Bacchetta, in capo di cui si pone un pezzo di carta, che si usa per misurare i campi.) Pallina, v. dell' uso i. . . . . .
Palline, v. dell' uso f.

Palös. Coltello da caccia i. *Clunabulum* l. Couteau de chasse f.

Palöt. Pala piccola. V. *Pala*.

Pan. Panno i. *Pannus* l. Drap f.

Pana. (Drappo di seta col pelo più lungo del veluto.) Felpa i. *Pannus sericus villosus* l. Panne f.

Panatèra. Panattiera i. *Panarium* l. Corbeille à mettre le pain f.

Panèl. (Pezzi di legno, o vetrate chiuse da un orlo, da una cornice.) Assicella; quadrello i. *Asserculum*; *cula*; *asser*; *scandalæ* l. Panneau f.

Paniè. (Specie di guardinfante.) Guardinfante; faldiglia i. Panier f. ʃ Per tasca, che usano le donne per mettervi il loro travaglio. Paniere i. *Qualus*; *qualum* i. Panier à l' ouvrage f.

Panìl. (Strumento fatto a rete, che i Mulattieri attaccano al capo de' muli per mettervi entro strame.) Gabbia i. *Fiscella* l. Moreau f.

Panta; *Pantalèra*. (Tela, che si mette al di fuori delle finestre per ripararle dal sole.) Tenda i. *Velarium* l. Tende f.

Pantalèra. Tavolato i. *Tabulatum* l. Auvent f. ʃ Per *Panta*, V.

Pantofla. Pantufola; pantofola; mula i. *Solea*; *crepida domestica*; *soccus* l. Pantoufle; mule f.

Papagàl. (Vaso di vetro, ad uso di chi vuole agiatamente orinare in letto senza pericolo di versar l' orina.) . . . . .

Papè, (da *papyrus* l.) V. *Carta*.

Papiöta. (Pezzo di carta per lo più senza colla, con cui s' involgono i capelli che si mettono a boccole, per farli tener arricciati.) Carta i. . . . . .
Papillote f.

Papilion. V. *Ale de scufia*.

Paraciair; *paralum*. Ventola i. . . . . Garde-vue f. ʃ Cannoncini di creste, o cuffie, v. dell' uso . . . . Papillon f.

Parafanga. (La parte davanti delle sedie, che impedisce il fango.) Parafanga v. dell' uso i. . . . . .

Parafèu. Parafuoco i. *Umbella focaria* l. Ecran f.

Paramàl. Pallamaglio i. . . Mail f.

Paramàn. Manico; mostra; mostre i. . . . . Parement f.

Paramenta. (Veste, ed

abito Sacerdotale .) Paramento i. *Peripetasmata* l.
Ornemens f.

Parapèt. Parapetto; sponda i. *Crepido*; *lorica* l. Parapet; garde-foû f.

Parasòl . Parasole ; om-
brella ; ombrello ; solec-
chio i. *Umbella* l. Parasol f.

Paravent . (Usciale , con
cui si chiudono le porte per
difendere le stanze dal vento.) Paravénto i. *Diathyrium* l. Paravent ; Contrevent f. ſ *Paravent* dicesi anche una sorta di suppellettile per lo più di tela dipinta, attaccata sopra telaj,
che si distendono , e si ri-
piegano l'un sopra l'altro ,
e di cui ci serviamo per
ripararci dal vento nella
stagion fredda. . . . .

Paròchia . Parochia i. *Parochia* l. Paroisse f.

Passamàn . Passamano ;
guarnizione i. *Tænia* l. Pas-
sement; galon ; crevet f.

Passapertùt . Chiave comune i. *Clavis pervia* l. Pas-
se-pour-tout f.

Passiensa; Scapolàr. (Quella parte dell' abito di alcuni
Religiosi , che pende loro
davanti , e dietro a modo
d' una striscia di panno.)
Scapolare i. *Scapulare* l.
Scapulaire f. ſ Presso que'
Regolari , che la detta par-
tè di abito è più corta,
dicesi comunemente *Sca-
polàr*, V.

Patèna . (Vaso sacro , a

foggia di piattello, che serve a coprir il calice .) Patena i. *Patena, æ* l. Pate-
ne f.

Patin; tapin.(Certo calzare
guarnito di ferro al di sotto,
di cui ci serviamo per sdrucciolare sul ghiaccio.) Pattino i. . . . .
Patin f.

Pation . Veste logora. . . .

Pavajon. (Arnese di panno, drappo , e simili , che
appiccato nelle camere al
palco cala sopra il letto, e
circondalo.) Padiglione i.
Conopæum , *i* l. Pavillon f.
ſ *Pavajon* dicesi anche un
atrio sostenuto per colon-
nati . . . .

Pedìna. (Quel pezzo, che
nel giuoco delli scacchi si
alloga innanzi agli altri
pezzi.) Pedina i. . . .
Pion f. ſ *Pedìna* dicesi
pure quel pezzo , che si
usa nel giuoco di Dama ;
ciascuna pedina però quando arriva a penetrare nell'
ultima fila dell' avversario
è chiamata *Dama* dal po-
ter tornare indietro, e si-
gnoreggiare nel giuoco sopra tutte le altre pedine, e
questa *Dama* per contrasse-
gno vien raddoppiata dal per-
dente con un' altra di quelle
pedine , che egli ha vinto
al suo avversario. V. *Dama*.

Penas del forn, V. Pnæs
del forn.

Pè. (Misura d'oncie do
D 4

deci , che per distinguerlo dalla misura di oncie otto, o sia dal *Pè manoàl* aggiungiamo l' epiteto *Liprand*, V. *Peliprànd.*) Piede i. *Pes* l. Pied f. ¶ *Pè manoàl.* (Misura d' oncie otto .) . . . .

Pedestàl. Piedestallo i. *Stilobates*; *stilobata* l. Piedestal f.

Peila. Padella i. *Sartago* ; *patella* l. Poëie f. ¶ *Peila da castàgne.* Padella per arrostir le castagne i. *Sartago cribrata* l. . . . . .

Peilo ; *stua* . Stufa i. *Hypocaustum* l. Poêle ¶ Pezzo di ferro lungo . e quadrato , il di cui capo esce dalla serratura , della quale fa parte , ed entra nella bocchetta per chiudere una porta , un armadio , un cofano , ec.) Stanghetta i. *Pessulus* l. Pêne f.

Peis . (Nome generico , che si dà a tutti gli strumenti , coi quali si pesa .) Peso, v. dell' uso i. . . . Poids, v. dell' uso f.

Pelegrina. (Arnese, che si porta da' pellegrini per coprir le spalle.) Sarrocchino; pellegrina i. *Palliolum* l. Rochet de pélerin f.

Peliprànd. (Misura di lunghezza oncie dodeci , e lo strumento, con cui si misura .) Piede eliprando, o lioprando i. . . . . . Pied-liprand f.

Pendìn ; *pendìn* ; *orcìn* . Orecchini; pendenti i. *In-*

aures l. Pendant d' oreille. f.

Pendlöca. Pendente d'orecchini i. . . . . . Pendeloque f.

Pendùla. Pendulo; oriuolo da tavola i. . . . . . Pendule f.

Penel; *pnel* . Pennello i. *Penniculus* l. Pinceau f.

Pentenęta ; *pentnęta.* . (Pettine , che ha li denti più vicini gli uni agli altri , e più sottili , e che s' adopera specialmente per pulir il capo.) V. *Pento.*

Pento. (Strumento da pettinare.) Pettine i. *Pecten* l. Peigne f. ¶ Pento si dice ancora quello strumento de' Tessitori , tra i denti del quale fanno passare le fila della tela. Pettine i. *Pecten* l. Peigne f.

Pera. Pietra i. *Lapis*; *petra*; *saxum* l. Pierre f. ¶ *Pera sacrà* . Pietra sacrata l. *Sacra ara mobilis* l. . . . ¶ *Pera da fußl.* Pietra focaja i. *Silex*; *pyrites*, *æ* l. Pierre à fusil; caillou f.

Peria; *piria.* (Strumento simile all' imbuto , ma di legno , e di maggior grandezza, benchè di forma poco diversa, e per l' uso medesimo.) Pevera i. *Infundibulum* l. Centepleure; entonnoir de bois f.

Pèrla. Perla i. *Margarita;* *unio; bacca* l. Perle f. ¶ *Perla fausa* . Margheritina i. *Globulus vitreus* l. Perle fausse f.

Pertia. (Baston lungo.)
Pertica i. *Pertica* l. Perce;
goule f.

Pertùf. Pertugio; forame;
buco; apertura i. *Foramen,
inis* l. Trou f. ¶ Per quei
buchi, che restano nelle
muraglie levati i ponti ...
Columbaria, orum l. ¶ *Pertùf
dl' agucia.* Cruna i. *Foramen
acus* l. Chas; le trou de l' aiguille f.

Pessa. (Un pezzo di pannicello lineo, in cui s' involgono i Bambini.) Pezza;
pannolino i. *Linteolus; panniculus* l. Lange; couche f.
¶ *Pessa,* vale anche la tela
intiera di qualunque materia; onde dicesi *Pessa d'teila,
d'pan.* Pezza di tela, o di
panno i. *Volumen telæ,* ovvero *panni* l. Piece de toile,
ou d' étoffe f.

Pessonièra; pessièra. (Utensile di cucina di figura ova-
le, che serve a far cuocere
i pesci.) Navicella da pesce i. *Cymbium* l. Poissonniere f.

Petanlèr; Petanlèr. ....
Vestis brevior l. Pet-en-l'air f.
Petard (Strumento militare
da fuoco per romper le porte, e simili.) Petardo i.
*Tormentum bellicum ad infrin-
gendos muros, portas ec.;
phylocastrum* l. Petard f.

Petarèl. (Sorta di fuoco di
artifizio fatto con polvere da
cannone, e carta, o pergamena posta a più doppi, grandemente ed estremamente

battuta, e serrata. Petrado i.
. . . . Petard f.

Petoràl. (Striscia di cuojo, o d'altro, che si tiene
davanti al petto del cavallo,
appiccata alla sella da un
lato, e affibbiata dall'altro,
acciocchè in andando all'erta
la tenga, che ella non cali
indietro.) Pettorale i. *Anti-
lena* l. Poitral f.

Pevrèra. Pepajuola i....
Poivrier; égrugeoire f.

Pian de tèra. Piano di
terra. . . . .
Rez-de-chaussée f. ¶ *Pian
nöbil; prim pian.* Primo piano; piano nobile i. . . . .
Premier étage f.

Piaña. (Strumento da falegname, che serve a lisciare, e pulire i legnami.) Pialla i. *Dolabra; runcina* l. Ra-
bot; varlope; plane f.

Pianèda; pianèa. Pianeta i.
Casula; planeta l. Chasuble f.
Pianèla, V. Tivola.

Pianöt, dim. di *piaña,* V.
Piastra. (La lamina, o
tutte le pezze, che alla medesima sono attaccate, e
che servono per l'elasticità
d'un'arma da fuoco.) . . . .

Piat. (Sorta di vascella
più concava del tondino,
nella quale si portano in
tavola le piattanze.) Piatto i. *Paropsis, idis; patina;
lanx* l. Plat; Jatte f.

Piataforma. (Strumento,
di cui si servono gli oro-
logieri.) . . . .
Plate-forme, v. dell'uso f.

Pica. (Sorta d'arme in asta lunghissima .) Picca i. *Hasta prælunga ; hasta ; satissa* l. Pique f. ¶ *Pica.* (Strumento villesco, che ha un lungo manico di legno, con un ferro largo circa tre oncie, e grossamente affilato all'estremità.) Vanga i. *Bipalium* l. Bêche f.

Picè, V. *Doi.*

Pich. (Strumento villesco, che ha un lungo manico di legno, con un ferro largo circa due oncie e mezzo, e grossamente affilato da una parte, e rostrato dall'altra.) Marra doppia i. . . . . . Pioche f.

Pichët. (Specie di piccol Piuolo, che si ficca in terra per tener ferma una tenda, un padiglione in istato.) Piuolo i. *Cuneus ; clavus ligneus* l. Piquet f. ¶ *Pichët* dicesi pure uno strumento di legno fatto a guisa di martello, che serve per far escire dai ricci le castagne. ¶ Dicesi anche di pezzo di legno appuntato, che si usa per segno nella terra, e che serve ai giardinieri, ed altri per far a retta linea i loro lavori attaccandovi spago . . . .

Pieghëta. (Strumento ordinariamente d'osso, che serve a piegare, e tagliare la carta.) Stecca da piegare i. . . . . . . Plioir f.

Piesa. (Pezza di qualche stoffa, che le donne mettonsi avanti il corpo della giubba.) Pettiera i. . . . . Piece f. ¶ Per giunta di veste, o pezza, che serve per rappezzare, V. *Tacon.*

Pieul ; pojolina v. pr. *pojeul* v. pr. (Quel piccol legnetto, col quale si tura la cannella della botte.) Zipolo i. *Vertibulum* l. Broche f.

Pifer. (Strumento contadinesco di fiato.) Piffero i. *Tibia, æ* l. Fifre f.

Pignata. (Quella parte del calamajo, in cui si ripone l'inchiostro.) Calamajo ; botte di calamajo i. *Theca calamaria* l. Cornet ; encrier f.

Pila ; pilàstr. (Parte dell' edificio, sul quale si reggono gli archi.) Pilastro i. *Columna structilis; pila; stela* l. Pilastr ; pilier f. *Pilastron,* accr. di *Pilàstr* V.

Pilöt. (Grosso piuolo, o grosso pezzo di legno appuntato, ed ordinariamente ferrato in quella parte, che si fa entrare con forza per stabilire i fondamenti d'un edificio, o di qualche altra opera.) Palo da far palafitte i. . . . . Pilotis f.

Pinoër ; mantlina, v. pl. (Panno lino fatto in forma di piccol mantello, o di casacca, che si mette sopra le spalle di chi si pettina, per impedire, che la feccia, e la polvere non cadano sopra gli abiti.) Mantellina i. *Palliolum* l. Peignoir f.

Pinse; *pinsete*. (Strumento di ferro a due bracci che s'allarga, e si stringe a piacimento, e che serve per prendere alcuna cosa in luogo, dove non si potrebbe colle dita.) Mollette; pinzette i. *Volsellæ, arum* l. Pincettes f.

Pinta; *amola*. Penta, v. dell' uso i. . . . . . .

. . . .
Pinte, v. dell' uso f.

Piöla; *apia* v. pr. (Strumento di ferro tagliente con manico di legno, che serve per tagliare, e fendere legno, od altre cose.) Scure; scura; accetta. *Securis* l. Hache; coignée f.

Piolët, dim di *piöla*, V.

Piomb. (Peso pendente da filo a uso di pigliar il perpendicolo.) Pendolo i. *Perpendiculum* l. Pendule f.

Pipa. Pippa i. *Fistula* l. Pipe f.

Piramide. Piramide i. *Pyramis* l. Piramide f.

Piria, V. *peria*.

Pissët. Merletto i. Pizzo Lomb. *Textile pinnatum* l. Dentelle f.

Pisside. (Vaso, in cui si conserva il Santissimo Sacramento dell' Altare.) Pisside i. *Pyxis, idis* l. Sainte Ciboire; vase où l'on conserve les saintes Hosties f.

Pistöla. Pistola i. *Minimum tormentum bellicum* l.

Pistolet f.

Pistolët, dim. di *pistöla*. Terzetta i. Pistolet de poche f.

Piston. Pestello; pillo i. *Pistillum*; *pilum* l. Pilon f. ¶ Pello strumento da assodar la terra percuotendola. Mazzeranga i. *Magnum pistillum* l. Hie f. ¶ *Piston-scaves*. (Specie d'archibuso di larga canna.) Pistone i.

. . . .
Arquebuse à gros calibre f.

Pitùra. Pittura i. *Pictura* l. Peinture f.

Piviàl. (Paramento, ò ammanto Sacerdotale.) Piviale i. *Pluviale, is* l. Chappe f.

Piuma. (Questo nome da noi si attribuisce indistintamente tanto alle penne da scrivere, quanto alle altre.) Le prime diconsi Penna i. *Calamus* l. Plume f. Le seconde Piuma i. *Plumaj penna*; *pinna* l. Plume f.

Piumàs; *piumassèra*. Pennacchio; pennacchiera i. *Crista* l. Plumet; crête f.

Piumin. (Arnese di peli di coniglio, di gatto, o simile, che serve per impolverare.) Nappa i. . . . . .

Pivò. (Legno, o ferro rotondo, e lungo, sopra il quale si reggono le cose, che si volgono in giro.) Perno i. *Axis*; *axiculus* l. Pivot f.

Placa. (Pezzo di metallo travagliato, che si porta al

petto per divisa.) Placca,
v. dell' uso i. . . . . .
ſ Diconsi anche *placa; plache*
pl. quegli ornati di metallo, che si mettono agli scri-
gni, ec. Piastra i. . . . . .
Plaque f. ſ Dicesi pure *placa*
un certo ornato di sale di
figura diversa, a cui sporge
fuori uno, o più bracci,
sopra quali ripongonsi candele. Ventola i. . . . .
Bras f. Più propriamente
però dicesi soltanto *placa*
l'arnese, che sostiene i vi
ticci. Quadretto i. . . . . .
• *Plafon.* Soffitta; soffitto;
volta i. *Laquear, is* l. Pla-
fond; plat-fond f.

Plancia. (Carta aggiunta
a libro, in cui vi sono fi
gure, immagini, ec. inta-
gliate in rame, o in legno.)
Tavola i. *Tabula picta; pictura.* l. Planche d'un livre f.

Platèa. Corsia del teatro i.,
platea Lomb. *Platea* l. Par-
terre f.

Plich. (Una quantità di
lettere legate insieme.) Pli-
co i. *Fasciculus literarum* l.
Paquet de lettres f.

Plissa. Pelliccia i. *Mas-
truca* l. Pelice; fourure f.

Plöta. (Quell'arnese, ove
le donne tengono gli aghi,
e gli spilli.) Buzzo i. *Thec-
na condendis acubus* l. Pelo-
te; peloton f.

Plucìa. (Sorta di *pana*,
che ha il pelo più lungo.)
Peluzzo; felpa i. . . . . . .
Peluche f.

*Pnas del forn; penas del
forn* Spazzatojo; spazzafor-
no i. *Scopæ, arum* l. Echou-
villon f.

Pnel. V. *Penel.*

Poerin; trincët (Coltello
adunco per uso dell' agricoltura.) Roncola i. *Runcina* l. Serpe f.

Pogiëul. Poggiuolo; pergola; balaustrata i. *Podium* l.
Balcon f.

Pojëul. V. *Piëul.*

Pojoliña. V. *Piëul.*

Pojrës. (Strumento rusti-
cale maggiore del *poërin.*)
. . . .

Polàca. (Veste da donna
alla moda, ossia specie di
veste da camera chiusa al
corpo, e che dietro si affibbia in tre luoghi.) . . . .

Poles. (Ferro, attorno il
quale si volgono in giro le
imposte delle porte, e delle
finestre.) Arpione; cardine;
ganghero i. *Cardo, inis;
axis* l. Gond; pivot f.

Poll. (Il luogo, dove i
polli si ritirano la notte.)
Pollajo; gallinajo; pollina-
jo v. dell' uso i. *Gallinarium* l. Poulailler f.

Polvrin. V. *Povrin.*

Pom. (Cosa rotonda a
guisa di palla.) Pomo; po-
me i. *Capulus* l. Pomme f.

Pomèra; pomeröla. (Strumento da far cuocer le mele
in faccia del fuoco.) . . . .
Pommier f.

Ponga; aprëi v. pr. (Strumento di legno, che si mette

al buco, che trovasi al fondo delle botti per estrarne il vino, e sotto questo nome vien compresa la *cana*, ed il *pieul*. V.) . . . . .
§ *Ponga*, o *aprëi* dicesi anche la stessa *cana* sen a il *pieul*. Cannella i. *Fistula*; *epistomium* l. Cannelle f

Ponghët. Cannella i *Fistula*; *epistomium* l. Cannelle f.

Pongòn. (Vaso di legno in forma di botte in uso presso i Brentatori Torinesi.) . . . .

Ponpa. (Strumento di forma cilindrica, che fa salir l'acqua per via d'un animella.) Tromba i. *Antlia* l. Pompe f.

Ponson. (Strumento di ferro, o d'altro metallo, che ha una punta per foracchiare.) Ponteruolo i. *Stilus cuspidatus* l. Poinçon f. § Strumento, che serve per contrassegnare l'argenteria. Punzone, con cui si marchia l'argenteria i. . . . . Poinçon. § Ferro temperato, ovvero acciajo per uso d'imprimere le impronte delle monete, de' caratteri, e simili, nelle materie dure. Punzone, o madre delle monete. Punzone, o madre de' caratteri. . . . . . . Poinçon; coin de la monnoie; poinçon dont on frappe les matrices pour les caracteres d'imprimerie f.

Pont. Ponte i. *Pons* l.

Pont f. § *Pont levadòr*. Ponte levatojo i. *Pons versatilis* l. Pont-levis f.

Pontàl. (Fornimento appuntato, che si mette all' estremità d'alcune cose.) Puntale i. *Cuspis* l. Fer, ou ferret d'aiguillette f. § *Pontàl dla spà*. Puntale di fodero della spada i. . . . . . Bout de fourreau d'epée f. § *Pontàl d'gitàl*, *de stringa*. Puntale di stringa i. *Acicula* l. Fer, ou ferret d'aiguillette f. § *Pontàl* dicesi anche un trave, od altra cosa, che serve di sostegno. Armadura i. *Fultura* l. Renfort f.

Pontisël. (Fuscelletto di ferro, che passa nella spola.) . . . . Fuserole f.

Popone. (Guernitura alla moda, che si pone alle maniche delle vesti da donna.) . . . .

Porsil. (Stanza, dove si tengono i porci.) Porcile i. *Suile* l. Etable à cochons; toit à cochons f.

Portèra. (Tenda, che si tiene alle porte delle stanze.) Cortina; portiera; bandinella i. *Velum ostii* l. Portiere f.

Portiña, dim. di *porta*. Porticiuola; porticella i. *Portula*; *ostiolum* l. Petite porte; guichet l.

Porton. accr. di *porta*. Portone i. . . . . . . Porte cochere f.

Portugheifa. Portughesa i.
. . . .
Portuguese f.

Pos. Pozzo i. *Puteus* l.
Puits f.

Pos-mört. Pozzo nero i.
*Latrina ; aquarii receptacu-
lum* l. Egout; cloaque f.

Possài. V. *Sia.*

Pofàda. Posata i. *Arma-
mensalia* l Couvert f.

Potagè. (Muricciuolo nelle
eucine, dove sono i for-
nelletti per cucinar le vivande.) . . . . . .
Potager f.

Polvrin. Orivolo a polvere i. *Horologium ex arena* l.
Sable; sablier f.

Pörta. Porta i. *Janua;
porta* l. Porte f.

Portà, coll' accento sopra
l'à; *servisi.* Messo ; portato i. *Missuq; ferculum* l.
Service f.

*Pörtabassin ; trepè del la-
vaman.* (Arnese con tre piedi
da posarvi sopra il catino
per lavarsi le mani.) Lava-
mane; treppiè del catino i.
Fulcrum l. Bidet à trois
pieds, sur lequel on place
un bassin f.

Portacrajon. Matitatojo i.
. . . . `.
Porte-crayon f.

Pörtafëuj ; pörtalitre. Por-
tafogli i. . . . .
Porte-lettre; porte-feuille f.

Pörtamantèl. (Arnese di
legno, che si usa per ap-
piccarvi gli abiti.) Cappellinajo i. *Clamidophones* l.

Porte-manteau f. ſ *Pörtamantèl ; öm* v. pr. dicesi uno
strumento di legno composto
di piede, gambe, ed assi-
cella, proprio per appic-
carvi le vesti, che batter
si vogliono per toglierli la
polvere.) Cappellinajo i.
. . . ` . . . . . .
Porte-manteau f.

Pörtamochete. (Strumento,
su di cui si posano le smoc-
colatoje.) . . . . .
Porte-mouchettes f.

Portassa, pegg. di *pörta.* V.

Pörtasiete. (Cerchio d'argento, di stagno, ec, che
si pone sulla tavola, sopra
il quale si mettono piatti
colle vivande.) Cerchio;
trespolo i. . . . . . .
Porte-assiette f.

Pörtaviande. (Arnese, con
cui si portano le vivande.)
. . . .
Pörtavolànt. (Sorta di porta leggiere.) . . . . .
Pörti. Portico i. *Porticus* l.
Portique; porche; vestibu-
le f.

Preive ; monia. (Arnese,
di legno, in cui si sospende
una sorta di scaldavivande
pieno di bracia per far iscaldare il letto.) Trabiccolo; prete v. dell' uso i.
. . . . , .
Moine f.

Prefon. Prigione i. *Car-
cer* l. Prison f.

Presa. (Strumento da soppressare composto di due
assi, tra li quali si pone la

cosa , che si vuol soppressare , caricandola, e stringendola.) Soppressa i. *Pressarium* l. Presse f. ꝗ *Pressa* si dice anche un ferro, che serve a soppressare la biancheria. . . . .

Pressièna. (Sorta di stoffa.)

Presciene , v. dell' uso f.

Pretensiòn. (Specie di lunga collana, che pende dal collo delle donne, a cui è appesa per l'ordinario una croce.) . . . .

Privà. V. *Cömod*.

Provët. (Strumento, con cui si prova il grado della forza della polvere.) . . . .

Pruca. Parrucca; perucca; zazzera i. *Coma adscititia; galericulum; caliendrum; ficti crines* l. Perruque f.

Pugnàl. Impugnatura; manico i. *Capulus* l. Poignée f.

Pulpit. Pergamo, pulpito i. *Suggestum; pulpitum* l. Chaire à prêcher f.

Punta. (L'estremità acuta di qualunque si voglia cosa.) Punta i. *Acies; mucro; acumen* l. Pointe ; bout; extremité aiguë de quelque chose f. ꝗ *Punta* dicesi pure la setola , che usano i calzolaj per cucire. . . . . . .

Pupöjra. (Strumento per trarre il latte dalle poppe delle femmine.) Poppatojo i.

. . . .

Espèce de pipe dont on se sert pour extraire le lait des mamelles des femmes f.

Pu.ificatòr . (Pannicellolino, col quale il Sacerdote netta, e pulisce il calice.) Purificatojo i. *Linteolus* l. Purificatoire f.

Q

Quadēr. (Tela , o tavola dipinta.) Quadro ; tavola ; pittura i. *Tabula picta; pictura* l. Tableau f.

Quadrevin, dim. di *quadrēt*. (T. de' Stamp. Pezzetti quadrati, che servono per la formazione de' voti nelle linee.) Quadratino i.

. . . .

Quadratin f.

Quadrēton , accr. di *quadrēt*. V.

Quadrēt. (T. degli Stamp. Pezzo di metallo dell'istessa qualità de' caratteri di forma quadra, e più basso delle lettere.) Quadrato i. . . . . Quadrat f.

Quajarēul . (Strumento, col quale si fischia imitando il canto della quaglia.) Quagliere; quaglieri i. . . . . Courcaillet f.

Quartin. (Piccola misura di liquore , che contiene il quarto d'una penta. Si prende ancora per la quantità di liquore contenuto.) Mezzettino; mezza foglietta i. *Metreta* l. Demi-setier f.

Quatrin. Quattrino i. Quadrans; obolus l. Quatre deniers f.

Quintĕrn d'carta. (Dicesi di ventiquattro fogli di carta messi l' un nell' altro senza cucitura. Altri lo fanno di venticinque fogli.)Quaderno di carta, di fogli i. Scapus l. Main de papier f.

R

Rachęta. (Strumento fatto a rete, col quale si giuoca) Racchetta; lacchetta i. Reticulus l. Raquette f.

Rag. (Circolo d' oro, o d'argento guernito di raggi, in cui sono incassati due cristalli, destinato a rinchiudere l'Ostia consacrata, e che è posto sopra un piede ordinariamente dell' istesso metallo.) Raggio i. . . . . Soleil f.

Ram; rama. Ramo; rama i. Ramus l. Rame f.

Ramassa. Scopa i. Scopæ; arum l. Balai f.

Ramassĕt, dim. di ramassa. V.

Ramassęta. (Scopeta di setole.) Scopetta; spazzola i. Peniculus l. Brosse; vergette f.

Ramęta, dim. di rama. Ramucello; ramuscello; ramicello; ramuccio; vetta i. Ramulus; ramusculus l. Rameau f.

Ramiña; ramina. (Vaso di rame rotondo per far bollire checchessia, il quale ha la bocca alquanto più stretta del pajrĕul.) Ramino i. Cacabus; ahenum l. Marmite f.

Raña. V. Cantaraña.

Randa. (Strumento, con cui si rade il colmo della mina.) Rasiera; radimadia i. Rutellum; radius l. Rouleau à raser la mesure de blé f.

Ranpin. Rampino; rafio i. Uncinus l. Crochet; croc; main de fer; harpon; harpeau; grappin f.

Rapa. (Strumento, con cui si grattugia il tabacco.) Grattugia i. Tyrochnestis l. Rape f.

Raſ. (Misura, e arnese medesimo, con cui si misura.) Razo, v. dell' uso i. . . . . Raz f.

Rascĕt. (Strumento da raschiare alcuna cosa.) Rastiatojo; rasiera i. Radula l. Ratoire; ratissoire; gratoir f.

Rascęta. (Strumento di ferro, con cui si raschia qualche cosa.) Radimadia; rasiera; rastro i. Radula l. Ratissoire; rapoir f.

Raſòr. Rasojo i. Novacula; tonsorius culter l. Rasoir f.

Raspa. Scuffina; raspa; lima da legno i. Lima l. Râpe f.

Rastèl. (Strumento dentato sì di ferro, che di legno, col quale si separano i sassi dalla terra, e la paglia dalle biade, e simili.) Rastrello i. *Rastrum*; *pecten* l. Râteau f. Ꝯ *Rastèl*; *barièra* dicesi anche d'una specie di porta fatta di stecconi, o striscie di legno, o di ferro a foggia di palizzata.) Cancello i, *Cancelli*; *clathri* l. Barreaux; treillis; balustre; balustrade; cancele; portes à claires voies f. Ꝯ Per lo steccato, che si fa dinanzi alle porte delle fortezze, e anche l'uscio fatto di stecconi. Rastrello i. *Vallum* l. Barriere f.

Rastlì. (Craticcio di legno sopra le mangiatoje.) Rastrelliera i. *Crates* l. Râtelier f.

Ratiña; ratina. (Sorta di stoffa di lana.) Rovescio i. . . . . Ratine f.

Ratòjra. (Strumento per prendere i topi.) Trappola i. *Muscipula*; *decipula* l. Souriciere f.

Redna, per lo più *redne* pl. (Quelle striscie di cuojo, o simili attaccate al morso del cavallo, colle quali si regge, e guida.) Redina; redine i. *Habenæ, arum* l. Rênes; longe f.

Rema, e più frequentemente *reme* pl. (Lunghi pali, o travicelli a guisa di remi, onde viene il vocabolo, che servono d'ordinario a far

ponti per le fabbriche, o a sostenere le tegole de' coperti.) . . . . . .

Ressiùra. (Quella parte del legno, che ridotta quasi in polvere, casca in terra in segando.) Segatura i. *Scobs* l. Sciure de bois f.

Refretöri. Refettorio i. *Cœnaculum* l. Réfretoire f.

Rens.. (Tela finissima.) Rensa i. *Byssus* l. Linon f.

Rèm. Remo i. *Remus* l. Rame; aviron f.

Regìstr dl' örgano, *e simil* sing., e pl. Registri dell' organo, e simili i. *Pleuritides* l. Régistres f.

Ressia. (Strumento di ferro dentato, con cui si dividono i legni.) Sega i. *Serra* l. Scie f.

Retrobotèga. Bottega di dentro; fondaco i. . . . . . Arriere-boutique f.

Rèufa. (Nastro, onde si fa il nodo.) Cappio i. *Tænia* l. Nœud de ruban f.

Riaña. Fogna; cloaca i. *Cloaca* l. Egout f.

Ricàm. (Lavoro d'ago.) Ricamo; sopraggito i. *Prætextum* l. Broderie f.

Ridò. Cortina, bandinella i. *Aulæum*; *velum fenestræ* l. Rideau f.

Rifladòr. (Strumento in uso presso gli Orefici, che lavorano col cesello.) . . .

Riga. (Strumento di legno, o di metallo, col quale si tirano le linee dritte-

E

te.) Regolo; riga i. *Regula; norma; amussis* l. Regle f.

Ringhièra. (Riparo delle gallerie, e de' poggiuoli.) Cancello; stecconato i. ... Barriere f.

Ris (Capelli crespi, e innanellati.) Riccio i. *Cincinnus* l.Boucle de cheveux f.

Rifma. (Fascio di 20 quaderni di carta.) Risma i. *Viginti scaporum fasciculus* l. Rame de papier f.

Rista. Canapa i. . . . . .

Roa. Ruota i. *Rota* l Roue f. ⸗ *Roa* dicesi anche di un pezzo di tela, che si mette circolarmente al fondo intorno della veste, acciò sia di maggior uso.)
. . . .

Roca. (Strumento da filare.) Conocchia; rocca i. *Colus* l. Quenouille f.

Rocà. (Con accento sopra l' *à*. Quantità di filo, o lana, che si mette in sulla rocca per filarla.) Lucignolo; pennecchio i. *Pensum* l. Quenouillée f.

Rochèt. (Arnese chericale di tela bianca.) Roccetto i. *Amiculum lineum; linea tunica; supparus; supparum*. Gli odierni scrittori latini lo dicono *superpellicium; superpelliceum* l. Rochet f. ⸗ Per strumento piccolo di legno forato per lo lungo di figura cilindrica a uso per lo più d' incannare Rocchetto i. *Panucellium* l. Bobine; fuseau f. ⸗ Per certa quantità

di stracci, che si mette sulla conocchia. Rocchietto i. *Frustulum* l. Petit billot; petit rouleau f.

Rochin. (Quell'involto di lino, stoppa, lana, o altra materia simile, che adattano le donne sopra alla rocca per filare.) Pennecchio i. . . . .

Röda. (Strumento a guisa di cassetta rotonda, e che girandosi su d' un perno nell' apertura del muro serve a dare, e ricevere robe da persone rinchiuse.) Ruota i. . . . . Tour f. ⸗ Dicesi pure di certa sorta di supplizio. Ruota i. . . . . Roue f.

Rodingöt. (Da *reding cout*, v Inglese) Pastrano i. *Chlæna* l. Rédingote f.

Roët. Filatojo i. *Rhombus* l. Rouet f.

Roèla; rodèla; rolin. (Rotella per lo più d' ottone, cui è adattato un piccol manico di legno, la quale facendosi aggirare taglia la pasta a festone.) . . . .

Ronca. (Arme in asta adunca, e tagliente.) Ronca i. *Sparus; sparum* l. Serpe f.

Ronfura. (Trincio de' vestimenti.) Frappa i *Peniculamentum* l. Lambeau d' une robe dechirée f.

Rofàri. (Strumento composto di tante pallottole, quante Ave Marie, e Pater nostri si hanno a recitare

nel Rosario.) Rosario i. *B.
V. corona*; *rosarium*; *globuli
præcatorii* l. Rosaire; chapelet f.

Rofui; *rotàm*. (Quantità
di rimasugli, e pezzuoli di
cose rotte.) Rottami i. *Ru-
dera* l. Pieces; morceaux;
plâtras; grabeaux; frag-
ment f.

Rös. (Mazzo di panni.).
. . . .

Rötol. (Volume, che si
avvolge insieme.) Rotolo;
ruotolo i. *Volumen* l. Rouleau; rôle f.

Rubat, (da *rue bat* f. Strumento cilindrico per lo più
scannellato, che serve a battere le strade per ispianarle,
onde è venuto il vocabolo,
ma ordinariamente serve a
battere il grano.) Rotolo,
v. dell'uso i. † Trebbia i.
† *Tribula* l. . . . . . .

Rupia; *rapa*. Grinza; cre-
spa; ruga i. *Ruga* l. Ride f

S

S abb. (Quel merletto, o
quella striscia di mussolina,
che si mette per ornamento
allo sparato della camicia.)
. . . .
Jabot f.

fartièra. (Parte delle brache, ossia quella benda,
che è appiccata al fine de'
calzoni, e che s'affibbia.)

. . . .
Sabër. Sciabla; sciabola i.
Ensis falcatus l. Sabre f.

Sabioneta; *polvrin*. (Vaso
foracchiato, dove si tiene
la polvere per metter sullo
scritto.) Polverino i. *Theca
arenaria* l. Poudrier f.

Sabröt, dim. di *sabër*. V.
Sacà. (Quanto contiene un
sacco.) . . . .

Sach. Sacco i. *Saccus* l.
Sac f.

Sacàs, pegg. di *sach*. V.
Sachët; *sacheta*, dim. di
sach. Sacchetto; sacchettino;
saccolo i. *Sacculus* l. Sachet;
petit sac f.

Sacòcia. Tasca; borsa;
borsiglia; borsellino i. *Pera* l. Poche f.

Sacon, accr. di *sach*. V.
Sacrestía. Sagrestia i. *Sa-
crarium* l. Sacristie f.

Saja. (Specie di panno
lano sottile.) Saja i. *Sagum* l.
Serge de laine f.

Sajeta. (Sorta di stoffa.)
Sajetta i. . . . . . .
Sergette f.

Sala. Sala i. *Aula* l. Salle f.
¶ *Sala, dova s'mangia*. Sala,
dove si mangia i. *Cænacu-
lum* l. Salle à manger f.

Saladiè. Piatto per l'in-
salata i. *Discus acetarius* l.
Saladier f.

Saldadòr. (Strumento per
saldare.) Saldatojo i. . . . .
Instrument dont on se serve
pour souder f.

Saldadùra. (Il saldare, e
'l luogo saldato.) Saldatura i.

Ferruminatio 1. Soudure f.
ʃ *Saldadùra* si dice anche alla materia, con che si salda. Saldatura i. *Ferrumen* l. Soudure f.

Salin. (Vasetto, nel quale si mette il sale, che si pone in tavola.) Saliera i. *Salinus; salinum; concha salis* l. Saliere f.

Saltèri. (Strumento musicale.) Dabbudà, saltero; salterio i. *Psalterium* l. Psaltérion; harpe f.

Saña. (Sorta di vaso di vetro con gambo, che serve per bevere.) Bicchiere i. *Cyathus; calix vitreus; poculum; scyphus vitreus* l. Verre f.

Sandàl. (Drappo di seta sottile.) Zendado i. *Sericum tenue* f. Espéce de tafetas f.

Sandola, e per lo più *sandole* pl (Calzare, che copre soltanto parte del piede, e di cui si servono i Religiosi, che vanno a piedi nudi.) Pianella; zoccolo i. *Crepida* l. Sandale f.

Sanförgna Zampogna i. *Fistula* l. Chalumeau f.

Sangalęta. (Sorta di stoffa) Sangaletia, v. dell' uso i. Sangallettis, v. dell' uso f.

Sangian. (Sorta di stoffa.) Sangiani, v. dell' uso i... S. Jean, v. dell' uso. f.

Sanin, dim di *saña.* Bicchieretto; bicchierino i. *Parvus cyathus; parvus calix; pocillum* l. Petite verre f.

Santa-santorum, v. l. (Luogo della Chiesa, dove v'è l'altar maggiore, e che è ordinariamente chiuso con una balaustrata.) Santuario; presbiterio j. *Præsbyterium* l. Sanctuaire: presbitere f.

Santuàri. (La Chiesa, o il luogo, dove si conservano le reliquie, o simili.) Santuario i. *Sanctuarium* l. Sanctuaire f.

Sapa. Zappa i. *Ligo, onis* l. Houe f.

Sapin, dim. di *sapa.* Zappetta i. *Sarculum* l. Petit hoyeau f.

Saradùra. Serratura; toppa i. *Serra* l. Serrure f.

Saràja. V. *Anta.*

Sargentin. (Bastone, che portano i Ramarri.) ....

Satin. Raso i. . . . . Satin f.

Savardon; bastonàs. Bastonaccio i. *Ingens baculus* l. Gros bâton f.

Savàt; savàta. (Scarpa vecchia, e molto logora.) Ciabatta i. *Calceamentum obsoletum* l. Savate; vieux soulier f.

Scabèl. Sgabello; scabello i. *Scabellum; scamnum* l. Escabelle; escabeau; banquette f.

Scablęta. Caldanino i. *Caldarium* l. Chaufferette; chauffe-pied f

Scach. Scacchi i. *Latrunculi, orum* l. Echecs f.

Scagn. Scabello; scannello; predella i. *Scabellum; scam-*

num; sedes l. Escabeau; escabelle; selette; marche-pied f.

Scagnèt , dim di *scagn.*
Predellino; predellina; pre-
delletto i. *Scabellum* l. Peti
escabeau; petite escabelle f
¶ Pezzetto di legno assai
sottile , che serve a tener
elevate le corde degli stru
menti da corde.) Ponticello i. *Ponticulus* l. Chevalet f.

Scala. Scala i. *Scalæ* ,
arum l. Escalier f. ¶ *Scala-
a-limassa* , *a-cuchia* . Scala
chiocciola i. *Cochlea* l. Escalier en limaçon; caracol f.
¶ *Scala-a man* . Scala porta-
tile i. . . . .

Scalàssa, pegg. di *scala*, V.

Scalin. Grado; gradino;
scaglione i. *Gradus* l. De-
gré; marche; gradin f.

Scalinàda (Ordine di gra-
dini.) Gradinata; scalinata;
scaléa i. *Scalæ* , *arum* l.
Escalier f.

Scalon , accr. di *scala*, V.

Scandàj. Stadera i. *Sta-
tera; trutina* l. Peson; ro-
maine f.

*Scanfaron; sganfaron; sca-
raböc.* (segno, che rimane
nello scarabocchiare.) Sca-
rabocchio i. *Litura* l. Grif-
fonage; barbouillage f.

Scansia. (Strumento per
lo più di legno ad uso di
tenervi libri, scritture; e
simili.) Scansía; scaffale;
scancía i. . . . . . .
Bibliotheque;tablettes à mettre des livres f.

Scapin. (Calzamento, che

si mette a piede nudo prima
di metter le calze , oppure
il piede stesso delle calze.)
Scappino; pedale i. *Peda-
lis, is ; pedale ; is* l. Chaus-
son f.

Scapolàr; pasiensa. (Quella
parte dell'abito d'alcuni Religiosi, che pende loro davanti, e dietro a modo d'una
striscia di panno.) Scapolare i. *Scapulare* l. Scapulaire f. ¶ Presso que' la detta
parte di abito è più lunga,
dicesi più comunemente *pasiensa.*

Scarèla; tajöla. (Strumento
con girella per tirare i pesi.) Carrucola i. *Trochlea* l.
Poulie;roulette; petite roue f.

Scarlàta. Scarlatto i. *Pannus coccineus* l. Ecarlate f.

Scarpa. Scarpa i. *Calceus,
ei* l. Soulier f.

Scarpassa , pegg. di *scarpa* , V.

Scarpeta, dim. di *scarpa,*
e d'ordinario dicesi di scarpa
de' fanciulli. Scarpettino ;
scarpettina i. *Calceolus* l.
Petit soulier f.

Scarpia. (Quantità di fila
sfilate per lo più di panno
lino vecchio.) Faldella i.
Filamenta l. Charpie f.

Scarpin. (Scarpa sottile.)
Scarpino i. . . . . . .
Escarpin f.

Scarpo. Scarpello i. *Scalprum ; cælum* l. Ciseau f.

Scartapàs . Scartabello ;
scartafaccio i *Libellus* l. Paperas; mauvais cahier; mau-

vais recueil de vielles écritures f.

Scartàri. Cartabello; scartabello; libello; libretto; piccol libro; memoriale i. *Libellus* l. Cahier f.

Scartociòn, accr. di *scartöc*, V.

Scartocin, dim. di *scartöc*. Cartoccino i. *Parvus cucullus* l Petit cornet de papier f.

Scartöc. (Recipiente fatto di carta, o cartone ravvolto a foggia di corno.) Cartoccio i. *Cucullus* l. Cornet de papier f.

Scatola. Scatola i. *Pyxis; theca* l. Boîte f.

Scatolèta. V. *Scatoliña.*

Scatoliña; scatolęta, dim. di *scatola.* Scatoletta; scatolino i. *Capsella; capsula* l. Petite boîte f.

Scatolàssa, pegg. di *scatola*, V.

Scatoloña, accr. di *scatola*, V.

Scaudalet. Scaldaletto i. Vas *igniferum* l. Bassinoire f.

Scheſa. (Quello propriamente, che viene spiccato dal tagliare, o lavorare i legnami.) Scheggia, sverza i. *Schidia*, *orum*; *fragmentum*; *assula* l. Eclat; coupeau f.

Schēuj. (Parte del torchio, la quale facendosi aggirar attorno la vite viene a premere il legno posto sopra il *bast*, a cui si soppongono le cose da premere.) . . . .

Schin; sechin. Zecchino i.

Nummus aureus l. Sequin f.

Schinàl. (Parte d'una sedia, o d'un banco, che serve ad appoggiare il dorso.) Spalliera i. *Fulcrum dorsuale* l. Dossier f.

Schissòr. (Strumento, con cui si premono i limoni, gli aranci, ec) . . . .

Sciancon. (Trincio de' vestimenti.) Frappa i. *Peniculamentum* l . Lambeau d'une robe dechirée f.

Sciaviña. (Veste lunga di panno grosso, che portano i Pellegrini.) Schiavina i. *Cento, onis* l. Robe de Pelerin f.

Sciofęta. (Vaso di terra, o metallo, in cui si mette fuoco per tener calde le vivande.) Scaldavivande i. *Foculus mensarius; ignitabulum; vas igniferum* l. Rechaud f.

Sciopēt . (Cannoncino , ad una estremità di cui i fanciulli vi pongono una pallottola fatta di stoppa, indi vi fanno entrar aria colla bocca per l'altra, la quale subito otturano con altra pallottola, e con un piccol legnetto spingendone una viene ad escir l'altra con certo romore, per lo che serve di trastullo ai medesimi.) Scoppietto, v. dell'uso i.

Sclin . (Campanello rotondo, che si mette al collo de' cani, ed alle gambe degli uccelli di rapina.) Sonaglio i. *Tintinnabulum*; *crepitaculum* l. Grelot f.

Sclìnöt, dim. di *sclìn.* Sonaglino i. *Exiguum crepitaculum* l. Petit sonnet; petit grelot f.

Scopèl. (Strumento di ferro tagliente in cima, col quale si lavorano legni, e pietre.) Scarpello; scalpello i. *Scalprum; cælum* l. Ciseau f.

Scofon. (Sorta di scarpa in uso in certe alpi.) . . .

Scös. (Cornice di pietra, su cui posano le finestre.) Davanzale i. *Projectura* l. Saillie f.

Scossàl. V. *Faudàl.*

Scöt. Pezzo di ramicello i.
. . . .

Scraciör. Sputacchiera i. *Vas ad expuendum* l. Crachoir f.

Scrivanìa. Scannello i. *Scrinium* l. Secrétaire; bureau f.

Scu. (Sorta di moneta.) Scudo i. *Scutum* l. Ecu f.

Scudarìa. (Luogo della casa destinato per alloggiar cavalli.) Stalla i. *Equile, is* l. Ecurie f.

Scudèla. Scodella i. *Scutela* l. Ecuelle f.

Scudlìn (Piccolo tondo di porcellana, o di majolica, che si sottopone alla tazza.) Scodellino i. *Parva scutella* l. Soucoupe f. ꝰ Per dim. di *scudèla*, V.

Scufìa. Cuffia i. *Calantica* l. Coëffe; coëffure; bonnet f. ꝰ *Scufia da nœit* Cuffia da notte i. . . . . Cornette f.

Scufiàssa, pegg. di *scufia*, V.

Scufìeta; uveta; maja. Sorta di cuffia tessuta a maglia.) Rete da testa i. *Reticulus* l. Coiffe de riseau f.

Scufiòña, acc. di *scufia.* Cuffione i. . . . . . Escoffion; grande-coïfe f.

Scufiöt; bareta; bareta da mafnà. Cuffia da bambino i. *Puerilis calantica* l. Béguin f.

Scumöjra; cassulèra. Scumaruola i. *Ligula; spumatorium; cochleare criblarium* l. Ecumoire f.

Sebèr; sibèr. Bigoncia; biconcio i. *Congius; doliolum* l. Baquet f.

Sebröt, dim. di *Sebèr.* Bigonciuoletto; bigonciuolo i. *Doliolum* l. Petit Baquet f.

Seca. (Luogo dove si batton le monete.) Zecca i. *Monetalis officina; moneta* l. Hôtel de monnoïes f.

Sechin, V. *Schin.*

Selà; slà. (Parte superiore di molte cose, come d'un cortinaggio, d'una carrozza, e simili.) Cielo i. *Pars superior* l. Ciel f.

Senèr. Cenere i. *Cinis* l. Cendre f.

Sengìa. (Benda piatta, e larga fatta di cuojo, tessuta di spago, che serve a diversi usi, e propriamente a tener fermi addosso alle bestie la sella, il basto, la bardella, e simili.) Cinghia; cigna i. *Cingula; cingulum* l. Sangle f.

Sengìon, sing. e pl. (Quelle

E 4

grosse coreggie, che sostengono la gabbia delle carrozze, sedie, ec.) Cignone i.
Magnum cingulum l. Soupente f.

Sentena. (Piccola quantità
di filo, o di seta, per la
quale tutti i fili d'una matassa sono legati insieme.)
. . . .

Sernèj. Crivello; vaglio;
staccio i. *Cribrum* l. Crible f.

Servènta. (Ordigno di ferro con due uncini, che
serve per prendere il ma-
nico dei vasi quando son
caldi per non abbruciarsi.)
. . . .

Servièta. Tovaglino; to-
vagliuola; salvietta i. *Man-
tile* l. Serviette f.

Serviètàssa., pegg. di *servièta*, V.

Serviètin, dim. di *Servièta.*
(Pezzo di panno lino, che
adoperano i bambini a ta-
vola per guardare i panni
dalle brutture, e nettarsi
la bocca.) Bavaglio i. *Linteolum ad os tergendum* l.
Bavette f.

Servisi, V. *Portà.*

Seslon; sislon. Letto di
riposo per il giorno i. *Acu-
bitum; anachlinterium* l. Ber-
gere f.

Sesta. (Arnese per riporvi entro robe, ordinaria-
mente fatto di rami fessi,
consimile al *Sestin,* ma più
alto.) Cesta i. *Cista; calathus; canistrum* l. Panier;
corbeille f.

Sesta ovà. Zana, cesta ovata i. *Cista* l. Sorte de corbeille, ou panier; hotte f.

Sestin. (Sorta di cestello,
che si usa ordinariamente
da Vermicelliari, o Lasa-
gnaj per riporvi le loro paste fatto di rami fessi, e
di figura oblunga.) Cestello; cestellino; cestino i.
*Cistula; cistella; cistellula;
focella* l. Petit panier, petit
courbeille; corbillon; ma-
niveau f.

Seda. Seta i. *Sericum* l.
Soie f.

Sedèr. (Parte della sedia,
banco, o scagno, sopra cui
si siede.) Sedile, v.dell'uso i.
Sedile l. . . . . . .

Sedia; cales. Calesso i.
Cisium l. Cales f.

Sela. Sella i. *Ephippium* l.
Selle f.

Seminàri. (Luogo dove si
tengono in educazione i gio-
vanetti.) Seminario i. *Se-
minarium* l. Seminaire f.

Sena. Scena i. *Scena* l.
Scene f.

Senten. (Legno arcato,
con cui si sostengono le
volte in atto di fabbricar-
le.) Centina; armadura i.
Fulcimen l. Cintre f.

Sentùra; sentùra. Cintola;
cintolo; cingolo; cinta;
cintura i. *Cingulum; succin-
gulum* l. Centure f.

Senturin, dim. di *Sentùra.*
Cinturino; cinturetto; cin-
turetta i. *Cincticulus* l. Petite ceinture f.

Senturon; *senturon*. (Fornimento, a cui s'attacca la spada.) Pendaglio; balreo; cinta da spada; budriere i. *Baltheus, baltheum* l. Baudrier; ceinturon f.

Sëp. (Strumento, col quale si serrano i piedi a'prigioni.) Ceppo i. *Compes*; *cippus* l, ceps f.

Sëpa. Ceppo i. *Truncus* l. Billot; chicot f.

Sërc; *cërc.* (Legame di ferro, o di legno curvato, che tiene insieme botti, tini, e simili vasi di legno.) Cerchio, i. *Circulus* l. Perceau; cercle f. ¶ *Sërc* si dice anche del cerchio del mozzo d'una ruota.) Cerchio del mozzo d'una ruota i. *Canthus* l. Frette; happe f.

Sërnièra. (Due pezzi di ferro, o d'altro metallo, i quali forati da un capo s'incastrano insieme, e stanno saldi per mezzo d'un pèrno, che si fa passare ne' detti fori.) Cerniera i..... Charniere f.

Sërpièra, Sërpièra. (Tela grossa, e rada, colla quale si rinvolgono balle, fardelli, e simili.) Invoglia i. *Involucrum; integumentum; segestre; segestria, um* l. Serpilliere f.

Setemes. Pezza da soldi sette e mezzo. . . . .

Setro. (Specie di baston di comando, che spetta soltanto ai Re di portare, e che è un segno della dignità Reale.) Scettro i. *Sceptrum, tri* l. Sceptre f.

Sëuja, sing, *Sëuje*, plur. (Quei sostegni, sopra i quali si posano le botti.) Sedili i. . . . . . . Chantier sur quoi on pose des muids, des tonneaux dans les caves f.

Sfera. (Stilo, che indica le ore, o li minuti) Sfera i, *Horarum index* l. Sphere f. ¶ Sfera delle minute, V. *Minutàri.*

Sganfaron, V. *Scanfaron.*

Sgorbia. (Scarpello fatto a doccia per intagliare in legno) Sgorbia i. . . . Gouge f.

Sguradent, V. *Curadent.*

Sguraorie, V. *Curaorie.*

Sia; *possài* v. pr. Secchia ì. *Situla*; *situlus* l. Scau f. ¶ *Siada-lessia.* Tinello i. . . . . Cuvier f.

Sias. Staccio; Setaccio i. *Setaceum* l. Sas; tamis f.

Sièrpa. Ciarpa i. *Baltheus* l. Echarpe f.

Siessa. (Strumento adunco di ferro con manico di legno, col quale si sega il fieno.) Falce; fienaja; fienale; felce da segar il fieno i. *Falx* l. Faux f.

Sieta; tond. (Sorta di vascella quasi piana, di cui si serve a tavola davanti a ciascuna persona, e sopra il quale ciascun mette le vivande, che vuol mangiare.) Tondino i. *Orbis* l. Assiette f.

Sifon; *surba*. (Canale di latta, o d'altra materia, con cui si attrae l'acqua dalle secchie, o'l vino dalle botti, ec) Sifone i. *Siphon; tubus* l. Syphon f.

Sigil. (Materia attaccaticcia, colla quale si suggellano le lettere, ed altre cose) Sigillo; Suggello i. *Sigillum; signum* l. Sceau f. ʃ Per istrumento, che serve per far l'impronto sul sigillo delle lettere, ed altre cose, V. *Cacèt.*

Sigilin. Bacinella i. *Pulvicula* l. Seau de cuivre, de fer-blanc f.

Signacol. (Segno, che si pone a' libri.) Segnacolo i. *Signum* l. Signet f.

ſimàra. (Veste lunga con lunghe maniche.) Zimarra i *Epitogium* l. Simarre f.

Simitèri. Cimiterio i. *Sepulcretum* l. Cimetiere f.

Sinifia. Cenere calda; cinigia i. *Cinis ealidus* l. Cendres chaudes f.

Sion. (Propriamente quel vaso, entro il quale si raccoglie il latte nel mungere.) Secchio i. *Situla*; *labrum* l. Seau f.

Siri. (Candela grande di cera.) Cero i. *Cereus major* l. Cierge f.

Sirin. (Piccola candela di cera.) Cerino i.

Siringa. (Piccola pompa, che serve per attrarre, e a schizzare aria, o liquori.) Schizzatojo i. *Clyster* l. Se

ringue f. ʃ Per sifone, o cannella rotonda, liscia, eguale per tutto, e concava a similitudine d'una penna, che s'introduce dentro la vescica, per cavar fuori l'orina, o per venire in chiaro, se nella vescica sia pietra, o altro impedimento) Siringa i. *Fistula* l. Seringue f.

Siſèl. (Arnese per intagliare il metallo, di cui ve n'ha di più sorta.) Cesello i. *Viriculum*; *cestrum* l. Ciselet; ciseau f. ʃ I Falegnami danno pure il nome di *Siſèl* ad arnesi di simigliante figura, ma di tempra più dolce. . . . .

Sistèrna. Cisterna i. *Cisterna*; *compluvium* l. Citerne f.

Sivignòla. (Pezzo di ferro, o di legno, che si ripiega due volte ad angolo retto, che è posto all'estremità d'un albero, o d'una sala della carrozza, e che serve a farla girare.) Manovella; manubrio; maniglia; maniglione i. *Vectis* l. Manivelle f.

Slà; *ſelàr*. (Parte ſuperiore del cortinaggio da letto, ed altri arnesi simili.) Sopraccielo i. *Conopeum ſuperius* l. Ciel de lit f.

Slöjra. (Strumento col quale si ara.) Aratro i. *Aratrum* l. Charrue f.

ſmàri, V. *Armàri.*

ſmaſinòr. (Strumento di

legno, di vetro, o di porfido, con cui si macinano i colori sovra altra pietra larga, piana, e liscia.) Macinello, macinella i. .... Molette f.

Soastr. (Fune grossa di canapa.) Canapo; gomona i. *Rudens* l. Cable; cordage; amure f.

Soat. (Specie di cuojo tenue.) Soatto i. *Corium tenue* l. Laniere; longe f.

Söca, e più comunemente *Söche* pl.; *Söch* sing. e pl. *Söche* diconsi delle scarpe colla pianta di legno fatte per le donne, e *Söch* le fatte per gli uomini. Zoccolo; scarpe di legno i. *Calones; sculponea, æ; solæ lignæ; calcei lignei* l. Sabot f.

Sofà. (Specie di letto di riposo a tre spalliere, di cui ci serviamo come di sedia.) *Sofà*, v. dell' uso i. ricevuta da' Turchi. *Supina in delicias cathedra; sella voluptuosa; anaclinterium* l. Sofà f.

Sofiët. Soffietto i. *Follis* l. Soufflet f.

Sofęta. (Stanza a tetto.) Soffitta i. *Laqueare: contignatio* l. Grenier, galètas f.

Sofranęta, V. *sufrinęta*.

Sofranin, V. *sufrin*.

Söla. (Cuojo, che si usa mettere, o che si mette sotto le scarpe.) Suolo, suola nel pl. i. *Solum* l. Semele f.

Söld. Soldo i. * *Solidus* l. Sou f.

Solè. (Piano, che serve di palco alla stanza inferiore, e di pavimento alla superiore.) Solajo; pavimento i. *Tabulatus; contabulatio* l. Plancher: pavé f.

Solè-mört. (Dicesi la sommità della casa sotto i tetti.) Pavimenti al coperto i. *Subtegulaneum* l. Plancher, pavé f.

Solęta. (Pezzo di tela, o di panno, di cui si guarnisce il piede d'una calza.) Soletta i. *Pedule* l. Semelle f.

Sonajèra. (Molti sonagli legati insieme.) Sonagliera i. *Crepitacula* l. Collier de sonnettes f.

Sopanta; tranpët. (Palco fatto in camere.) Soppalco i. *Tabulatum; cella expensilis* l. Soupente; lambris f.

Soportin. (Arnese tessuto di giunchi, paglia, o simili con due manichi per uso di trasportar robe per lo più commestibili) Sperta; paniera; cestello; cesta; fiscella i. *Calathus: corbis, is* l. Corbeille; cabas f.

Sorbętièra. (Vaso di stagno, o d'argento, nel quale si tiene a congelare il sorbetto.) Sorbettiera i. .... Salbottiere; sarbottiere f.

Sotana. (Veste di sotto.) Sottana i. *Tunica interior* l. Cotillon; jupe f.

Sotcòpa. (Vaso piano, e rotondo per lo più di stagno, sopra il quale si portano i bicchieri , dàndo da bere.) Sottocoppa, tondo i. *Patina* ; *lanx* l. Soucoupe f

Sotmàn (Quell' arnese dell' archibuso , che difende , e ripara il grilletto.) Guardamacchie i. . . . Sougarde f.

Sötola. (Strumento di legno di figura simile al cono con un ferruzzo piramidale , col quale s rumento i fanciulli giuocano façendolo girare per mezzo di una cordicella avvoltavi attorno.) Trottola i. *Turbo* l. Toupie f.

Sotpè. Il primo suolo i. . . . . La premiere semelle f.

Sovrafornel , V. *Tremò.*

Spa. Spada i. *Ensis* l Epée f.

Spadàs; spadàssa pegg. di *spa.* Spadaccia i. *Rudis , et inelegans* ensis l. Brette ; épée à giboyer f.

Spadin; spadiña. Spadina i. *Gladiolus* l. Petite épée f.

Spadoña , accr. di *spa.* Spadone i. *Ensis prægrandis* l. Large , et longue épée f.

Spagnolęta. (Sorta di rascia finissima.) . . . . Espagnolette f.

Spala dle pörte. Spalla delle porte i. *Antæ , arum* l. . . . .

Spalöt. (Parte della camicia a foggia di benda, che dalla gorgiera si estende sino alla manica.) . . . § Per quella parte del giu-

stacorpo, o busto, che copre la parte superiore della spalla, e a cui s' affibbiano le maniche. . . . . . Epoulette f.

Spessiaría. Spessiería i. *Officina medicamentaria* l. Apoticairerie f.

Spec. Specchio i. *Speculum* l Miroir f.

Specula. Osservatorio ; vedetta ; specola i. *Specula* l. Observatoire f

Spessièra. (Arnese, in cui si tengono le spezie.) . . . .

Spigol. (T. de' Muratori. Canto vivo de' corpi solidi.) Spigolo i. *Angulus* l. Carne; arête, angle extérieur d'une pierre, d' un étable f.

Spinèla. (Lo spillare del vino; come pure quel ferro lungo un palmo circa, e acuto a guisa di punteruolo, col quale si forano le botti per assaggiarne il vino.) Spillo i.; spina Lomb. *Terebra* l. Gibelet f. § *Spinèla* dicesi anche il buco, che si fa nella botte con lo stesso spillo. Spillo i *Foramen dolii terebra factum* l. Gibelet f.

Spinęta. (Strumento musicale simile al cimbalo.) Spinetta i. . . . . . . Epinette f.

Spingàrd. (Pezzo d'artigliería.) Spingarda i. *Tormentum bellicum* l. Espingard f.

Splua. Favilla; scintilla i.

Scintilla ; *favilla* l. Etin-
celle f.

Spóla ; *canēt* v. pr. (T.
de' Tessit. Pezzuolo di boc-
ciuol di canna , o legno
lavorato in tal guisa ad uso
d'incannarvi sopra il filo,
la seta, o simile per riem-
pire l'ordito.) Cannello i.
. . . .
Cannette f.

Sponda p.. i. l. Parapet;
garde-fou f.

Sponton. Spuntone i. *Veru,
ru* l. Esponton f.

Spörta. (Spezie di paniero
fatto ordinariamente di vin-
co.) Sporta; paniero ces-
tello; cesta; canestro; fiscella i. *Calathus* ; *corbis ,
is* l. Corbeille f.

Spron. Sperone; sprone i.
Calcar , is l. Eperon f.

Squadra ; *squara.* (Strumento, col quale si formano, e si riconoscono gli
angoli retti.) Squadra i.
Norma l. Equerre f. ƒ Per
quello strumento, che ha i
traguardi, e che si usa dagli
Agrimensori per misurare
i campi.) Squadro agrimen-
sorio i. . . . . . .
Squadra dicesi pure quello
strumento in forma trian-
golare, a cui è appeso un
piombo, e che serve ai
Muratori, o altri artefici
per prender il piano de'loro
lavori. Archipenzolo i. *Perpendiculum* l. Plomb pour
niveler f.

Squarson. Squarcio; stracciatura ; rottura ; scissura i.
Conscissura l. Déchirure f.

Staca , V. *Liassa.* ƒ *Sta-
che*, pl. (Striscie di panno,
che i Seminaristi portano attaccate alla parte deretiana
superiore della veste) . . .
Lisiere f.

Stachete, pl. (Striscie di
panno, che s'attaccano dietro al gonnellino de' bambini per sostenergli in piè,
quando cominciano a cam-
minare.) . . . . . .
Lisiere f.

Stafa, (Strumento per lo
più di ferro pendente dalla
sella, nel quale si mette il
piede saliendo a cavallo.)
Staffa i. *Stapia* l. Etrier f.
ƒ Per lo strumento de' Get-
tatori per uso di gettare i
loro lavori. Staffa i. . . . .
Moule f. ƒ *Stafa* si dice anche un ferro, che sostiene,
o rinforza checchessia ed
è di forma quadra, o anche
curva. Staffa i. . . . .
Lien de fer f.

Stafil. (Masso di funicelle, che è attaccato ad una
bacchetta, ad un bastone,
colle quali i ragazzi sono
battuti dai maestri.) Sferza;
staffile ; disciplina i. *Ferula;
verber*; *flagellum* ; *scutica* l.
Fouet ; étrivier f.

Stagièra. (Tavola posta orizzontalmente per mettervi
qualche cosa sopra. *Stagièra,*
o *stagere* pl. diconsi anche
più tavole insieme poste
orizzontalmente ad una certa

distanza l'una dall'altra, e sostenute o per assi, o per muri.) In amendue i significati Scanzía; scancía; scaffale; palchetto i. Nel secondo significato *Pluteus*; *scrinium* l. In amendue i significati Tablette f.

Stala. (Luogo, dove si mettono i buoi, le vacche, le pecore, ed altri bestiami.) Stalla i. *Stabulum*; stala di buoi *Bubile*; di pecore *Ovile*; di capre *Caprile*; di porci *Hara*, *æ*; *suile* l Etable f.

Stamiña; *stamina*; *stamigna*; *stamegna*. Buratto i. . . . . Etamine f.

Stanga. (Uno de' due travicelli, che sostengono la sedia da vettura.) Stanga i. . . . . Brancard f.

Stansa. Camera; stanza i. *Camera*; *conclave* l. Chambre f. ¶ *Stansa dle fomne*, Camera delle donne i. *Gynecæum* l. . . . ¶ *Stansa per durmi*, da *durmi* Camera cubiculare i. *Cubiculum* l. Chambre f.

Statua. p. i. *Simulacrum* l. Statue f.

Stebi. (Specie di piccol muro dentro un edifizio, di cui non di rado ve ne ha di due sorta: cioè uno fatto di mattoni, di calcina, che si arma di legname, e l'altro tutto fatto di legnami, che dicesi anche *tramef*,

antermef d'as; *stebi d'as*. Il primo dicesi Tramezzo i. *Vallum interpositum* l. Cloison f. Il secondo Assito; palancato; tramezzo i. *Paries ex assibus*, o *asseribus*; *vallum* l. Cloison f.

Steca. Maglio del trucco i. *Clava lusoria* l. Mail f.

Stè. (Sorta di misura di grani, e di liquidi.) Stajo i. *Modius*; *sextarius* l. Setier f.

Stendàrd. (Quel segno a foggia di banda, che portano innanzi alcuni Cleri, e Compagnie quando vanno processionalmente.) Stendale; stendardo i. *Sacrum vexillum* l. Banniere d'Eglise f.

Sterlèra, V. Stralèra; Strivèra.

Sterni. Pavimento; suolo; spazzo; spalto i. *Signinum opus*; *solum*; *pavimentum* l. Pavé f.

Sterni; *sterni d'pera*. (Pavimento di pietre, che si fa alle strade.) Selciato; seliciato i. *Opus lapidibus stratum*; *stratum lapideum* l. Pavé avec de caillox f.

Simfera. (Stuoja, che si pone in capo del letto, acciò andandovi dentro le cimici, si possa render mondo da queste.) . . . . .

Steuria. (Tessuto o di giunchi, o d'erba sola, o di canne fesse.) Stuoja i. *Teges* l. Natte f.

Stil. (Ferro, che si mette agli orivoli a sole.) Gnomone; ago; stile d'un quadrante, d'un orivolo a sole i *Stilus* l. Gnomon f.

Stilèt. (Spezie di pugnale di lama quadrangolare stretta, e acuta.) Stiletto i. *Pugio* l. Stylet f.

Stiva p. i. (Manico dell' aratro.) . . . . *Urvum*; *urbum* l. Mancherons f.

Stivàl. Stivale i. *Ocrea* l. Botte f.

Stivalèt, dim. di *stivàl* (Specie di calcare a mezza gamba.) Stivaletto i. *Cothurnut* l. Bottine f. ƒ Quelli, che si usano da' commedianti Coturno i. *Cothurnus* l. Brodequin; cothurne f.

Stlęta. (Piccol bastone, d' avorio, di legno, di balena ec. piatto, stretto, e rotondato alle due estremità, del quale le donne si servono per tener il loro corpo di giubba in istato) Stecca i. *Pectoralis palmula* l. Buse f.

Stöch. (Arnese simile alla spada, ma più acuto, e di forma quadrangolare.) Stocco i. *Gladius* l. Estoc f.

Stöfa Stoffa; drappo i. *Teatum* l. Etoffe f.

Stofòr. V. *Stufòr.*

Stöla. Stola i. *Scola* l. Stole f.

Stopa; *cocìa.* Stoppa i. *Stupa* l. Etoupe f.

Stopàssa, pegg. di *stopa.* Stopaccio i. . . . . . Grosse étoupe f.

Stopon. Turacciuolo; zaffo i. *Lagenæ obturamentum* l. Bouchon f.

Storcìon; *strocìon*; *stortion.* Strofinaccio; strofinacciuolo i. *Peniculum*; *peniculus* l. Torchon f.; quello, che serve per lavare il vasellame. Lavette f.

Straforsin; *cordin*; *fissèla.* Spago; cordicina i. *Funiculus* l. Ficelle f.

Stras. Straccio; brandello; brano i. *Frustum*; e nel pl. è più in uso *scruta*, *orum* l. Haillon; chiffon; logue f. ƒ Per robe vili. Ciarpe; bazzecole ; stracci i. *Scruta*, *orum* l. Guenilles; tripperie; vieilles hardes; chiffons f.

Strassa. (Bossoli della seta stracciati col pettine di ferro.) Stracci; borra di seta. fioretto i. . . . . . . Fleuret f

Strëm. Nascondiglio; bugigattolo i. *Latebra*; *latibulum* l. Cache; cachette f.

Strenfài. (Legaccia per i capelli.) . . . .

Strȩta. (Spazio, che è tra il letto, e 'l muro.) Stradella i. . . . . . . Ruelle f.

Stringa. V. *Gitàl.*

Stria. (Strumento di ferro dentato, col quale si fregano, e ripuliscono i cavalli, e simili animali.) Striglia; stregghia i. *Strigilis*, *is* l. Etrille f.

Strivèra. (Nastro, che attaccansi le donne verso la

spalla sinistra per sostegno della rocca.) . . . . .

Strivìòr. (Probabilmente dal verbo *strebbiare.* Pezzo di pelle, che tenendolo fra la mano si fa passar il filo per lisciarlo nell'atto, che si aggomitola.) . . . .

Stròcïon. **V.** *Storcïon.*

Stuc. Astuccio ; guaina i. *Vagina* l. Etui f.

Stuc đ' anèi. Cassetta, astuccio d'anelli i. *Dactylotheca* l. . . . . . .

Stuch. Stucco i. *Albarium* l. Stuc f.

Stufòr; stofòr. (Vaso, in cui si fa lo stuffato.) Stufarola v. dell'uso i. . . . .

Stupalùm. **V.** *Destissòr.*

Stua. Stufa i. *Hypocaustum* ; *balneæ, arum* l. Etuve f.

¶ Per la stoppa, o altra somigliante materia , che si mette nella canna dell'archibuso , o simili , acciò la munizione vi stia dentro calcata. Stoppacciolo i. *Obturamentum* l. Bourre f.

Suamàn. Asciugatojo ; bandinella i. *Sudarium* ; *linteum abstergendis manibus* l. Essuimain ; frotoir. f.

Subi. (Dicesi *subi* tanto il legno rotondo, sopra cui i Tessitori avvolgono il filo per fare la tela, quanto il legno di simil figura, ma più piccolo, su cui avvolgono la tela ordita.) Sub-

bio i. *Jugum* l. Eusuple f.

Subïet, dim. di *subïöla.* Zufolino i. *Parva fistula* ; *parva tibia* l. Petite flûte ; flutet f.

Subïöla. Zufolo ; fischio i. *Tibia* ; *fistula* ; *arundo* l. Sifflet ; flûte f.

Such. Ciocco ; ceppo l. *Truncus* ; *caudex* ; *stipes* l. Suche; tronc f.

Suchèt, dim. di *such.* **V.**

Sucrèra ; *sucriè* ; *sucrièra.* Zuccheriera i. *Sacchari cistella* l. Sucrier f.

Sucriè; *sucrièra*; **V.** *sucrèra.*

Sudàri. Sudario ; sciugatojo i. *Sudarium* l. Sudaire f.

Sufrin. (Fusello di canapa solforato alle due estremità.) Zolfanello i. *Sulphuratum* l. Allumette f.

Sufrinęta ; *sofranęta.* (Cotone solforato, che si usa per accendere le candele.) Zolfino i. . . . . . . Mèche souffrée avec de coton f.

Sviarin. **V.** *Desfviarin.*

Sultàna. (Veste da donna alla moda.) . . . . .

Supèra. Piatto da zuppa i. *Pultarius, ii* l. Soupiere f.

Surba. (Cannello curvo, le di cui gambe sono disuguali, che serve per far passare un liquore da un vaso in altro.) Sifone ; tubo i. *Sipho* ; *tubus* l. Siphon; tuyeau f.

T

Tabachèra. Tabacchiera i.
. . . .
Tabatiere; boîte f.

Tabà. Cembalo i. *Cymbalum* l. Tambour de basque; cimbale f.

Tabèla. Tavola i. *Album* l. Registre; role f.

Tabërnàcol. Ciborio; tabernacolo i. *Tabernaculum*; *ædicula*; *Eucharistiæ sacellum* l. Tabernacle f.

Tabia. (Tavola, su cui i tornaj pongono la pasta per metterla nel forno, e di cui i cuochi si servono specialmente per fare le da noi dette *paste d' ca.*) . . .

Tabiliè. (Pezzo di stoffa, che fa presso, ehe la medesima figura del grembiale, detto *faudàl*, e che è parte della veste di camera da donna.) Grembiale i. *Castula*; *præcinctorium* l. Tablier f.

Tabiöt, dim. di *Tabia*, V.

Taborèt. Scabello; sgabelletto i. *Scamnum*; *scabellum*; *sedecula* l. Tabouret f.

Tacon. (Giunta di veste, o pezzo, che serve per rapezzare.) Gherone; pezza; giunta di veste i. *Lacinia*; *fimbria*; *vestis segmentum* l. Piece; morceau d'étoffe, d'habit; chanteau; lambeau f.

Taftà. Taffetà i. *Pannus sericus levidensis* l. Taffetas f.

Taja. (Legnetto diviso per lo lungo in due parti, sulle quali a riscontro si fanno certi segni piccoli per memoria, e riprova di coloro, che danno, e tolgono roba a credenza.) Taglia; tacca i. *Tessera* l. Taille f.

Tajèt. (Ferro ad uso di tagliare il fieno.) . . . .

Tajöla; *tiöla* v. pr. Troclea; recamo; carrucola; taglia i. *Trochlea* l. Poulie f.

Talon. (La parte d'una scarpa, o d'uno stivale, sopra la quale poggia la parte posteriore del piede.) Tallone i. *Talus* l. Talon f.

Tanbòrn. (Strumento noto militare, che si suona con due bacchette) Tamburo i. *Tympanum* l. Tambour; caisse f. ¶ Quel cilindro, su cui si avvolge la catena dell' orivolo. Tamburo i. . . . . Tambour; barillet f. ¶ Arnese a foggia di tamburo, a cui si sottopone fuoco per far iscaldare, ed asciugare panni. Trabiccolo i. . . . .

Tamiña; *tamina.* (Sorta di piccola stoffa sottile, che non è incrocicchiata.) Stamigna i. *Textum cilicinum*; *tenue cilicinum* l. Etamine f.

Tamis. (Specie di staccio, che serve a far passare materie polverizzate, e liquori spessi.) Staccio; setaccio i. *Incerniculum*; *farina-*

F

rium cribrum l. Tamis f.

Tanpr n. Temperino; temperatojo i. *Scalpellum librarium* l. Canif; tranche-plume f.

Tapin; patin. (Certo calzare guarnito di ferro al di sotto, di cui ci serviamo per sdrucciolare sul ghiaccio.) Pattino i. . . . . Patin f.

Tapis. Tappeto; strato i. *Tapes* l Tapis f.

Tapissaría. Tappezzería; arazzo; paramento da stanze i. *Peristroma; atis; aulæum* l. Tapisserie f.

Tapon; cocon v. pr. (Turraciuol di legno, o di sughero, che tura la bocca, d'onde s'empie la botte.) Cocchiume i. *Epistomium* l. Bondon f.

Tariña. (Sorta di vaso di figura rotonda piatto nel basso, e che va allargandosi in alto.) Terrina i. . . . . Terrine f.

Taröch. (Sorta di giuoco, ed anche diconsi *Taröch* alcune delle carte, con che si giuoca.) Tarocchi i. . . . Tarots f.

Tasca. Tasca i. *Pera* l. Poche; sachet f.

Tasca-da-viage. Bisaccia; sacco i. . . . . Havre-sac; canapse f.

Tascà coll'accento sopra l'à. (Quanta materia capisce in una tasca.) Tascata i. . . . . Une pleine poche f.

Tascàssa, pegg. di *Tasca.* V.

Taschęta, dim. di *Tasca.* Taschetta; taschetto i. . . . Pochette; sachet; petit sac f.

Tascòña, accr. di *Tasca.* Tascone i. *Ingens pera* l. Besace; poche fort grande f.

Tassa. Tazza i. *Crater; patera; scyphus* l. Tasse f.

Tassèl. (Pezzetto di legno, o di pietra da metter nelle rotture.) Tassello i. *Tesella* l. Lardon pour boucher quelque trou f. ¶ *Tassèl* dicesi pure quel pezzo di tela quadrato della camicia, che è sotto l'ascella. . . . .

Tast dl'örgano, e simil. Tasti dell'organo, e simili, che si toccano sonando, e gli spartimenti del manico della cetra, e di altri strumenti. *Regula* l. Touches; clavier f.

Tao. V. *Taula.*

Taula; tao, v. contad. Tavola i. *Tabula* l. Table f. ¶ *Taula* si prende anche per la stessa cibaria. Mensa i. *Mensa* l. Table f.

Taulàs; taulàssa, peg., ed accr. di *taula.* V.

Taulè. (Tavoletta, sopra la quale si giuoca a tavole, a zara, e simili.) Tavoliere; tavolieri i. *Abacus; alveus* l. Echiquier; damier; trictrac f.

Taulęta. (Strumento di matematica, che serve per levar le piante.) Tavoletta i. . . . .

Planchette f. ꝑ Si dice pure di quella parte del violino, del basso, ec. su cui vengono a poggiare le corde, allorquando si suona.

Taulòn. (Legno segato per lo lungo dell'albero di grossezza sopra a tre dita.) Pancone i. *Asser* l. Palpanche f.

. Taulìn, dim. di *taula*. Tavolina; tavolino i. *Abacus* l. Petite table f.

Taulòssa. (Arnese, di cui si servono i Pittori per tenervi i colori nell'atto di dipingere.) Tavolozza i. *Tabella* l. Palette de Peintre f.

Teatro. Teatro i. *Theatrum* l. Théâtre f.

Teila. V. *Tela*.

Teisa; *brassa*. (Misura di lunghezza oncie quaranta.) Tesa i. . . . Toise f.

Tela; *teila*. Tela i. *Tela* l. Toile f. ꝑ *Tela* dicesi anche di certo giuoco.

Telescòpio. Telescopio; cannocchiale i. *Telescopium* l. Telescope f.

Tenda V. *Tendon*.

Tendìna; *tendina*, dìm. di *tenda*. (Parlando d'un letto.) Cortina i. *Conopæum* l. Rideau; tour de lit; cortine f. In numero plur. *Tendine*. Cortinaggio i. . . . .

Tendòn; *tenda*. (Tela, che si distende in aria, e allo scoperto per ripararsi dal sole, dall'aria, o dalla pioggia, e generalmente

tela, che si distende per coprire, o riparare checchessia.) Tenda i. *Velarium* l. Tende f.

Termòmetro. (Strumento per misurare il caldo, e 'l freddo.) Termometro i. *Thermometrum* l. Thermometre f.

Test. (T. degli Stamp. Sorta di carattere, che viene dopo il testo d'Aldo.) Testo i. . . . . . . Gros texte f.

Testa del fornèl. Fumajuolo; rocca del cammino i. *Caminus* l. Cheminée; la partie du tuyau qui sort hors du toit f. ꝑ *Testa dl' anèl*. V. *Cassia dl' anèl*. ꝑ. Testa d' aguciа. Capocchia i. *Aciculæ caput* l. Tête d'epingle t. ꝑ *Testa d' ciò*. Capocchia i. . . . . . . Tête de clou f.

Testìn. (T. degli Stamp. Sorta di piccol carattere per la stampa.) Testino i. . . . Petit texte f.

Tenàje. Tanaglia i. *Forceps* l. Tenaille f. ꝑ *Tenàje a vif*. . . . .

Tenivèla. (Strumento di ferro da bucare fatto a vite.) Succhio i. *Terebra* l. Tariere f.

Tenivlöt; *tenivelöt*, dim. di *tenivèla*. Succhiellino; succhiello i. *Parva terebra* l. Laceret; petite tarriere; amorçoir f.

Tendòn. (Parte di ferro, o di legno, che si conficca in altra, e per cui viene ad assodarsi assieme.) Dente in terzo; maschio i. . . . . Tenon f.

Terlìs. (Tela tessuta a tre fila molto rada, e lucente.) Traliccio, Lomb. Terliso i. *Trilix* l Treillis f.

Terseta. (Sorta di pistola, ma alquanto più piccola.) Terzetta i. . . . . Pistolet de poche f.

Tesòjre. Forbici; cesoje i. *Forfex, icis* l. Ciseaux f.

Testìl (La parte del fornimento del letto, ossia quella cortina, che trovasi vicino alla testa.) . . . . .

Testòn. (Spezie di moneta d'argento.) Testone; quarto di nuovo scudo di Savoja l. . . . . Teston f.

Tetièra. Vaso per il the i. . . . . Theiere f.

Tignòn Tignone r. *Coma* l. Tignon; chignon f.

Timòn. (Legno del carro, o simili, al quale s'appiccan le bestie, che l'hanno a tirare.) Timone i. *Temo* l. Timon; limon f.

Tiña. Tino, e in plur. tini, o tina i. *Lacus* l. Cuve f.

Tinàge. Tinaja i. *Calcatorium* l. Cellier où l'on tient les cuves f.

Tinbàla. (Strumento simile al tamburo.) Timballo; taballo i. *Tympanum* l. Timbale f.

Tinèl, dim. di *tiña.* Tinello; tinella; tina i. *Parvus*

lacus l. Tinette; cuvette f.

Tinpàno. (Strumento musicale armato di corde di acciajo, o d'ottone, che si suona con due piccole bacchette di legno.) Salterio i. *Psalterium* l. Tympanon f.

Tiòla. V. *Tajöla.*

Tirabossòn Rampinetto per isturare i fiaschi i. . . . . Tire-bouchon f.

Tirafilèt. (Strumento in uso presso gli Orefici, che lavorano col cesello.) . . .

Tiralinee. (Piccolo strumento d'acciajo con due punte sottilissime, che adattansi al compasso ad uso di tirar linee.) Tiralinee; stile i. *Stilus* l. Tire-ligne f.

Tirapè. (Quella striscia di cuojo, con cui i Calzolaj tengon fermo il loro lavoro.) Pedale; capestro i. . . . . Tire-pied f.

Tirèt. V. *Tiròr.*

Tiròr; tirèt, v. pr. (Dal verbo Greco αρια conservare, poichè serve a riporre, e conservar le cose.) Cassettino i. *Capsula; arcula* l. Tiroir f.

Tlàr. (Arnese, nel quale gli Stampatori serrano le forme per metterle in torchio.) Telajo i. . . . . Châssis f.

Tiròr. (Dal verbo *Tireo* l.) Cassettino i. . . . . . Tiroir f.

Tisson. Tizzone, tizzo i.

Titio; *torris* l. Tison f.

Tivola; *pianèla*. (Spezie di mattone il più sottile, che si adopera solamente ai tetti, e murasi sopra i correnti.) Pianella i. *Saterculus*; *bipeda* l. Tuile plate f.

Tlè. (Strumento di legname, nel quale si tesse la tela.) Telajo i. *Prælum textrinum* l. Métier de Tissérrand f. ƒ *Tlè-da-caustè*; *tlè-da-vlutè*; *tlè-da-passamantè*, ec. diconsi pure gli strumenti, che usano i fabbricatori di calze, di veluto, passamani, ec.: vale anche quell'arnese, sul quale si tirano le tele per dipingervi sopra. Telajo i. . . . . Châssis; métier f. ƒ Per quell'arnese, nel quale gli Stampatori serrano le forme per metterle in torchio, V. *Tlàr*. ƒ Per il legname delle finestre, che si affigge al muro, e che riceve l'impannata, o invetriata. Telajo; armadura i. *Fultura* l. . . . . ƒ Per *Gïassil*, V. ƒ *Tlè-da-portavolànt*. Telajo da sopraporta i. . . . . . . Placard. f.

Tleròn, accr. di *Tlè* nel significato di legname, che si affigge al muro, e che riceve l'impannata, o invetriata.

Tnivèla; *tenivèla* da *Terebra* l., V. *Tenivèla*.

Toaja. (Panno lino bianco per lo più tessuto a opere per uso d'apparecchiar la mensa.) Tovaglia i. *Mappa* l. Nappe f. ƒ Se serve ad altri usi. Tovaglia i. *Involucrum* l. Touaille f.

Toalèta. (Tela, che si stende sopra una tavola per mettervi tutto ciò, che serve per ornamento, ed aggiustamento degli uomini, e delle donne.) Tavoletta i. *Mensula*; *abacus* l. Toilette f. ƒ Si chiama più particolarmente *Toalèta* tutto ciò, che serve all'adornamento d'una donna. Mondo muliebre i. *Mundus muliebris* l. Toilette f. ƒ *Toalèta*. Si dice anche da Sarti quell'invoglio, in cui portano gli altrui panni.

. . . .

Tochè; *grip*. (Sorta di cresta alla moda.) . . . .

Toiròr; *vantolòr*. (Bastone, con cui si mescolano le vivande.) . . . .

Tomàjra. (Parte di sopra della scarpa.) Tomajo i. *Obstragulum* l. Empeigne f.

Tonbarèl. (Specie di porta colcata sopra un'apertura al piano di terra, ossia a livello d'un pavimento.) Cateratta; botola i. *Cataracta* l. Trappe f ƒ Dicesi anche di qualunque altra chiusura fatta in simil foggia.

Tond, V. *Sièta*.

Topè. Ciuffo; Ciuffetto i. *Frontis capillamentum* l. Toupet f.

Topòn, V. *Stopòn*.

Tor. Torre i. *Turris* l. Tour f.

Toràssa, accr. di *Tor*. Torrione i. *Ingens turris* l. Tour d'un forteresse f. ꝭ Per pegg. di *Tor*, cioè torrione antico, e rovinoso. Torraccia i. *Ingens, ac præceps turris* l. Vieille tour toute délabrée f.

Torẹta; toriòn, dim. di *Tor*. Torretta i. *Turricula* l. Tourelle ; tournelle ; petite tour f.

Torn. (Ordigno, sul quale si fanno diversi lavori di figura rotonda.) Tornio ; torno i. *Turnus* l. Tour de tourneur f.

Tortèra ; fẽuja. Tegghia da torte, da pasticci i. *Artopta* l. Tourtiere f.

Töga. Toga; cotta; sopraveste i. *Toga* l. Robe de Magistrat f.

Töla. Latta i. *Lamina attenuata; metallum in tenuem laminam deductum; bractea* l. Fer blanc f.

Törc. (Strumento da stampare, e da premere.) Torchio i. *Prælum ; torcular; torculum* l. Presse f. ꝭ *Törc del vin*. Torchio del vino; torcolo; strettojo dell'uve i. *Torcular; prælum; torculum* l. Pressoir f. ꝭ *Törc*. Si dice anche lo strettojo, in cui si pongono i libri per poterli tondare. Torchio i. *Torcular; prælum* l. Presse f.

Törcìa. Torchio; torcia; fiaccola i. *Fax* l. Torche; flambeau f.

Töto. (Sorta di dado segnato con lettere sui quattro lati con una punta, e perniuzzo per farlo girare.) Girlo i. . . . . . . Toton f.

Trà. Spago i. *Filum* l. Ligneul f.

Trabià; travà. (Assi posti sopra travi per uso di riporvi fieno, paglia, od arnesi di poco valore.) . . .

Trabucèt. (Gabbia accomodata a forma di trappola, colla quale si prendono vivi gli uccelli.) Ritrosa i. *Decipula* l. Trappe ; attrapoire; piege f. ꝭPer luogo fabbricato con insidia, dentro al quale si precipita a inganno. Trabocchetto; trabocchello i. *Decipula* l. rebuchet; trappe; chasse-trappe f.

Trabùch. (Misura di lunghezza piedi sei) Trabucco v. dell'uso i. . . . . . ꝭ Per noi estendesi anche a significare l'arnese medesimo, con cui si misura. Trabucco v. dell'uso i.

Tramẹ̀s; antẹrmẹ̀s. (Ciò, che tra l'una cosa, e l'altra è posto per dividere, o scompartire, o distinguere.) Tramezzo i. *Quod est interpositum* l. Entre-deux; cloison; separation; division; cloisonage f. ꝭ Per una specie di piccol muro di legname dentro un edifizio, che dicesi anche *Stẹbi*; o *stibi-ẹ̀as*.

Assíto; palancatotr;amezzo i. *Paries ex assibus , o asseribus; vallum* l. Cloison f.

Tranpët , V. *Sopànta.*

Trapa , V. *Trapola.*

Trapàn; trapano. (Strumento con punta d'acciajo, col quale si fora il ferro, la pietra, e simili.) Trapano i. *Terebra l.* Trépan; tariere f.

Trapete, pl.(Legaccia, che si pone alle gambe specialmente delle galline , acciò non fuggano, o non possano montare sulle suppellettili.) . . . . . .

Trapola; trapa . (Quella buca , donde talora si passa da un piano di casa ad un altro, che si copre poi con cateratta, o simili.) Botola; trappola i. . . . . .

Trappe f. ʃ Per strumento da prender topi, V. *Ratöjra.* ʃ Per qualunque altro strumento da prendere animali. Trappola i. *Decipula* l. Trappe; attrapoire ; piege f.

Traponta. Coltre imbottita i. *Lodix farta* l. Couverture piquée f.

Trapontà; trapont, add. Imbottito i. *Fartus , a, um* l. Piqué f.

Trassa. Loggia scoperta; terrazzo i. *Procestrium* l.Terrasse f.

.Trav; *lëgn.* Trave i. *Trabes; lignum* l. Poutre f. ʃ*Travmeistr.* Trave maestra i.... Maitresse piece f.

Travà ; trabià. (Assi posti sopra travi per uso di riporvi fieno, paglia , od arnesi di poco valore .) . .

Traversìn. (Cuscino, che si estende per tutta la larghezza del letto.) Capezzale ; guanciale; cuscino i. *Cervical ; transversum lecti cervical* l. Traversin; chevet f ʃ Se è di piuma. Piumaccio ; pimaccio i. *Pulvinar; pulvinus ; pulvinarium* l. Traversin; coussin f.

Travetòn . Trave ; travicello i. *Trabecula ; asser* l. Solive ; soliveau f.

Travèrsa. (Legno messo a traverso per impedire, o riparare.) Traversa i. *Lignum transversum* l. Traverse f.

Travët . Travicello ; piana; corrente i. *Tigillum* l. Chevron f.

Trësp; tresp . (Arnese fatto ordinariamente a quattro piedi, su cui si pongono le tavole.) Trespolo i. *Trapezophorum* l. Tréteau f. ʃ Per quello strumento di legno, per lo più con quattro gambe , e talvolta con tre , che si usa anche per sostenere qualche cosa alta, V. *Cavalët.*

Tressa. Treccia i. *Crines; coma; capillamentum* l. Tresse f.

Tremò. (Sorta di specchio.) . . . . Trumeau f.

Tren. (Tutti i pezzi di legname d'una carrozza, d'un carro.) . . . .

Train f. ꝶ Gli Stampatori dicono *Tren-ael-tòrc*, quella parte del torchio, sovra cui si posa la forma, e che si avanza sotto la platina, e si ritira per mezzo della manovella. . . . . .
Train f.

Trenò (Sorta di vettura senza ruote, di cui ci serviamo per andar sopra la neve, o sopra il ghiaccio.) Slitta i. *Traha*, *æ*; *vehes, is* l. Traineau f. ꝶ Per quel carro, di cui si servono i nostri contadini fatto a similitudine del *trenò*, ma però più rozzamente, V. *Lesa*.

Trent. (Forcone con tre rebbi.) Tridente i. *Tridens* l. Forche à trois dents f.

Trepè. Treppiede; treppiè i. *Tripes* l. Trépied f. ꝶ Per arnese con tre piedi da posarvi sopra il catino per lavarsi le mani, V. *Portabassìn* . . . .

Tribùna. Tribuna i. *Odæum* l. Tribune f.

Trincèt; poerìn. (Piccola ronca, che serve a potar la vite, a tagliar le viti nelle vindemmie, mondar gli alberi, e ad altri usi.) Falcetto; falciuola i. *Falcula*; *falcicula* l. Serpette f.

Trojèt. Torchio da oglio i.

. . . .

Tronba. (Strumento da fiato proprio della milizia fatto o d'argento, o d'ottone.) Tromba i. *Tuba*, *æ* l. Trompe; trompette f. ꝶ Pello stru-

mento, di cui si servono gli Astrologi per parlar altrui all'orecchio pianamente.) Cerbottana i. . . . . Cornet pour parler à l'oreille f. ꝶ *Tronba-marina*. Tromba marina i. . . . . . Trompette marine f.

Tronbeta dim. di *Tronba*. Trombetta i. *Buccina* l. Trompette f.

Tronsèn. (Abito da donna alla moda con maniche lunghe, e strette, di cui dicesi esser stato inventore il famoso *Tronchin*.) . . . .

Troplòr. (Sorta di sega grande, di cui si servono i segatoi i.) Segone i. *Ingens serra* l. Grande scie f.

Trotèusa. (Spezie di veste da camera senza coda.)

. . . .

Tròno. (Seggio elevato, ove stanno assisi i Re, i Principi nelle loro solenni fonzioni.) Trono i. *Sedes*; *solium* l. Trône; siege Royal f.

Trubia; rei v.pr. (Strumento da pescare.) Rete i. *Rete, is*; *cassis*; *plagæ*, *arum* l. Rets f. ꝶ Per rete da testa, V. *Scufieta*.

Tunisèla. (Paramento del Diacono, e Suddiacono.) Tonicella; tonacella i. *Dalmatica* l. Dalmatique f.

Tupìn. (Forse da *potìn*, *petit pot* f. per trasposizione di lettere, e per la mutazione ordinaria, che da noi si fa dell'*o* in *u*. Vaso per lo più di terra cotta con un sol manico.) Pentola; pignatta; pignatto; pignattino i. *Olla; cacabus; testa; schutra; cuthra; parva olla* l. Pot de terre; petit pot de terre f.

Tupinēt, dim. di *Tupìn.* Pentolino i. *Parva olla* l. Petit pot f.

Turbàn. Turbante i. *Turcicus galerus* l. Turban f.

Turibol. Incensiere; turibile i. *Thuribulum* l. Encensoir f.

V

T̄achęta. (Cuojo del bestiame vaccino.) Vacchetta i. *Corium vaccinum* l. Vache; cuir de vache f.

Val. Vaglio i. *Vannus ventilabrum* l. Crible f.

Valdràpa; cuërta. Gualdrappa; coperta i. *Stragulum* l. Housse; couverture; caparaçon f.

Valìʃ. (Sacco per lo più di cuojo per uso di trasportar robe in viaggio.) Valigia i. *Mantica* l. Valise; bougette; porte manteau f.

Vantàj; ventàj. Ventaglio; paramosche; rosta i. *Flabellum.* l. Eventail f.

Vantajìɳa; ventajìɳa. Ventaglio i. *Flabellum* l. Eventail f.

Vantolòr, V. *Toiròr.*

Varlēt. (Ferro ripiegato, del quale si servono i Falegnami per tener fermo sul loro pancone il lavoro, che hanno tra le mani.) Barletto i. . . . . . Valet f.

Varvèla; mapa.) Strumento di ferro, ottone, od altra materia con piegatura simile ad un anello.) Ganghero i. *Cardo* l. Gond; pivot f. ʃ *Varvèla a polęs* . . . . ʃ *Varvèla-dęʃnodà* . . . .

Vaʃ. Vaso i. *Vas* l. Vase; Vaisseau f. ʃ *Vaʃ-dę tèra.* Vaso di terra; testo i. *Vas fictile* l. Pot f. ʃ *Vas-da-lęt.* Vaso ordinariamente di stagno, ad uso degl'infermi per le loro evacuazioni necessarie da farsi in letto per maggior comodo . . . . ʃ *Vaʃ da-cadrèga,* V. *Cantër.* ʃ *Vaʃ-da-fiòr.* Vaso da fiori; testo i. . . . . Boquetier; pot à mettre des plantes f.

Vaʃēt, dim. di *Vaʃ,* V.

Vassèla. Vasellame; vasi da tavola i. *Escaria, orum* l. Vaisselle f.

Vedēr. Vetro i. *Vitrum* l. Verre f. ʃ *Vedēr-dle-fɳèstre.*

Specularia, orum l. . . . .

Vędrià. (Chiusura di vetri fatta all'apertura delle finestre.) Invetriata i. *Vitrei clathri; fenestræ vitreæ* l. Chassis de vitre f.

Vęscovà. (Abitazione del

Vescovo.) Vescovado i.
Ædes Episcopales l. Evêché;
le palais del Evêque f.

Veina. (Strumento di cuojo, dove si tengono, e conservano i coltelli.) Coltel-
liera i. *Cultri vagina* l. Gaine de coteau f.

Vel. (Tela finissima tessuta di seta cruda.) Velo i.
Velum l. Voile; crépe; gaze f. § Per quel abbiglia-
mento fatto di velo, che
portano in testa le mona-
che. Velo i. *Velum* l Voile
de religieuse. § Si dice anche quel panno, con cui
si cuopre il calice. Velo i.
Velum l. Voile f.

Ventàj; vantàj. Vantaglio;
paramosche; rosta i. *Flabellum* l. Eventail f.

Ventajìna; vantajìna. Ventaglio i. *Flabellum* l. Eventail f.

Verga. (Bastoncello sottile.)
Verga i. *Virga* l. Verge; baguette; houssine f. § Per
anello senza testa, pietra,
o ritratto. Anello i. *Annulus* l.
Anneau f.

Verghetta, dim. di *Verga.*
Nel significato di bastoncello sottile.) Vergella; verghetta; bacchettina i. *Vir-
gula; parva virga; sudiculum;
sudicula* l. Petite verge f.

Verlopa. (Sorta di pialla,
che è molto in uso.) Pialla i.
Runcina l. Varlope f.

Vesta. (Quando dicesi semplicemente *Vesta* s'intende
di abito, o vestimento da
donna.) Vesta; veste i. *Vestis;
vestitus; vestimentum; amictus; indumentum* l. Habit;
robe; affublement; habil-
lement f. § *Vesta talàr;
vesta longa.* Veste lunga con
maniche strette, che so-
gliono portar i Preti.) Sottana. i. *Tunica; vestis talaris* l.
Soutaine f. § Quando poi
dicesi *Vesta da camera* s'intende d'abito tanto virile,
che donnesco, il primo si
dice Veste di camera; guar-
naca; palandrana i. *Lacerna;
endromis* l. Robe de chambre f. Il secondo Andrien-
ne i. . . . .
Andriennè; robe de cham-
bre f. § *Vesta, vestì ricamà.*
Veste ricamata i. *Vestis acu
picta* l.

§ *Vesta picà.* Veste imbottita i. *Diplos, oidis* l. Robe
piquée f. § *Veste fruste, ar-
mìfe* pl.; *vestì fruss, armìf*
pl. Vestimenti vecchi, con-
sumati; sferre i. *Scruta,
orum* l. Viellieries; vieux
habits; vielles hardes f.

Vestiàri. (Luogo dove si
serbano le vesti de' religiosi.) Vestiario i. . . . .
Vestiaire f.

Vestàssa, pegg. di *Vesta.*
Vestaccia i. *Vilis vestis;
sordidum indumentum; turpis
amictus* l. Mauvais habit;
mauvaise robe f.

Vestì; vestimènta. (Dicesi
tanto degli abiti da uomo,
quanto di quelli da donna,
V. *Vesta.*

Vestiràs , pegg. di *Vestì*. V. *Ufisi* . (Libro in cui si contengono le ore canoniche.) Officio i. . . . . Office f. ꝰ Per quel luogo destinato per lavorare nella spedizione di qualche affare. Uffizio i. . . . . . Bureau f. . ꝰ *Ufsis d' sira* . Majolo; cerino i. *Malleolus cereus* l. . . . . . .

Uja , V. *Agucia* .

Ujà ; *agucià* coll' accento sopra l' *à* . (Piccola porzione di filo , che s' infila nella cruna dell' ago.) Gugliata i. *Filum* l. Aiguillée f.

Ujà ; *ujòn* ; *ujè* v. pr. (Pungolo da stimolare i buoi .) Pugnitojo i. *Stimulus* l. Aiguillon f.

Vilàn . (Candeliere di legno , che usano i contadini per tenervi appeso il lume .) . . . . . . ꝰ *Vilàn* ; *bras*; *cavàl* . Dicesi pure un certo sostegno, quasi braccio , che fatto uscire da corpo di muraglia o simile serve per sostener lume, o altro. Viticcio i. *Capreoli* l. Bras f.

Vinagriè ; *vinagrièra* , V. *Vinegriè* ; *vinegrièra* .

Vindo . (Strumento rotondo fatto di cannuccie rifesse, o stecche di legno , sul quale si mette la matassa per dipanarla, o incannarla.) Arcolajo; guindolo; naspo; aspo i. *Arcus ad filum adglomerandum* l. Devidoir f.

Vindola , V. *Davanòjra* .

Vinegriè ; *vinagriè*; *vinegrièra*; *vinagrièra* . Orciuolo, o caraffa per l' aceto i. *Acetabulum* ; *lecythus* l. Vinaigrier f.

Viöla . (Strumento musicale .) Viola i *Lyra* , *æ* l. Viole f. ꝰ *Viöla-d'ganba* . Viola a gamba i. . . . . Viole à jambe f.

Violìn . Violino i. . . Violon f.

Violinòt ; *violinèt* , dim. di *Violìn* , V.

Violonfèl . Violoncello i. . . . . Violoncelle f.

Viraröst . Girarrosto i. *Obelotropium* l. Tourne-broche f.

Vir d'përle , V. *gir s'përle* .

Viröla . Girella i. *Rotula* l. Roulette f.

Virötola . (Arnese a foggia di quadrante , ossia di mostra d' orjuolo a ruote, con cui si giuoca al giuoco di questo nome . . . . .

Vif . Vite i. *Cochlea* l. Vis f.

Vifèra . (Parte dell'elmo, che copre il viso.) Visiera i. *Buccula* l. Visiere f.

Vlù . Velluto i. *Sericum villosum*; *heteromallum* l. Velours f.

Vot . (Immagine, che si attacca in segno di votò nelle Chiese.) Votо i. *Tabella* , *o tabula votiva* l., se di cera *oscilla* , *orum* l. Vœu f. ꝰ *Vot* . (Per noi si estende anche a significare che che altro si appende nelle Chiese in seguito a voto in segno d' ottenuta grazia ; come candele , gruccie, ec.....

Volēt. (Palla impennata per divertir i fanciulli.) Volante i. . . . . . .

Volant f. ƒ *Volēt.* Dicesi anche un pezzo di que' legnami , che sostengono i vetri delle finestre . . .

Völta Volta i. *Concameratio; testudo; fornix; absis, o apsis* l. Voute f.

Vrèra. (Chiusura di panno lino, o di carta, che si fa all'apertura della finestra.)

impannata ; finestra impannata i. . . . . . .

Chassis de toile , ou de papier f.

Urinàri; orinàri. Orinale i. *Matula ; matella ; matellio* l. Pot de chambre f.

Urna. Urna sepolcrale i. *Urna sepulcralis* l. Urne sépulcrale f.

Us. (Apertura, che si fa nelle case per uso di entrare, o uscire.) Uscio i. *Ostium* l. Porte; ouverture d' entrée f.

Uftèra, V. *Oftèra.*

Uvęta, V. *Scufięta.*

FINE
DEL VOCABOLARIO DOMESTICO.

ERRORI, E MANCANZE OCCORSE NELLA STAMPA.

*La stelletta * posta avanti l' articolo indica essersi intiera-*
mente riformato.

* **A**rbi . (Arnese quadri-lungo, che serve all'estra-zione del vino da'tini .) Tinozza i. *Labrum* l. Cuve f. § Per quel vaso quadrilungo da acqua per cavalli, porci, polli, e simili . Truogo; truogolo i. *Aquarium* l. Auge f.

As lin. 2 aisse leg. ais

Avantàge lin. 6 affetta leg. assetta.

Bagnolè lin. 2 capucchio leg. cappuccio.

Balon lin. 9 Cousin leg. Coussin.

Barèla lin. 2. 8 barra leg. bara.

Bareta lin. 6 Gourmete leg. Barrette, bonnet.

Barolè lin. 5 Sigli. leg. Gigli.

Bafaña lin. 2 Amource leg. Amadou.

Bifiò lin. 3 agnatura leg. ugnatura.

Botalin lin. 3 Petite leg. Petit.

Botèga lin. 2 Boutigue leg. Boutique.

Boteghiña lin. 3 boutigue leg. boutique.

Buata lin. 4 Pompée leg. Poupée.

* *Bus* . (Cassetta da pecchie.) Arnia i. *Alveare* l. Ruche f.

* *Cadnàs*, accr. di *cadeña.*

Catenone i. *Magna catena* l. Grosse chaîne f.

Cadrèga lin. 9 Siége-pliante leg. Siége-pliant.

Canapè l. 2 spalliera leg. a spalliera.

* *Canaveta*. Portafiaschi; cantina da trasporto i. *Cista* l. Verrier f.

Caplin lin. 4 Petite leg. Petit .

Capòt lin. 1 pappofico leg. pappafico.

Cartaglòria lin. 4 *Tabella pugillaris* leg. *Tabella*; *pugillaris.*

Catedra lin. 6. 10 Cher leg. Chaire.

* *Caviòn*. (Capo del filo.) Bandolo i. *Mataxae caput* l. Centaine f.

* *Cenbalo*. Gravicembalo l. * *Clavicymbalum* l. Clavecin f.

Cimàfa lin. 3 cimaza leg. cimasa. lin. 4 Teloir . . . . domine leg. Tailloir . . . . docine.

Cocomàr lin. 2 ansola leg. manico .

Conca lin. 5 vascellame leg vasellame.

Corieta lin. 2 couroi leg. Courroie.

Corpét lin. 1 Farzetto leg. Farsetto .

Cotlin lin. 3 Petite leg. Petit .

Cotòn lin. 1 Bambaggia; bambaggio leg. Bambagia; bambagio.

Crocèt lin. 8 fibbialio leg. fibbiaglio.

Crofè incrocciato leg. incrocicchiato.

Cròssa lin. 4 Bequile leg. Béquille.

Dessèrta leg. *Defèrta*.

Dispènsa lin. 4 *penuria* leg. *penuaria*.

Dòm lin. 4 cattedrale leg. cathédrale.

Fas d'legne lin. 2 Faulorde leg. Falourde.

Fassàda lin 3 fasce leg. face.

Fassèla lin. 2 quaglio leg. latte quagliato.

Fèstòn. Travaglio leg. Lavore.

Fiorè lin. 8 lescive leg. lessive.

Gavabòra. lin. 3 zuffo leg. zaffo. lin. 4 cavastracchi leg. cavastracci.

Giergon leg. *Giergon*. lin 3 Giargon leg. Jargon.

Gondöla lin. 7 *Cymbyum* leg. *Cymbium*.

Lanpadàri lin. 3 *Licnus*; polimixus leg. *Lychnus*; polymixos.

Lenghèta lin. 3 bombagio leg. bambagio.

Lissèt lin. 6 Bisegle leg. Bizegle.

Manighìn. Manicchino leg. Manichino.

Marca lin. 3 marcio. leg. marchio.

Martèl lin. 10 Marlet leg. Maillet.

Massa lin. 10 Massa leg. Mazza.

Mataràs lin. 5 Couvette leg Covette.

Nicia lin. 5 Nice leg. Niche.

Opa lin. 3 bochetto leg. mazzo.

Oriè lin. 2 Cossino leg. Cuscino.

Orpèl lin. 4 clincan leg. clinquant.

Pal d'fèr. Pallo leg. Palo.

Palèt lin. 4 piazzarla leg. situarla.

Palèta lin. 7 Batoir leg. Battoir.

Paniè lin. 6 travaglio leg. lavoro: lin. 6 Paniere leg. Sacchetto: lin 7 Panier à l'ouvrage leg. Sac à ouvrage; panier à l'ouvrage.

Papiòta lin. 4 boccole leg. anelli.

Parafànga lin. 2 delle sedie leg. de' calessi.

Parasòl lin. 7 *Diathyrium* leg *Diathyrum*.

Passapèrtiù lin 2 Passe pour tout leg. Passe-par-tout.

Peria lin. 7 Centepleure leg. Chantepleure.

Pèrtia lin. 2 Perce; goule leg. Perche; gaule.

Petarèl lin. 6 Petrado leg. Petardo.

Petoràl lin. 9 Poitral leg. Poitrail.

Pevrèra lin. 2 Poivrier, égrugeoire leg. Poivriere.

Piat. Vascella leg. vaso lin. 4 piattanze, leg. pietanze, o piuttosto vivande.

Placa . lin. 2 travagliato leg. lavorato.

Pnàs del forn lin. 3 Echauvillon leg. Ecouvillon.

* *Portughèsa*. Doppia di Portogallo i. . . . Portuguese f.

Presa leg. *Pressa*.

Punta leg. *Ponta*.

Quadretin lin. 6 Quadratin leg Quadratins.

Refretöri lin. 2 Réfretoire leg. Réfectoire .

* *Rista*. Canapa pettinata, e la più fina.

Saldadòr lin. 3 serve leg. sert .

Sanìn lin. 4 Petite leg. Petit .

Scansìa lin. 5 *Pluteus* l.

Scapìn lin. 5 Pedale leg. Pedule .

Scartapàs lin. 2 Paperas leg. Paperasse .

Sciöpêt lin. 11 per lo che leg. lo che.

Sclinöt lin. 3 Petit sonnet leg. Petite sonnette.

Sentèña lin. 5 leg. Bandolo i. *Mataxiae caput* l. Centaine f.

Sedia. lin. 2 Cales leg. Caleche.

Sentùra. lin. 4 Centure leg. Ceinture .

* *Seslon* . . . . . . Chaise-longue f.

Sère lin. 5 Perceau leg. Cerceau.

Sieta. Vascella quasi piana leg. vasellame quasi piano .

* *Sigilìn* . Secchiello i. *Parva situla* l. Petit-seau f.

Sistërna. lin. 2 *compluvium* leg. *lacus compluvius*.

Soastr. lin. 4 amure leg. amarre.

Söla lin. 4 semele g. semelle .

Solè-mört lin. 4 *Subtegulaneum* leg. *Subtegulanea, orum.*

Spineta lin. 2 cimbalo leg. gravicembalo.

Stafa lin. 4 saliendo leg. salendo.

Stagèra lin. 10 scanzìa leg. scansìa .

Stleta lin. 9 Buse leg. Buse.

Stöla lin. 2 Stole leg. Etole.

Stras lin. 4 logue leg. loque .

Strassa Bossoli leg. Bozzoli.

Strivièr lin. 3 che leg. in cui.

Suamàn lin. 3 Essui-main leg. Essuie-main .

Subi lin. 8 Eusuple leg. Ensuple .

Such lin. 3 Suche, leg. Souche ; o piuttosto chicot; billot .

Sufrin Fusello leg. Fuscello.

AGGIUNTA

AL VOCABOLARIO DOMESTICO

AGGIUNTA

AL VOCABOLARIO DOMESTICO.

A

Abevròr. (Ogni sorta di vaso, dove bevono le bestie.) Abbeveratojo i. *Aquarium* l. Abreuvoir f.

Alamàr. (Sorta d'ornamento sulle vesti in modo d'allacciatura.) Alamaro i. Brandebourg f.

Ancïa. Linguetta i. *Lingula* l. Anche f.

Anvçrtoi. (Qualunque cosa malamente avviluppata.)

Anvlùp. Invoglio i. *Involucrum* l. Serpilliere; enveloppe f. ¶ Dicesi pure di gruppo, o complesso di più robe avvolte insieme. Ravvolto; involto; fardello; fardellino i. . . . .

Ale-de-scufïa; papiliòn. (Le estremità d'una cresta, o cuffia, che tengono dall' orecchio sino alla punta, più o meno in rotondo, secondo la moda, ed il nome della cuffia.) Cannoncini di creste, o cuffie i. Papillons f.

Aquedòt, V. *Condòt - dl'aqua.*

Armçnùre e coce. (Quella matèria grossa, e liscosa, che si trae dalla prima pettinatura del lino, della canapa avanti alla stoppa.) Capecchio i. *Tomentum* l. Bourre f.

Ausa. (Quel legnetto, che mettono i calzolaj sopra la forma, che è nella scarpa, per alzare il collo alla scarpa.) Stecca i. *Assula* l. . . . . ¶ Per quel legnetto, di cui si servono i suddetti per lustrare, e perfezionare le scarpe, stecca; steccone i. *Assula* l. Besaigue; buis f.

B

Badò. Si usa per ischerzo in vece di *fagöt,* o *fagotìn,* V.

Ba-d'röba. (Specie di manto, che dalla cintola giunge a strascicare per terra.) . . . . Bas-de-robe f.

Bala. (Carico, o fardello di mercatanzía proprio di roba, che si navighi, o vettureggi.) Colle i. *Sarcina* l. Colis; ballot f. ¶ *Bale* pl. chiamansi pure da' nostri ragazzi que' due turacciuoli

F*

di stoppa , che mettono allo scoppietto. Zaffo stoppacciuolo i. *Obturamentum* l. Bourre f. ſ *Bala da giughè.* Palla i. *Pila; pila lusoria* l. Boule f.

Balèña;balèna. (Certe strisce d'ossi di balena, che le donne mettono nel busto per tenerlo disteso.) Stecca i. . . . . . . Busc de baleine f.

Balöt, dim. di *Bala* nel significato di ammasso di cose trasportabili unite insieme per mezzo di corda, e specialmente nel significato di carico, o fardello di mercatanzia proprio di roba , che si navighi, o vettureggi, V. *Bala.*

Balöta'. (Piccola palla, che serve per dare i voti, o per tirar la sorte.) Pallottola; suffragio; ballotta i. *Suffragium* l. Ballotte f.

Banch. (Chiamano i legnajuoli quella banca grossa, ſopra la quale appoggiano i legnami per lavorarli.) Pancone i. . .

Barièra; rastèl. (Porta fatta d'imposte di ferro, o di stecconi commessi con qualche distanza l'uno dall' altro.) Cancello i. *Cancelli; clathri* l. Barreaux; treillis; balustre; balustrade; cancel; portesà claires voies f. ſ Per lo steccato, che si fa dinanzi alle porte delle fortezze, e anche l'uscio

fatto di stecconi. Rastrello i. *Vallum* l. Barriere f.

Baröt, dim. di *bara*, V.

Bartòn, accr. di *bareta.* (Dicesi specialmente di quelle grandi berrette, che portano i granatieri.) Berrettone; berrettona i. *Magnus galerus* l. Grande bonnet f.

Batòr-da-carta. Cartiera i. . . . . Papeterie; moulin à papier f.

Bertèla. . . . . . . Bretele f.

· *Bifò.* (Piccol lavoro curioso, o prezioso, che serve per l'ornamento d' una persona.) Gioja i. . . . . . Biseau f.

Bochët. (Una piccola quantità di fiori legati insieme.) Mazzettino; mazzetto; *Fasciculus* l. Bouquet; petite botte f.

Bocin; bolìn. (Quel picol segno nel giuoco delle pallottole, a cui le palle debbono accostarsi. Grillo i. *Scopus lusorius* l. Le but f.

Bocla. (Certo anello, di cui ho già parlato a suo luogo.) Altrettanto significa *Bogli* in lingua Maltese.

Böita. (Cassetta, in cui i merciajuoli portano le loro mercatanzie.) . . . . Boite f.

Bolìn, V. *Bocìn.*

Bonèt da-viàge , da-canpagna. Berretta per la cam-

pagna i. . . . .
Tapabor f.

Bösch. (La materia solida degli alberi.) Legno i. *Lignum* l. Bois f.

Brachèt. (Ferro dentato infisso nel banco de'falegnami, che serve per tener fissi i legnami, che hanno tra le mani.) . . . .

Brancàrd. (Strumento a guisa di barra, che si porta a braccia da due persone per uso di trasportar suppellettili, ed ammalati.) Barella i. *Velus* l. Brancard; bard civiere à bras f.

Brustia. Pettine da lino.
. . . .

Buatàs; ciciàs, v. prov. accr. di *buàta,* e *cicia* V. ʃ Per quei pannacci, che sopra ad un palo, pertica, o albero si mettono per li campi, affine di spaurire gli uccelli. Spaventacchio; spauracchio i. *Terriculamentum* l. Epouventail f.

Burnidòr, Brunitojo i. . . .
Lissoire f.

Bussola. (Vaso, in cui si raccolgono i voti negli squittini.) Bossolo i. *Urna* l. . . . ʃ Per quel vaso, da cui si estraggono le sorti. Urna da estrarre le sorti i. *Situla* l.

Butòr. (Strumento di legno con un lungo manico, con cui dai battigrani si dà il colpo da noi detto *but,* (d'onde forse ne derivò il nome) e si rade il colmo

alla mina nel misurare le granaglie in sull'aja.) . . .

C

Cabàs, V. *Gabàs.*

Cabassèt. (Piccolo cesto di paglia, o di giunco pieghevole, che si usa per portare carni, o altri commestibili.) Sporta; paniera; cestello; cesta i. *Calathus; corbis, is* l. Corbeille; cabas f.

Cadrèga; carèa, v. contad. (Dal Greco Κττδρα; o da *Carriega,* v. Maltese esprimente una tavola, su cui si posano le masserizie più grosse.) V. i corrispondenti a suo luogo.

Calùfo. Fuliggine i. *Fuligo, inis* l. Suie f.

Canęta. (Quel pezzuolo, che mettesi in cima alla canna dello schizzatojo.) Cannello i. . . . . . Canule f.

Canònica. (Abitazione de' Canonici.) Canonica i. *Canonicorūm ædes* l. La maison canoniale; cloître f. ʃ Per l'abitazione del paroco. Canonica i. *Ædes parochi* l. La maison où loge le Curé f.

Carca; carche pl. (La parte inferiore del telajo de' Tessitori, de' Nastraj, e simili. Queste sono semplici regoli di legno appic-

F * 2

cati con funicelle per un capo alla traversa inferiore del telajo, che l'operajo ha sotto i suoi piedi, e per l'altro alle funicelle de'licci.) Calcola; calcole; pedana i. *Insule, is* l. Marche f.

Catalögna. Boldrone i. *Lodix* l. Couverture de laine f. Se di lana finissima. Coltre i. *Lodix* l. Castelogne f.

Cavièra. (Tutti i capelli del capo, o quantità di capelli insieme.) Capellatura; capelliera i. *Capillamentum; cæsaries; coma* l. Chevelure; les cheveux de la tête f.

¶ *Cavièra*. Dicono pure le villanelle quel nastro, con cui ornano i capelli. Trecciera i. . . . . . . Noeud de ruban, & autrés ornemens qu'on met sur les tresses f.

Catecònba. Catacomba i. *Hypogeum* l. Catacombes f.

Cicìa, V. *Buàta*.

Ciciàs, V. *Buàtàs*.

Clach, da *Clouk*, v. Inglese V. al suo luogo.

Conpàrs, V. *Conpàs*.

Coràssa. (Quella parte dell'armadura, che arma la pancia.) Panziera i. *Lorica; thorax* l. Cuirasse f.

Cöl-d'camìsa; gorgèra v. pr. (Parte di camicia, che copre il collo.) Gorgiera i; collaretto i. *Collare* l. Fraise; gorgerette; gorgerin; barbette; collerette f.

Crichèt, V. *Descrìca*.

Crotòn; cröt. (Stanza a uso di carcere, in cui si rinchiudono i rei di delitti di cognizione del Governo.)
. . . .
¶ Dicesi anche di stanza oscura, o brutta al pian terreno, o sotterra a uso di ripor le cose di poco valore. . . . .

Cuèrcia d'tèra. (Stoviglia di terra cotta, rotonda, alquanto cupa, colla quale si copre la pentola.) Testo i, *Testu, u; Testum* l. Couvercle de terre f.

D

Defunè. (Specie di tazza con due manici ad uso di porvi liquori per far colezione.) . . . .

Dissiplìna. Disciplina i. *Flagellum* l. Discipline f.

Dnè; denè. (Moneta in generale.) Danajo; danaro; denajo; denaro i. *Nummus; pecània; argentum; denarius* l. Argent; monnoie f.

Dobivirè . . . . . . Doublevìret f.

Dablè. (Spezie di tela di Francia fatta di lino, e bambagia, che è il cotone filato.) Dobletto; dobretto i.
. . . .
Basin de fil, & de coton f.

F

Fabrica-dla-carta, V. Pa-perèra. ¶ *Fabrica-dl'aràm*. Ra-miera i. . . . . . .

Fardèl. (Quegli arnesi, abiti, ed altre robe, che si danno alle femmine, oltre alla dote, quando si maritano.) Corredo; dono-ra; donamenta i. *Parapher-na, orum* l. Trosseau f.

Fassa, e più comune-mente *fasse* plur. (Ciocca di capelli, che pendono dalle tempia agli orecchi.) Cernecchi; cerfugli i. *Ca-pilli a temporibus in aurem promissi, penduli* l. Flotte de cheveux qui pendent sur les oreilles f. .

Faudalèt. (Spezie di grem-biale, di cui si servono gli artigiani.) Grembiale i. *Ventrale*, *is*; *cincticulus* l. Tablier f.

Fèugh; fèu. Fuoco i. *Ignis* l. Feu f. ¶ *Fèugh artifissiàl*. (Ogni sorta di composizio-ne fatta con polvere, che diciamo d'archibuso tanto per guerra, quanto per fe-ste.) Fuoco artificiato i. *Ignis artificiosus* l. Feu d'ar-tifice f.

Finta. (Quantità di capei posticcj.) Capelliera; capel-latura i. *Caliendrum* l. Coins; cheveux postiches; faux cheveux f.

Fiorìt. Stracci; fioretto i. Fleuret f.

Flacòn. (Vaso da mettervi acque odorifere.) Orican-no i. *Vasculum* l. Flacon f.

Flanèla. (Spezie di stoffa.) Flanella i. . . . . . Flanelle f.

Flanlòn. (Spezie di flanella grossa, e molto larga, che si fabbrica in più luoghi della Francia.) Bajetta i.

. . . . Bayette f.

Fontaña. Fonte; Fonta-na i. *Fons* l. Fontaine; source; eau vive qui sort de terre f.

Fòrgia. (Luogo della fu-cina, in cui i fabbri ferrai fanno arroventare i ferri.)

. . . . *Frà*. (Spezie di *bufla* di latta a oglio . . . . .

Frèfa. (Collaretto di bisso, o d'altra tela lina molto fina.) Gorgiera i. *Collare gutturis ornamentum* l. Frai-se f.

Frojèra. (Pezzo di ferro bucato, in cui entra il chia-vistello della serratura di una porta.) Bocchetta della stanghetta i. . . . . . Gâche f.

Furnimènt-da-cavàl. (Que-gli arnesi, che forniscono la groppa del cavallo per l'uso del cavalcare.) Bar-datura i. *Stragula; phalerae* l. Caparaçons f.

Fuf. (Strumento musicale

da corda.) . . . . .

Fufina. (Luogo, ove si fonde il ferro, quando è tratto dalla miniera, ed ove si mette in barra.) Fucina i. . . . . . .

Forge f. ꝺ Si dice anche della bottega d'un manescalco. Fucina i. . . . .

Forge f. ꝺ Per quella stanza, in cui lavorano i fabbri ferraj. . . . . . .

G

Gabiòn. Gabbione i. *Viminea lorica* l. Gabion f.

Ganbòssa. (Pezzo di legno curvato, che forma parte del circolo d'una ruota di carro, carrozza, ec.) Quarto d'una ruota i. . . . . Jante f.

Garamòn. (Sorta di carattere di stampa maggior del garamoncino.) Garamone i. . . . . Petit-Romain f.

Gartin; *garetin*, dim. di *garèt*. Calcagnetto i. . . . . Petit-talon f.

꜀ *Gatiòn*. V. *Descrica*.

Gavia. (Da *Gavi* nel Genovesato, città, da cui sul principio ci venne recato questo vaso, sia che colà si facessero, o si prendessero dal luogo poco lontano di Figino, che prese il suo nome da simili vasellamenti.) V. i corrispondenti a suo luogo.

Ghicèt. Piccolo uscetto nelle porte delle botteghe, che si apre talvolta nei giorni di festa a guisa di finestra. Sportello i. *Ostiolum* l. Guicet f. ꝺ *Ghicèt* dicesi anche per similitudine di piccola apertura . . . . Petite ouverture f.

Ghiöm. (Sorta di pialla, di cui ve n'ha più specie.) Incorzatojo i. . . . . Guillaume f.

Gibassè. (Specie di taschetta, o borsa di cuojo cucita ad un' imboccatura di ferro, o d'altro metallo, in cui i cacciatori mettono il piombo, la polvere, ed altre cose, di cui si servono alla caccia.) Carniere; carniero i. *Pera* l. Gibeciere f. ꝺ Il *Gibassè* usandosi per portarvi dentro danari dicesi Scarsella i. *Pera; ascopera* l. Gibeciere; bourse pour mettre de l'argent f.

Gibasseröt, dim. di *gibassè*, nel significato di borsa per portar danari. Scarsellina i. *Parva pera* l. Bourse; poche f.

Glan. (Sorta di fiocco.) Nappina i. . . . Gland f.

Grondàna. Gronda; grondajo; doccia di gronda i. *Compluvium* l. Chenau f.

I

Infermaria. Infermería i. *Valetudinarium* l. Infirmerie f.

Inganatöri . Incannatojo v. dell'uso i. . . . Dévidage v. dell' uso f.

L

Lantërna-magica . (Strumento., col quale per via di refrazione s' ingrandiscono, o si fanno apparire in distanza figure come dipinte) Lanterna magica i. . . . Lanterne magique f.

Lorgnęta. (Sorta di piccolo occhiale, di cui ci serviamo per veder gli oggetti poco lontani.) Occhialino i. . . . . Lorgnette f.

Lufèl, (da *lufe.* Apertura su per lo tetto per far venir lume.) Abbaino i. . . . Lucarne f.

M

Mandöla. (Strumento musicale, che è una specie di chitarrino.) Mandola i. *Cithara* l. Mandore f.

Mantilàs, pegg. d' *mantil.* (Una cattiva tovaglia da tavola.) Malmantile i. . . .

Mantilòn, accr. di *Mantil.* V.

Manivèla. (Specie di *Sivignöla,* che fa parte del torchio de' stampatori.) Manovella ; manubrio; mani-

glia ; maniglione i. *Vectis* l. Manivelle f.

Maràs . (Coltellaccio che poco taglia.) . . . . .

¶ *Maras* per *manarin,* V.

*Mastra,*v pr.da μαχτρα,v.gr: V. *ërca-da-pasta.*

Mefalaña. (Tela fatta di lino, e lana.) Mezzalana ; accellana i. *Pannus e lana, linoque confectus* l. Sorte de drap moitié laine , et moitié fil f.

Mignonèta.(Sorta di merletto sottilissimo i. . . . Mignonette f.

Mistà . Da μιϛα v. greca. V. al suo luogo.

Mitòn. (Sorta di guanto, che copre soltanto il cubito.) . . . . . . Miton f.

N

Nbossòr V. *Anbossòr.*

O

Obronèra. (T. de' magnani.) Quel ferro bucato, in cui si conficca il *peilo* Maniglia con uno, o più boncinelli i. . . . . . Aubronniere f.

Organsin. Organzino, v. dell'uso i. . . . . . . Organsin f.

P

Palęta. (Arnese di legno, col quale si giuoca, e dassi alla palla.) Mestola i. *Palmula lusoria* l. Battoir f.

Palma. (Ramo di palma lavorato, il quale si benedice la domenica dell'ulivo.) Palmizio i. *Palmae ramus* l. Palme f.

Paperèra; fabrica dla carta. Cartiera i. *Officina chartaria* l. Papeterie f.

Pasrèra; nansa. (Sorta di gabbia per prender uccelli vivi, e siccome per lo più si usa per prender *pasre*, da queste ha preso il suo nome. Ritrosa; gabbia ritrosa i. . . . . . Nasse à prendre des oiseaux f.

Pevrin. (Piccol vaso, dove si mette il pepe.) Pepajuola i. , . . . Poivrier f.

Pecher da *Becher*, v. Alemanna. (Gran bicchiere da rinfresco.) Pecchero i. *Cratera* l. Hanap f.

Peisìn. (Estremità ne'canti de'sacchi per poterli agevolmente pigliare.) Pellicino i. *Nodus* l. Oreille par où l'on prend un balle, ou un sach f.

Picé, da *Picc*, v. Inglese V. al suo luogo.

Pifer. (Strumento rassomigliante a un flautino, e molto in uso nella fanteria.)

Piffero i. *Tibia* l. Fifre f.

Placa. (Ricamo d'oro, che portano sul vestito i Cavalieri del supremo ordine della ss. Nunziata.) Placca, v. dell'uso i. . . . .

Pocięta. (Sorta di violino assai piccolo.) . . . .

Pos. Pozzo i. *Puteus* l. Puits f.

Portacarabìne. . . . . Porte-mousquetton f.

Pugnà. (Straccio a più doppi, che si usa per tener in mano il ferro da soppressare, per non abbruciarsi.)

Puntàl. (Trave, od altro legname, che si pone di punta per sostenere qualche cosa.) Puntello i. *Fultura*; *fulcimen* l. Support; soutenement f.

R

Roa. (Striscia di panno posta per di dentro dappiè alle vesti per fortificarle.) Doppia i. *Instita; taenia* l. Renfort f.

S

Salòn, accr. di *sala*. Salone i. . . . . Salon f.

Salęta, dim. di *sala*. Sa-
lotto i. *Atriolum* l. Petite
salle f.

Salassa, pegg. di *sala*, V.

Sapa-da-causina; *sapa-dd-
muradòr*. Marra da calcina i.
Sarculum calcearium l. Ra-
bot f.

Scaparòn. (Quel pezzo di
panno, o drappo, ec., che
al mercante avanza d' una
pezza.) Scampolo i. *Panni
reliquiae* l. Coupon f.

Sciöp, V. *Archibûſ.*

Scirpa, V. *Siërpa.*

Scor; *sęcòr*. (Luogo fatto
ad uso di seccarvi frutte, o
biade.) Seccatoja; seccato-
jo i. *Ubi secantur fuges* l.
Lieu propre à secher les
fruits, les blés &c.

Sębręta; *sębröt*, dim. di
sębër. Bigoncetta; bigonci-
na i. . . . . Petit ba-
quete f.

Sfurgïa (Legnetto, che
serve per ispingere lo zaffo
dallo scoppietto.) Materel-
la . . . .

Singïa, V. *Sęngïa.*

Singïòn, V. *Sęngïòn.*

Spontòn.(Ferro sottile lungo, ed acuto, col quale gli
stradieri forano sacchi, ce-
ste, ed altro, affine di vedere, se vi sia occultata roba, che paghi gabella.) Fuso da stradieri . . . .

Strassa. (Seta de'bozzoli
stracciata col pettine di ferro) Stracci i. . . . . .
Fleuret f.

Sul, fem. v. pr. da ξλη, v. gr,
V. *Piöla.*

T

Tarlantàña. (Sorta di droghetto di drappo tessuto grossamente, metà lana, metà
lino.) Bucherame i. *Pannus
rudis* l. Tiretaine f.

Tavolòn. (Asse grosso circa un quinto di braccio il
quale si rifende per farne
o assi più sottili, che si dicono panconcelli, o per farne correnti.) Pancone i.
Asser l. Palplanche f.

Tesra, v. pr. da *Tessera* l.
di cui tiene ancor in qualche modo il significato. V.
Taja.

Tiörba (Strumento musi-
cale simile al liuto, d' in-
venzione non molto antica.)
Tiorba i. Tuorbe; teorbe f.

Tornaviſ. Cacciavite i.

Torſidòr. (Ordigno, col
quale si torce la seta.) Tor-
citojo i. *Torcular* l. Rouet
à tordre la soie f.

Trabìà; *Trabiàl.* V. *Travà.*

Truña. (Stanza sotterra-
nea, dove si depositano i
morti.)

V

*V**itil**.* Viola da orbo, o forse Ghironda i. . . . . Vieille f.

Virôj. (Srumento di le-gno, che serve per trastullo de' ragazzi, il quale è di figura piramidale all' ingiù, e colla sua parte superiore s' infila in un' assicella rotonda, bucata, e si fa girare dandole movimento col dito indice, e pollice.) . . . .

FINE DELL' AGGIUNTA
DEL VOCABOLARIO DOMESTICO

RACCOLTA DE' NOMI

Derivanti da Dignità, Gradi, Uffizj,

Professioni, ed Arti.

A

Abà. Capo del ballo i. *Præsultor* l. . . . . .

Abate. (Capo d'una badía.) Abate i. *Abbas; antistes; præsul* l. Abbé f. ⸿ Si dice pure impropriamente d'uno, che vesta abiti clericali; Abate i *Clericus* l. Abbé f.

Abachista; aritmetich. Abbachista; abbacchiere i. *Calculator, oris; tabularius* l. Arithméticien f.

Academista. (Colui, che è in educazione in un' Accademia.) . . . . .

Academich. (Colui, che è membro di qualche compagnia di letterati stabilita per autorità pubblica.) Accademico i. *Academicus* l. Académicien f.

Acensatòr; sensatòr. Appaltatore del tabacco, e dell' Acquavite . . . . . Fermier du tabac, et de l'eau de-vie f.

Acòlit. Acolito i. *Acolytus* l. Acolyte f.

Acossūr. (Perito, che raccoglie i parti.) Raccoglitore de' parti i. . . . .

Accoucheur f

Afitavol. Fittajuolo i. *Fundi conductor; colonus* l. Fermier; rentier f.

Agènt; fatòr. Agente i. *Procurator; actor* l. Agent; procureur; commis f.

Agiònto. Aggiunto i. *Adjunctus* l. Adjoint f. ⸿ *Agiùnt ala sala civìl.* Aggiunto alla sala civile i. ⸿ *Agiùnt ala sala criminàl.* Aggiunto alla sala criminale i.

Agiutànt. Ajutante i. *Adjutor* l. Aide; adjutant f.

Agrimensòr. (Misuratore de' terreni.) Agrimensore i. *Agrimensor; decempedator* l. Arpenteur f.

Ajo; governatòr. Ajo i. *Educator, oris* l. Gouverneur; qui a soin de l'éducation, de l'instruction d'un jeune seigneur, d'un jeune Prince f.

Alchimista. Alchimista i. *Alchimiæ professor, oris* l. Alchimiste f.

Armanachista. (Colui, che compone almanacchi.) Almanachista, v.dell'uso i. . . . Faiseur d'Almanachs f.

Altessa. (Titolo d'alcuni Principi. Altezza i. *Serenitas* l. Altesse f.

G

Anbassadòr . Ambasciatore i. *Legatus*, i l. Ambassadeur f.

Anbossēur . (Colui, che senza piazza proccura qualche negozio per paga.) Sensale i. *Proxeneta* l. Courtier; censal; embaucheur f. ¶ Per quello che conviene, o procura la convenzione d' un lavorante, d' un garzone . . . . . . Embaucheur f.

Anprendis; *inprendis*. (Colui, che appara qualche arte.) Imprenditore; tattore; fattorino; fattoruzzo . *Susceptor, tyro; tyrunculus* l. Apprentif f.

Anotōmich ; *anotomista* . Anatomista i. *Qui animantium corporà dissecat, et scrutatur* l. Anatomiste; savant en l'anatomie f.

Andoradòr. (Che dora .) Doratore i. *Aurarius faber*; *inaurator*; *deaurator* l. Doreur f.

Andvin . Indovinatore i. *Vates, is*; *divinus*, i l. Devin; devineur f.

Angignè ; *ingignè*. Ingegnere i. *Architectus*; *machinator* ; *machinarius* l. Ingenieur f.

Ansegna. Alfiere i. *Signifer*, *eri* l. Enseigne f.

Ansian. (Più vecchio, più antico degli altri.) Anziano i. *Senior; antiquior; optimas* ; *primas* l. Ancien f. ¶ Per chi ha più dignità, e più autorità. Anziano i.

Primas; optimas l. Ancien f.

Ansiàn. add Anziano i.

Antiquus; *vetus*; *priscus* l. Ancien; antique f.

Antadòr, V. Entadòr.

Antiquàri. (Colui che attende allo s.udio delle cose antiche) Antiquario i. *Antiquarius; antiquitatis studiosus* l. Antiquaire f.

Apaltatòr. Appaltatore i. *Vectigalium conductor, oris* l. Fermier f.

Apoentè; *spessada*. (Soldato che ha maggior paga degli altri, e che fa le veci del caporale.) . . . Appointé f.

Aquavitàr . (Venditore di acquavite .) Acquavitajo , v. dell' uso i. . . . . .

Araldo. (Nunzio di pace, e di disfida.) Araldo i. *Fecialis* l. Héraut f.

Arcè. Arciere; arciero i. . . . . . Archer f.

Arsidiacono. Arcidiacono; archidiacono i. *Archidiaconus* i. Archidiacre f.

Archivista. Archivista i. . . . . Archiviste f.

Architèt. Architetto i. *Architectus* l. Architecte f.

Arcrùa. (Soldato di fresco arrolato.) Recluta i. . . . Recrue f.

Arcruòr . Conciatetti i. *Scandularius* l. Couvreur f.

Argentè. (Operajo, e mercante, che fa , e che vende vasellami d' oro , e d' argento, e tutti gli altri utensili della medesima materia.) Orefice ; orafo i. *Aurifex* ; *faber argentarius* l. Orfevre f.

Aritmetich. Aritmetico i. *Arithmeticus* ; *in arithmeticis exercitatus; arithmeticæ peritus* l. Arithméticien f.

Arlogè. Oriolajo i. *Horologiorum artifex* l. Horloger f.

Armita, V. *Eremita.*

Armurè. (Operajo, che fa, e vende armi.) Armajuolo i. *Armamentarius faber; machæropola* l. Armurier f.

Arsidùca. (Titolo di Principato, che oggi non è più in uso, fuorchè parlandosi de' Principi della Casa d'Austria.) Arciduca i. *Arcidux* l. Archiduc f.

Arsiduchesa. Arciduchessa i. *Archiducissa* l. Archiduchesse f.

Arsiprete. (Quegli, che ha la dignità dell'Arcipresbiterato.) Arciprete i. *Archipresbyter* l. Archiprêtre f.

Arsivesco. Arcivescovo i. *Archiepiscopus* l. Archevêque f.

Artajöjra. (Colei, che vende salamo, cacio, e simili.) . . . . . .

Artajòr. (Che vende salamo, cacio, e simili.) Pizzicagnolo i. *Salarius* l. Charcutier f.

Artefàn. (Operajo in un arte meccanica.) Artigiano; artefice; artista i. *Artifex* ; *opifex* l. Artisan f.

Arvendjöjra. Rivendugliola ; rivenditrice i. *Copa* ;

caupona l. Revendeuse f.

Arvendiòr. (Colui, che vende cose commestibili.) Questo nome è più generico, che quello d'*Artajòr,* perchè comprende anche colui, che vende semplicemente frutti, ed erbaggi. Rivendugliolo ; rivenditore i. *Propola* l. Revendeur f.

Afnè, V. *Borichè.*

Assagiadòr. (Colui, che fa l'assaggio dell'oro, e dell'argento, e d'altri metalli.) Assaggiatore i. †*Prægustator* l. Essayeur f.

Assassin. Assassino ; malandrino i. *Grassator ; latro; percussor ; sicarius* l. Assassin f.

Assessòr. (Propriamente Giudice dato a Magistrati per risolvere in jure.) Assessore i. *Assessor, oris* l. Assesseur f. ƒ *Assessor-civìl.* Assessore civile i. . . . . ƒ *Assessòr-criminàl.* Assessore criminale i. . . . .

Assistent, add. (Che assiste) Assistente i. *Qui adest; præsens ; assistens* l. Assistent f.

Aströlogo, V. *Strölogo.*

Aströnomo. Astronomo i. *Astronomus* i. Astronome f.

Atuàri. Attuario i. *Actuarius, ii* l. Greffier f.

Auditòr. Auditore i. *Assessor, oris* l. Maître de requêtes f. ƒ *Auditor-Generàl.* Auditore generale i. . . . .

Avocat. Avvocato; giureconsulto; legista i. *Patro-nus ; Jurisconsultus ; Juris-peritus* l. Avocat; jurisconsulte, legiste f. ¶ *Avocat-di-povër.* Avvocato de' poveri i.

. . . .
¶ *Avocat -fiscàl .* Avvocato fiscale i. . . . . . .
¶ *Avocat-fiscàl-Regio.* Avvocato fiscale Regio i. . . .
¶ *Avocàt-fiscàl-militàr .* Avvocato fiscale militare i. . . .
¶ *Avocat-fiscàl - patrimoniàl .* Avvocato fiscale patrimoniale i. . . . .
¶ *Avocat-Genèràl.* Avvocato Generale i. . . . . .

Autòr ; scritòr. (Inventore di checchessia , o quegli, dal quale alcuna cosa trae la sua origine ; e per lo più si dice degli Scrittori.) Autore; scrittore i. *Auctor; conditor; molitor; creator; procreator; effector; architectus* l. Auteur ; premier moteur, ou inventeur d'une chose f.

🙚━━━━◈◈◈━━━━🙘

B

Bacalàuro. Baccelliere i. *Baccalaureus* l. Bachelier f.
Badessa. Abbadessa ; badessa i. *Abbatissa, æ; antistita, æ* l. Abbesse f.
Bagnolànt. Bagnajuolo i. *Balneator* l. Baigneur f.
Baila. Nutrice i. *Nutrix* l. Nourrice f.
Bailo. Balio i. *Vir nutri-*

cis l. Nourriciere ; pere nourriciere f.
Balarin . (Quello, che balla.) Ballerino i. *Saltator* l. Danseur f. ¶ *Balarin da còrda.* Ballerino da corda i. *Neurobata; æ* l. Danseur de corde f.
Balariña . (Colei, che balla.) Ballatrice i. *Saltatrix* l. Danseuse f.
Balonè. (Colui, che fa, o che provvede, e che ha cura de' palloni.) . . . . .
Bancarotiè. Fallito i. *Æris alieni decoctor* l. Banquerotier f.
Banchè. Banchiere i. *Mensarius ; trapezita* l. Banquier f.
Bandì. Bandito i. *Exul* l. Exilé ; proscrit f.
Barbè. Barbiere i. *Tonsor* l. Barbier f.
Barbèra. Barbiera i. *Tonstrix , icis* l. Barbiere ; femme du barbier ; femme, qui fait la barbe f.
Barcajrëul . Barcajuolo ; navicellajo i. *Lintrarius* l. Batelier f.
Barisèl . (Capitano di birri.) Bargello i. *Lictorum dux* l. Chef des gens de justice, des archers; chevalier de guet f.
Baron. Barone i. *Dynasta; æ* l. Baron f.
Baroña. Baronessa ; barorona i. *Optimas; mulier dynastæ* l. Baronne f.
Basanè. (Colui, che fa, o vende l'esca.) . . . .

Bastè. (Facitor di basti.) Bastajo i. *Clitellarum artifex* l. Bâtier f.

Batilör. (Quegli, che riduce l'oro in foglia per filare, o dorare) Battiloro i. *Bractearius* l. Batteur d'or, d'argent f.

Batòr. Battigrano i. *Excussor tritici* l. Batteur de blé f.

Baudetè. (Quegli, che suona le campane a festa, a suon giulivo.) . . . . Carrillonneur f.

Bavulè; *baùlè.* (Cofanajo; cassettajo i. *Capsarius*; *coffinorum artifex* l. Bahutier f.

Bechè; *maslè.* Macellajo i. *Lanius* l. Boucher f.

Benefatòr. Benefattore i *Beneficus*; *benefaciens*; *benemeritus* l. Bienfaicteur f.

Beneficià. Beneficiato; beneffiziato i. *Beneficiarius* l. Bénéficier; qui possede un bénéfice f.

Bergè; *pastòr.* Pastore; pecorajo i. *Pastor* l. Berger f.

Benefatrìs. Benefattrice i. *Benefica*; *benefaciens* l. Bienfaictrice f.

Berlandöt; *soldà d'trata.* Soldato di tratta; stradiere i. Soldat de tratta f.

Bialerè. (Colui, che ha cura dei condotti delle acque.) . . . .

Bialòr. (Colui, che innacqua i prati, i campi.) Acquajuolo i. . . . . . Arroseur; celui, qui abbreuve les prés f.

Bianchin. (Maestro di dare il bianco alle muraglie,) Imbiancatore i. *Tector*; *albarius tector*; *dealbator* l. Barbouilleur; qui blanchit des maisons f.

Bianchisēusa. (Quella, che lava panni lini più fini.) Lavandaja i. *Purgatrix* l. Blanchisseuse f.

Bibliotecàri. Bibliotecario i. *Bibliothecae praefectus* l. Bibliothécaire f.

Bidèl. (Colui, che serve ad Università, od Accademie.) Bidello i. *Bedellus*; *servus antecessorum* l. Bedeau f. ¶ Per noi si estende a significare colui, che serve a qualsivoglia scuola Regia . . .

Bigatè. (Quegli, che ha cura de' vermi da seta.) . . .

Bindlè. (Colui, che fa nastri.) Nastrajo i. . . . . Rubanier; tissutier f.

Bisotiè. (Quegli, che fa commercio di piccoli lavori curiosi, o preziosi, che servono per ornamento d'una persona.) Orefice gioielliere i. . . . . Bijoutier f.

Boè. (Quello, che guida i buoi.) Bifolco i. *Bubulcus* l. Bouvier f. ¶ *Boè a-govèrn* dicesi di bifolco, che è obbligato ad avere l'opportuna cura de' buoi, vacche, ec., che sono del padrone, e di fare gli opportuni lavori d'un podere, mediante certa quantità di grano, vino, ec. per il suo vitto . . . . .

Bonbonè. (Che vende confetti da noi detti *bonbòn*.)
. . . .

Borichè; *afnè*. Asinajo i. *Agaso* l. Conducteur d' ânes; ânier f.

Borsaeul. Borsajuolo i. *Crumenifeca*; *manticularius* l. Coupeur des bourses; filon, qui coupe la bourse f.

Borfoè. (Colui . che non è nobile, ma vive assai civilmente .) Borghese; borgese; citradino i. *Civis* l. Bourgeois; citoyen f.

Botalè. (Quello, che fa, e racconcia le botti .) Bottajo i. *Doliarius* l. Tonnelier f.

Botegàri. (Che vende in bottega.) Bottegajo i. *Tabernarius* l. Boutiquier f.

Botonè. (Quello, che fa, e vende bottoni.) Bottonajo i. . . . . . . Boutonnier f.

Brassiè. (Quegli, sul braccio del quale con una mano s'appoggiano le dame, quando camininano.) Bracciere i. *A brachiis* l. Ecuyer f.

Brigadiè. (Colui, che comanda una brigata.) Brigadiere i *Militaris praefectus* l. Brigadier f. ꝺ *Brigadiè d'armàda*. Brigadiere d'armata i. *Agminis ductor* l. Brigadier d'armée f.

Brindòr. (Quegli, il di cui mestiere si è di misurare, e portar il vino colla brenta.) Brentatore; facchino da vino, voci dell'

uso i. . . . .

Brodeur. Ricamatore i. *Phrygio*; *plumarius*; *limbolarius* l. Brodeur f.

Brustiàjre. Pettiratore di canapa i. . . . . Peigneur f.

Bufòn. Buffonè i. *Scurra*; *sannio* l. Bouffon f.

Buratìn (Quegli, che cerne la farina dalla crusca) Abburattatore i. *Polintor* l. Celui qui blure f. ꝺ Dicesi pure di colui, che netta il grano con certa specie di frullone, che al luogo della tela è armato di fila di ferro . . . . . .

C

Cabalista. Cabalista i. . . . Cabaliste f.

Cabassìn. (Quegli, che esercita il mestiere da facchino colla cabassa.) Facchino i. *Bajulus*; *gerulus* l. Crocheteur; porte-faix f. ꝺ Dicesi anche quegli, che va girando la notte colla lanterna per far lume a chi lo chiama . . . . .

Cadèt. (Nome, che si dà a' gentiluomini, che servono il Principe in qualità di soldati volontari, e che hanno il brevetto.) Cadetto i. . . . . Cadet f.

Cafetiè. Caffettiere i. *Ægyptiacæ fabæ decoctor* l. Caffetier f.

Caliè. Calzolajo i. *Calcearius sutor* l. Cordonnier ..

Calotè. (Colui , che fa , o vende *calote.*) Berrettajo i. Per quello , che le fa; *Galeorum artifex* l. Calottier f.

Camal. (Quello , che fa da facchino nella gabella del sale.) Facchino i. . . .

Camerè. V. *Camrè.*

Campagnin; contadin. (Abitator della campagna.) Contadino i. *Rusticus ; agricola* l. Rustique f.

Camrè ; camerè. (Quegli , che assiste ai servigj della camera.) Cameriere i. *Cubicularius ; servus a cubiculo, cosmeta* l. Valet de chambre f.

Canönieh. Canonico i. *Canonicus* l. Chanoine f.

Canoniè. Cannoniere i. *Tormentorum explosor* l. Cannonier f.

Canflè. Cancelliere i. *Cancellarius; scriba* l. Greffier f. ₰ *Canflè-Regio-Apostölich ,* ossia *Giudise.* Cancelliere Regio Apostolico, ossia Giudice i. . . . . . . ₰ *Gran-Canflè,* V.

Cantariña; cantatrìf. Cantatrice ; canterina i. *Cantatrix* l. Chanteuse f.

Cantinè. Colui , che ha cura della cantina,) Cantiniere i. *Cellæ vinariæ curatror ; promus vinarius* l. Celui, qui a soin de la cave ;

sommelier ; cantinier f.

Cantonè. (Persona deputata per tenere i registri delle persone , che sono in ciascuna isola del suo dipartimento.) Capitano di quartiere i. . . . . . . Capitaine de quartier f.

Cantòr . Cantatore ; cantore ; canterino ; musico i. *Cantor* l. Chanteur ; musicien f.

Cap . Capo ; superiore ; regolatore i. *Præfectus ; rector ; moderator* l. Chef ; superieur; directeur f. ₰ *Cap d' un regiment .* Capo d' un reggimento . . . . . . Chef d' un régiment f. ₰ *Cap d' conferensa.* Capo di conferenza i. . . . . . .

Capitàni. Capitano i. *Dux* l. Capitaine f. ₰ *Capitàni-Generàl.* Capitano Generale i. Capitaine Général f. ₰ *Capitàni-tenent .* . . . . . . ₰ *Capitàni d'giustisia.* Capitano di giustizia i. . . . .

Caplàn. Cappellano i. *Sacelli custos ; capellanus* l. Chapelain f.

Caplè. (Colui, che fa, o vende cappelli.) Cappellajo i. *Pileorum opifex, venditor* l. Chapelier f.

Caplèra. (Colei, che fa, e vende cappelli.) Cappellaja i. . . . . . . Chapeliere f.

Capmeistr. Capomaestro i. *Ædificiis præfectus ; fabrorum magister* l. Architecte f.

Caporàl. Caporale i. *Dex*

curio, onis l. Caporal f

Carbonè. Carbonajo i. *Carbonarius* l. Charbonnier f.

Cardajre . (Colui, che carda.) Cardatore i. *Carminans* l. Cardeur f.

Cardinàl Cardinale i. *Cardinalis*; *is* l. Cardinal f.

Carossè. Carrozziere, cocchiere i. *Auriga* l. Cocheur f.

Cartièmetre; *quartièmetre*. Quartiermastro i. *Stationibus præfectus* l. Quartiermestre f.

Cartonè. (Che guida carrette.) Carrettajo i. *Auriga*, *æ* l. Charretier f. ʃ Quel carrettajo pubblico, che trasporta a vettura mercatanzie, balle, mobili da una Città, o Provincia ad un' altra. Carrettiere i. *Essedarius*; *rector covini* l. Roulier f.

Cafista. Casista i. *Theologus moralis* l. Casuiste f.

Cassadòr. Cacciatore i. *Venator* l. Chasseur; gibboyeur f.

Cassiè. (Quegli, che ha in custodia i denari, che tien la cassa.) Cassiere i. *Arcarius*, *ii* l. Caissier f.

Castagnè. (Venditore di castagne .) Castagnaro i. *Castanopola* l. Chataigner f.

Cavagnè. Panierajo i. *Cistarum faber*, o *institor* l. Vannier f.

Cavajèr. Cavaliere i. *Eques* l. Chevalier f. ʃ *Cavajèr-dl'-Ordin*, per antonomasia *Colàr-dl'-Ordin*. (Cavaliere del supremo Ordine

della SS. Annuziata . . . .
ʃ *Cavajèr-d'-San-Morisi*; *cavajèr-gran-crof*. Cavaliere gran croce della sacra religione, ed ordine militare de'ss. Morizio, e Lazzaro . . . .

Cavalànt. (Guida di cavallo da carico.) Vetturale; cavallaro i. *Mulio* l. Voiturier f.

Cavalarìs. (Colui, che esercita, e ammaestra i cavalli.) Cavallerizzo i. *Equorum magister* l. Cavallerisse f. ʃ Per quello, che insegna altrui a cavalcare. Cavallerizzo i. *Equitandi magister* l. Ecuyer f.

Caudatàri. Caudatario i. *Servus a syrmate* l. Caudataire f.

Cavajèra. Cavallerezza i. *Equitis uxor* l. Femme d'un chevalier f.

Causiè; *causetè*. (Fabbricatore, e mercante di calze, berrette ec.) Mercante di calze, e berrette i. *Tibialium sartor* l. Caussetier; feseur de bas f.

Celeràri. (Camerlingo de' monasterj.) Cellerajo; cellerario i. *Quæstor cœnobiorum* l. Cellérier f.

Censòr. Censore i. *Censor* l. Censeur f.

Cerich. Cherico; chierico i. *Clericus* l. Clerc f.

Ciabotè, v. pr. (Dicesi in fittajuolo di tuguri, che attende ordinariamente alla campagna.) . . . .

Cianberlan. Ciamberlan;

ciambellano i. *Cosmeta* l. Cambellan ; gentilhomme de chambre f.

Cïantër . (Quegli , il di cui uffizio è di cantar nella chiesa al divin servizio .) Cantore i. *Psaltrius* l. Chantre f.

Cïaramolè , v. pr. (Si usa anche da noi, ma però solo nel significato di quello , che per arruotare va girando da una ad altra casa, da uno ad altro paese.) Arrotino ; moleta i. *Acuens* l. Emouleur ; remouleur. f.

Cïavandè . (Quello , che ha in custodia le chiavi .) Chiavajo ; chiavaro i. *Clavium custos* l. Celui, qui a soin des clefs ; celui à qui on donne à garder les clefs f.

Cïavandèra. (Quella, chè ha in custodia le chiavi .)
. . . .

Cïarlatàn. Ciarlatano; cerretano; cantambanco; montambanco; ciurmadore i. *Circulator*; *circumforaneus pharmacopola* l. Charlatan; bateleur f.

Cïavatin. Ciabattino i *Sutor veteramentarius*; *cerdo* l. Savetier f.

Cïoatè . Chiodajuolo; faeitore, o mercante di chiodagione i. *Clavorum faber*, o *mercator* l. Cloutier f.

Cïocatè. (Quegli, che suona le campane .) Campanaro; campanajo i. *Tintinnabulorum custos*, *et pulsator*; *turris sanctæ custos* l.

Sonneur; celui qui sonne les cloches f

Cicolatè ; cïocolatè. (Quegli , che fa , e vende cioccolato.) Cioccolatajo, voce dell'uso i. . . . . . . Chocolatier f.

Coadjutòr . Coadiutore i. *Adiutor*, *oris* l. Coadjuteur f.

Coefäusa . (Colei , il di cui mestiere si è di acconciare i capelli.) Acconciatrice ; colei , che arriccia i capelli, che acconcia il capo alle donne i. *Cometa*; *ornatrix* , *icis* l. Coeffeuse f.

Colànt . (Colui , che è destinato per tener le strade aperte sui colli .) . . . .

Colàr-di'-Ordin . Cavaliere del supremo Ordine della SS. Annunziata . . . .

Colateràl . (Giudice nel magistrato supremo della Regia Camera de' conti .) Collaterale i. . . . . . . ʃ Per quello, che dà l'ordine di pagare i soldati . Collaterale i. *Quæstor militaris* l. Commissaire de guerre f. ʃ Per cavaliere del podestà . Collaterale i. *Scriba*; *actuarius* ; *vicarius prætoris* l. Lieutenant; commissaire, ou greffier d'un juge f.

Colegià . Allievo del collegio i. *Collegii alumnus* l. ʃ Colegià add. ʻ(Aggregato al collegio .) Collegiato i.
. . . .

ʃ Colegià si prende anche

in forza di sust. quando si parla di aggregato a qualche collegio di teologia, legge, medicina, ec. Dottore collegiato *Collegii Doctor* l. . . . . . .

Coletànt; coletòr. (Colui, che raccoglie, e riscuote.) Collettore i. *Qui colligit* l. Collecteur, exacteur f.

Comandànt. Comandante i. *Imperans; præcipiens* l. ¶ Per grado di dignità militare. *Præfectus militum; imperator; dux* l. Commandant f.

Comàre; levatris; lvaris. Levatrice; raccoglitrice de' parti; comare i. *Obstetrix* l. Accoucheuse; sage femme f. ¶ Dicesi tanto *comare*, e più comunemente tra le persone civili *comadre*, quella, che tiene il bambino d'altri a Battesimo, o Cresima rispetto ai genitori del battezzato, quanto la madre del battezzato rispetto a chi lo tiene a Battesimo. Còmare i. * *Commater* l. Commere f.

Comediànt. (Colui, la di cui professione si è di rappresentare una commedia sopra un teatro pubblico.) Commediante i. *Commædus; histrio* l. Comédien f.

Comendatòr. Commendatore i. *Commendator, oris* l. Commandeur f.

Comissàri. (Officiale preposto per aver cura del regolamento delle truppe nella marcia, farle fare la visita, e farle pagare.) Commis-sario di guerra i. *Compositor* l. Commissaire de guerre f.

Comissionè. (Colui, che si occupa in eseguire commessioni.) Commissiona-rio; fattore; agente i. *Actor* l. Commissionnaire f.

Conducent. (Colui, che tiene a suo salario muli, e mulattieri, e conduce, o fa condurre d'un luogo all'altro le robe a nolo) Condottiere i. *Vector; qui vecturam, o velaturam facit* l. Messager f.

Confessòr. Confessore; confessatore i. *Qui confessiones excipit; confessor* l. Confesseur f. ¶ *Confessòr-del-Re*, ... *Regi a confessionibus* l. Confesseur du Roi f. ¶ *Confessòr-ordinàri*. Confessore ordinario i. . . . . Confesseur ordinaire f. ¶ *Confessòr-straordinàri*. Confessore straordinario i. . . . . Confesseur extraordinaire f.

Confiturè. Confettiere i. *Dulciarius; salgamarius* l. Confiseur; confiturier f.

Confratèl. (Fratello d'una stessa confraternita.) Confratello; confrate i. *Sodalis; collega; qui est ejusdem sodalitatis* l. Confrere; pénitent f.

Conpare, e più comunemente tra le persone civili *conpadre*, dicesi tanto colui, che tiene il bambino a Battesimo rispetto ai genitori del battezzato, quanto il padre del battezzato relativamente a chi lo tiene a Battesimo. Compare i. * *Compater* l. Compere f.

Conpositòr. (T. de' Stamp. Colui, che trae i caratteri dalle cassette, e se gli acconcia in maniera, che vengono a formare il disteso dell'opera, che si dee stampare.) Compositore; componitore i. *Typotetha* l. Compositeur f.

Consèrge. (Custode di castello, palazzo ec.) Castellano i. *Ædium custos, odis* l. Concierge f.

Consèrvatòr. Conservadore; conservatore i. *Servator; conservator; custos* l. Conservateur f.

Conservatòr-generàl. Conservatore generale i. . . .

. . . .
Consiè. Consigliere i. *Consiliarius* l. Conseiller f. ʃ *Consiè-de-Stat*. Consigliere di Stato i. *Sanctioris concilii senator; sacri consistorii comes; comes consistorianus* l. Conseiller d'état f.

Consol. Consolo i. *Consul* l. Consul f.

Consorèla. (Sorella d' un' istessa confraternita.) Consorella, v. dell' uso i. . . .

. . . .
Consultòr. Consultore i. *Consultor* l. Consulteur f.

Cont. Conte. i. *Comes*. l. Comte f.

Contadin; canpagnin. (Abitator del contado.) Conta-

dino; campagnuolo. i. *Rusticus; agricola* l. Villageois; campagnard. f.

Contadòr-generàl. Contadore generale, v. dell'uso i.

. . . .
Contèssa. Contessa i. *Comitissa* l. Comtesse f.

Contèrlòr. Controllore; registratore i. . . . .
Controleur f. ʃ *Contèrlòr-generàl*. Controllore generale i.

Controleur général f. ʃ *Contèrlòr-generàl dle finanʒe*. .

Ærarii Regii antigrapheus l. Controleur général des finances f. ʃ *Contèrlòr-dla-Cà*. Controllore della Casa i.

. . . .
Controleur de la Maison f.

Convèrs. (Quegli, che porta l'abito della religione nel convento, ed è laico.) Converso i. *Frater, qui aliis famulatur; * conversus* l. Conversus; frere lai; frere servant f.

Convèrsa. (Religiosa impiegata nelle opere servili d'un monastero.) Conversa i.

. . . .
Touriere; sœur converse f.

Copista. (Colui, che copia.) Copista; copiatore i. *Excriptor, oris; litrarius; amanuensis. is* l. Copiste f.

Cordè. Funajo; funaiuolo i. *Restio, onis; restiarius* l. Cordier f.

Corè. Corriere, corriero i. *Cursor* l. Courrier f. ʃ *Corè d'gabinèt* . . . .

Armillarius cursor l. Courrier du cabinet f.

Corciòr . Correggitore ; correttore i. *Corrector; castigator ; emendator ; correptor* l. Correcteur f.

Corēur ; lachè. Lacchè ; Staffiere i. *Equi cursor* l. Laquais f.

Coriòr . Cuojajo ; conciatore di pelli i. *Coriarius ; alutarius* l. Corroyeur f.

Cornęta. Corneta ; alfiere di cavallería i. *Vexillarius* l. Cornette f.

Coronèl. Colonnello i. *Chiliarchus ; tribunus* l. Colonel f.

Cotlè. Coltellajo i. *Cultrarius faber* l. Coutelier f.

Cravè . (Guardiano delle capre .) Caprajo i. *Caprarius , ii* l. Chevrier ; berger ; gardien des chevres f

Creàda. Cameriera ; donzella i. *Famula* l. Fille de chambre f.

Cujòr ; cujöjra .. (Colui , e colei, che coglie .) Coglitore, e coglitrice i. *Colligens, entis* l. Cueilleur . . . . f. ſ Per raccoglitore di uve, o di olive; *Oleæ, aut uvæ legulus* l. . . . . . . f.

Curà. Curato i. *Parochus* l. Curé f.

Curariàne. Vuotacesso; nettacessi ; nettafogne i. *Foricarum purgator* l. Vidangeur f.

Curatòr . Curatore i. *Curator* l. Curateur f.

Curatríſ. Curatrice i. *Curatrix* l. Curatrice f.

Cuſinè . Cuoco ; cuciniere i. *Coquus* l. Cuisinier f.

Cuſinèra. Cuciniera i. *Focaria* l. Cuisinière f.

Custöde. Custode i. *Custos* l. Gardien ; custode f. ſ Per soprastante delle prigioni. Carceriere i. *Carcerarius custos* l. Géobier ; concierge de la prison f.

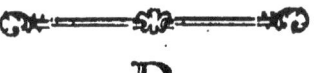

D

Dàma . (Donna nobile.) Dama i. *Matrona, æ* l. Dame f. ſ *Dama d' atòr.* Dama nelle corti, che azzima le Regine , e le Principesse Reali . . . . Dame d' atour f. *Dama d' onòr* . (Donna nobile destinata pel corteggio a servizj onorevoli a Regine , o Principesse .) Dama d'onore i. *Honoraria Reginæ assecla* l. Dame d' honneur f.

Dassiè. Daziero i. *Publicanus* l. Gabeleur f.

Decàno. (T. di dignità ecclesiastica.) Decano i. *Decanus* l. Doyen f. ſ Per il più anziano, o capo di diversi ordini di persone . Decano i. . . . . . . Chef; le premier ; le plus ancien ; le doyen f.

Decurion. Decurione i. *Decurio* l. Decurion f.

Definitòr . (Nome, che si dà fra alcuni religiosi regolari a colore, che sono preposti per assistere il Generale, o il Provinciale nell' amministrazione degli affari dell' Ordine .) Diffinitore ; definitore i. . . .

. . . .
Définiteur f.

Delegàto . Delegato i. . .
. . . .
Commissaire ; juge délégué f.

Delegàto, add. Delegato i. *Delegatus* l. Délégué f.

Dentista ; gavadent . (Cerusico , che s'occupa soltanto a ciò , che concerne i denti .) Cavadenti ; dentista, v. dell'uso i. *Dentiducus* l. Dentiste f.

Defartēur ; dfartēur . Disertore i. *Transfuga* l. Déserteur f.

Dessignadòr ; dissegnadòr . Disegnatore i. *Qui delineat ,* l. *Dessinateur* f.

Diacono . Diacono i. *Diaconus* l. Diacre f.

Diamantàri ; diamantè . Lapidario ; gioielliere i. *Qui gemmarum facit commercium* l. Lapidaire f.

Diocefàn . Diocesano i. *Diœcesanus ; ex diœcesi* l. Diocésaine f.

Diretòr . (Che dirige , e regola .) Direttore i. *Rector ; moderator* l. Directeur ; régisseur f.

Dla - banda . (Dicesi di un virtuoso in instrumento musicale arrolato nel corpo della banda d'un Reggimento .) . . . . . .

Dla-cort ; d'cort, add. Cortigiano i. *Aulicus* l. Courtisan f.

Doge . Doge i. *Dux reipublicæ* l. Doge f.

Domestich ; servitòr . (Dicesi il primo più comunemente de' servi , che hanno l' assisa , il secondo degli altri , che non l' hanno .) Servo ; servidore ; famiglio i. *Servus ; famulus* l. Domestique f.

Don . (Titolo di Principi; di Preti , e di Monaci .) Don ; donno i. *Dominus* l. Don f.

Dotòr . Dottore i. *Doctor* l. Docteur f.

Dragon . Dragone i. *Dimachæ , arum* l. Dragon f.

Drapè ; drapiè . (Mercante , o fabbricatore di drappi.) Pannajuolo ; panniere i. *Pannorum institor* l. Drapier f.

Dfartēur ; defartēur . Disertore i, *Transfuga* l. Déserteur f.

Duca . Duca i. *Dux* l. Duc f.

Duchessa . Duchessa i. *Dux ; ducissa* l. Duchesse f.

Dugané . Doganiere i. *Publicanus ; vectigalibus præfectus* l. Doüanier f.

E

Ebanista. Ebanista i. *Ebeni faber* l. Ebeniste; tabletier f.

Ecelensa. Eccellenza; eccellenzia i. *Excellentia* l. *Excellence* f.

Ecònomo. (Persona destinata per bene amministrare gli affari domestici.) Economo i. *Administrator; dispensator; curator* l. Econome f.

Efemeridista. Effemeridista, v. dell'uso i. . . .

Eletòr. (Titolo di Principi, che hanno il voto nell'elezione degl'Imperadori.) Elettore i. *Elector* l. Electeur f.

Emèrit, add. (Che ha servito, che ha il suo congedo, che ha meritato il riposo, gli stipendi.) Emerito, v. dell'uso i. *Emeritus* l. Emérit f.

Eminensa. Eminenza i. *Eminèntia* l. Eminence f.

Entadòr; antadòr v. pr. Innestatore i. *Insitor* l. Celui qui ente; qui greffe f.

Eremìta; armìta. Eremita i. *Solitarius homo; Heremita* l. Heremite f.

Efaminatòr. Esaminatore i. *Quæsitor; scrutator* l. Examinateur f.

Efatòr. (Riscuotitor del pubblico.) Esattore i. *Exactor; publicanus* l. Exacteur f.

Efecutòr-testamentàri. Esecutore testamentario i. *Curator testamenti* l. Exécuteur testamentaire f.

Eforcista. Esorcista i. *Exorcista* l. Exorciste f.

Espres. (Persona, che si manda espressamente.) Pedone i. *Pedes, itis* l. Piéton; savate f.

èrbèra, V. *Ortolana.*

èrborista. (Colui, che vende erbe medicinali.) Erbajuolo i. *Herbarius* l. Herboriste f. ¶ *èrborista* dicesi anche quello, che va cercando, e cavando diverse erbe per luoghi selvatici) Erbolajo i. *Herbarius* l. Erboriste f.

F

Fachin. Facchino i. *Bajulus; gerulus* l. Crocheteur; porte-faix f.

Fama. (Donna destinata pel servizio a Regine, a Principesse.) Camerista; Cameriera della Regina, della Principessa i. . . . Cameriste f.

Fantasin. Fantaccino i. *Pedes* l. Fantassin f.

Fafèufa. (Lavoratrice di creste, ed altri abbigliamenti donneschi.) Cre-

staja i. *Calacantium artifex* l.
Faiseuse de modes f.

Fattòr; *agènt*. (Colui, che
fa i fatti d'alcuno.) Agente i. *Procurator* l. Agent f.

Fèramiù. Ferravecchio i.
Scrutarius l. Vendeur, o
crieur de veille ferraille f.

Feudatàri. Feudatario i.
Feudum possidens, entis l.
Seigneur, qui possede un
fief f.

Fidlè. (Quegli, che fa, e
vende i vermicelli, le ta-
gliatelle, le lasagne, e simili paste.) Vermicellajo,
v. dell'uso i. . . . . .
Vermichelier f.

Filatojè. (Colui, che lavora alla filatura, od al filatore.) Filatore; filatojajo i.
Qui net; *sericipendius* l. Fileur; celui, qui file f.

Filatöjèra. (Colei, che lavora alla filatura, od al
filatore.) Filatrice i. *Quæ
net*. l. Fileuse; celle qui
file f.

Filèra. (Quella, che lavora a filare.) Filatrice i.
Quæ net; *netrix* l. Fileuse;
celle qui file f.

Filòr. (Colui, che fila.)
Filatore i. *Qui net* l. Fileur;
celui qui file f.

Filòfof. Professore di filosofia; filosofo i. *Philosophus* l.
Philosophe f. ¶ Abusivamente
dicesi pure di scolaro, che
studia filosofia. Studente di
filosofia i.

Flebotomista. (Che cava
sangue.) Fiobotomista, v.

dell'uso i. . . . . . .

Fitacavàl. (Che presta ca-
valli a nolo; o a vettura.)
Vetturino i. *Veterinarius* l.
Voiturin f.

Folòn. Follòne; purgato-
re; gualchierajo i. *Fullo* l.
Foulon; foulonnier f.

Fondèur. (Colui, che fonde.) Fonditore i. *Fusor* l.
Fondeur; ouvrier en l'art
de fondre les métaux f.

Fondichè. Droghiere i.
Aromatum mercator l. Dro-
guiste f.

Forè. Furiero; furiere i.
Præcursor; *hospitiorum designator* l. Fourier f.

Forìc. Ragazzo, che serve d'muratori. . . . .

Formagè. (Venditor di cacio.) Formaggiajo i. *Casea-
rius* l. Fromager f.

Fornaſè. (Chi fa, ed esercita l'arte di cuocer nella
fornace.) Fornaciajo i. . . .
Celui, qui a soin de la for-
naise f. ¶ Operajo, che fa
la calcina. Fornaciajo i. *Cal-
carius* l. Chaufournier f. ¶ Per
quegli, che fa le tegòle. Fornaciajo i. *Laterarius* l. Tuilier f. V. *Monatè*.

Fornè. (Quegli, che fa il
pane, e'l cuoce.) Fornajo i.
Pistor l. Fournier f.

Fra. (Nome generico de'
Religiosi regolari) Frate i.
Frater l. Frere f. ¶ Parlando però di un claustrale Sacerdote si dice più comu-
nemente *Padre*, V.

Frata. (Colei, che porta

abito di religione stando al secolo.) Pinzochera.i. . . . Bigote f.

Frè Ferrajo i. *Ferrarius faber* l. Taillandier; forgeron f.

Frisotìn. (Colui, che arriccia i capelli, che acconcia il capo alle donne.) Acconciatore di capelli i. *Ciniflo, onis; cinerarius, ii* l. Coeffeur f.

Frisotìña; coeffēusa. (Colei, che arriccia li capelli, che acconcia il capo alle donne.) Acconciatrice i. *Cosmeta; ornatrix, icis* l. Coeffeuse f.

G

Gablè. (Che riscuote le gabelle.) Gabelliere i. *Publicanus* l. Celui, qui leve les impôts. ſ Per Appaltatore di gabella. Appaltatore; gabelliere i. *Manceps; redemtor* l. Maltôtier; fermier; partisan; celui, qui fait des parties pour lever les impôts; publicain; traitant f. ſ Per *Gablöt*, V.

Gablöt; salinè. (Persona destinata per distribuir il sale.) Gabelliere del sale i. Gabeleur f.

Galiöt. (Quegli, che rema, o voga in galea.) Galeotto i. *Remex* l. Galérien;

forçat; condamné aux galeres; esclave sur les galeres f. ſ Per noi estendesi anche a significare quegli, che è condannato in cittadella, o castello. Forzato i. . . . Forçat f.

Garsòn. (Colui, che va a star con altri per lavorare.) Garzone i. *Puer; famulus; minister operæ* l. Garçon; domestique; valet f. ſ *Garsòn d'camera.* (Servo di Corte, che fa in camera le faccende ordinarie.) . . .

. . . .

Garçon de chambre f. ſ *Garsòn d' botèga.* Fattore; garzone di bottega i. *Famulus; minister operae* l Garçon de boutique f. ſ Per *Lavorànt*, V.

Gavadènt. (Colui, che prezzolato cava i denti ad altrui.) Cavadenti i. *Dentidueus* l. Arracheur de dents; dentiste f. Per *Dentista*, V.

Gasetiè. Gazzettiere i. . . . Gazetier f.

Generàl d'armàda. (Aggiunto del Capitano, o Comandante dell'esercito intero, che anche si dice in forza di sust.) Generale; Generale d'armata i. *Imperator; exercituum imperator; qui praest exercitui* l. Général; Général d'armée; Capitaine; Chef d'armée f. ſ *Generàl-d'-cavalaria;* Generale di cavalleria i. *Equitum magister* l. Général de la cavallerie f. ſ *Generàl-d'-fantaria.* Generale di fanterìa i. *Peditum tribunus* l. Général de la fanterie f. ¶ *Generàl-d' artajaría.* Generale dell' artiglieria i. *Tormentis bellicis præfectus* l.

. . . .
Generàl d'finanse. Generale delle Regie Finanze i. . . . . ¶ Pel capo dei Religiosi. Generale i. *Præpositus generalis* l. Général f.

Generalìssim, add. sup. di Generale V. ¶ Per primo Comandante d'armata. Generalissimo i. *Summus Imperator* l. Généralissime ; Chef d'armée; celui, qui commande même aux Généraux f.

Gentilöm. Uomo nobile ; gentiluomo i. *Vir nobilis ; nobili genere natus* l. Gentilhomme ; homme noble f. ¶ *Gentilöm-d' boca.* Gentiluomo di bocca i. , ... Gentilhomme de bouche f. ¶ *Gentilöm- d' camera.* Gentiluomo di camera i. . . . Gentilhomme de la Chambre f.

Ghingajè. (Mercante di merci minute.) Si comincia a chiamar Chincagliere i. . . . . . Quincaillier f.

Giamblè. (Colui, che fa, e vende le ciambelle.) Ciambellajo i. *Dulçiarius, ii ; pistor* l. Pâtissier, qui fait des échaudés, &c. f.

Giardinè. Giardiniere i. *Hortorum cultor ; viridarii, aut pomarii custos* l. Jardinier f. ¶ Per quello, che coltiva orto, V. *Ortolan.*

Giojè. Giojelliere i. *Gemmarum venditor* l. Joaillier f.

Giornaliè ; manoàl. (Quegli, che lavora alla giornata.) Giornaliere i. : . . Journalier ; travaillant a la journée ; homme de travail f.

Giubilà, add. Giubilato i. . . . . . . Jubilé f.

Giudise. Giudice i. *Judex, icis* l. Juge f.

Giugadòr. Giuocatore; giucatore i. *Lusor* l. Joueu f. ¶ *Giugadòr - d' bala.* Pallerino *Pila ludens* l. Ioueur de paume f.

Goantè. Guantajo i. *Manicorum artifex* l. Gantier f.

Goardasigill. (Officio ordinariamente unito a quello di Cancelliere.) Guardasigilli i. *Regis signorum custos* l. Garde des sceaux f.

Goardia, per *Sentinèla*, V. ¶ *Goardia- del - còrp.* Guardia del corpo , Gentiluomo arciere ; guardacorpo i. *Prætorianus satelles* l. Garde du corps f.

Goardian. (Capo, e governatore di conventi di frati.) Guardiano i. *Præses; rector* l. Gardien f.

Goërnànta. Governatrice i. *Gubernatrix ; moderatrix ; curatrix.* l. Gouvernante; celle qui gouverne, qui régit, qui commande f.

Goërnatòr. Gouvernatore i. *Gubernator* l. Gouverneur f. ¶ Per custode , e sopr' intendente all' educazione di

H

personaggio grande. Ajo i. *Educator , oris* l. Gouverneur f.

Gramatich . Gramatico i *Grammaticus ; grammatista* l. Grammairien f. ⸿ Per iscolaro, che studia gramarica. Studente di gramatica i. *Grammaticæ studens* l. . . . .

Granatè. (Che compra, e vende grano.) Biadajuolo i. *Frumentarius* l. Blatier; marchand blatier f.

Granatiè . Granatiere i. . . . . Grenadier f.

Gran-Canflè. Gran Cancelliere i. *Magnus Scriba; cancellarius ; maximus quæstor palatii ; quæstor Principis candidatus* l. Grand Chancellier f.

Gran-Cianberlan. (Il primo officiale della camera del Re.) Gran Ciamberlano i. *Magnus Cosmeta Regius; magnus cubiculorum magister; magnus præpositus cubiculo* l. Grand Chambelan f.

Gran-Goardaröba. (Il primo officiale, che ha la cura di tuttociò, che riguarda gli abiti, e la lingería del Re.) Gran mastro della guardaroba i. *Magnus custos vestiarii* l. Grand-maitre de la garde-robe f.

Gran Limofinè. Grand'Flemosiniere i. *Magnus * eleemosinarius* l. Grand Aumonier f.

Gran-Ofpedaliè. Grande Ospitaliere i. . . . . . .

Gran-Scudè. Grande Scudiere i. . . . . Grand-Ecuyer f.

Gran-Teforè . Gran Tesoriere i. . . . . . .

Gran-Venèur . Gran Cacciatore ; capo caccia i. *Regii venatus præfeĉtus* l. Grand Veneur f.

Gravèur . Intagliatore i. *Cælator* l. Graveur f.

Guida. Guida i. *Præmonstrator; duĉtor; dux* i. Guide ; conduite ; conducteur ; qui conduit ; qui enseigne le chemin f.

I

Idoneo, add. Idoneo i. *Idoneus, aptus* l. Habile; idoine ; bon; capable f.

Ilustr , add. Illustre i. *Illustris* l. Illustre f.

Ilustrissim , add. super. di *Ilustr.* (Titolo, che si dà alle persone riguardevoli per nobiltà, o per impiego.) Illustrissimo i. *Illustrissimus* l. Illustrissime ; très-illustre f.

Infermè. Infermiere i. *Valetudinario præfeĉtus ; ægrorum curator* l. Infirmier f.

Infermèra . Infermiera i. . . . . Infirmiere f.

Ingignè; angignè; 'ngignè . Ingegnere i. *Architecŧus ; machinator ; machinarius* l. Ingénieur ; machiniste f.

Inperatòr. Imperatore i.

Imperator l. Empereur f.
Inperatrif . Imperatrice i.
Imperatrix l. Imperatrice f.
Inprendis, V. *anprendis*.
Inprefàri. Impresario i.
. . . .
Entrapreneur f.
  Inquifitòr. Inquisitore i.
Inquisitor ; quæsitor l. Inqui-
siteur f.
  Intendent. Intendente i.
Diæcetes l. Intendent f. ꝶ *In-*
tendent-dle-finanse. Intendente delle finanze i. *Ærarii*
præpositus l. Intendent des
finances f.ꝶ*Intendent-Generàl*.
Intendente Generale i.....
Intendent Général f. ꝶ*Inten-*
dent-Generàl - dle - fabriche e
fortificasion. Intendente Generale delle fabbriche e
fortificazioni i. . . . . .
ꝶ *Intendent -Generàl-dle-pöste*.
Intendente Generale delle
poste i. *Publicorum cursorum*
præfeƌus l. Intendent Général des postes f.
  Intèrprete. Interprete ; tur-
cimanno i. *Interpres, pretis* l.
Interprete ; trucheman f.
  Inventòr. (Che inventa.)
Inventore i. *Inventor ; reper-*
sor ; excogitator ; auctor l.
Inventeur f.
  Inviàto. (Persona inviata
da un Principe, o da una
Repubblica ad altro Poten-
tato a cagion di negozio,
o di complimento.) Invia-
to ì. *Legatus* l. Envojé f.
  Istörich. Istorico i. *Histo-*
ricus l. Historien f.

L

  Lachè ; corĕur . Lacchè ;
staffiere i. *Cursor ; servus a*
pedibus l. Laquais f.
  Ladër. Ladro i. *Latro ;*
fur l. Voleur ; larron f.
  Lagofin. (Colui, che ha
in custodia gli schiavi.)
Aguzzino ; comito ; ausino i.
Remigum moderator ; portiscu-
lus l. Comite ; argousin f.
  Laich. (Religioso , che
non fa la professione di Chie-
rico.) Laico i. *Laicus* l. Lai ;
frere lai ; convers f.
  Lavandè. Curandajo, pur-
gatore i. *Lotor ; fullo , onis* l.
Blanchisseur/f.
  Lavandèra . Lavandaja i.
Lotrix l. Blanchisseuse f.
  Lavòrant ; garson . Lavorante i. *Operarius ; opera ,*
æ l.Ouvrier ; compagnon ; artisan ; travaillant f.
  Lavoròr. Lavoratore i.
Agrìcola ; colonus ; agrorum
cultor l. Laboreur f.
  Laureà , add. Laureato i.
Laurea præcinctus l. Couron-
nè de laurier f.
  Legista. (Che studia legge .) Studente di legge i.
Juris studiosus l. . . . . .
ꝶ Per quello, che è laurea-
to in ambe leggi. V. *Avo-*
cat .
  Letòr . (Professore, che
insegna nel convento ai re-

golari.) Lettore i. *Antecessor* l. Lecteur f.

Levatriſ, V. *Comàre*.

Librè. (Colui, che vende libri.) Librajo i. *Bibliopola* l. Libraire f.

Ligalibèr; ligadòr. Legator di libri i. *Librorum compactor* l. Relieur des livres f.

Limoſinè. Limosiniere i. (Se del Re.) *Regi ab eleemosynis*. (Se de' Principi.) *Stipis erogandæ præfectus* l. Aumônier f.

Liquidatòr. (Persona approvata per far conti.) Calcolatore; computista; abbachista i. Osservo introdotta in oggi la voce Liquidatore i. *Calculator, oris; tabularius* l. Calculateur; computiste; chiffreur f.

Locandè. (Chi tiene camera locanda.) Locandiere i. *Caupo; diversor* l. Qui tient de chambre garnie à loüer f.

Loſatè. (Colui, che fa le lavagne.)

Lotonè. (Quegli, che lavora l'ottone.) Ottonajo i. *Ærarius* l. Ouvrier, qui travaille le laiton f.

Luctenent; lutenent. Luogotenente i. *Legatus; vicarius; vicemgerens* l. Lieutenant f. ♃ *Luctenent-Generàl*. Luogotenente Generale i. . . . . Lieutenant Général f.

Lunarista. (Che fa i lunari.) Lunarista i. . . . Faiseur d'almanachs f.

M

Machignon. (Mezzano, e sensale di cavalli.) Cozzone i. *Equorum pararius* l. Maquignon f.

Machinista. Macchinista i. *Machinarum structor* l. Machiniste f.

Madriña. (Donna, che tiene a Battesimo, o Cresima, così detta riguardo al battezzato, o cresimato.) Madrina; matrina i. * *Commater* l. Marraine f.

Maestà. Maestà i. *Majestas, atis* l. Majesté f.

Magaſinè. Magazziniere i. *Apothecarius* l. Garde - magasin f.

Magiòr. (Nome di grado militare.) Maggiore i. . . . . Major f. ♃ *Magïor- Generàl*. Maggiore Generale i. . . .

Magiordòm. (Colui, che nella corte de' Principi ordina, e sopr' intende.) Maggiordomo i. *Rei familiaris curator; præfectus domui; tricliniarches* l. Majordome f.

Magistèr. Maestro i. *Magister; ludi magister; præceptor* l. Maître; professeur; conducteur; précepteur f.

Magnin. (Artefice, che fa, e vende, e specialmente attende a raggiustare cal-

daie, pajuoli, e altri utensili da cucina, di rame.)
Calderajo i. *Faber ærarius* ;
æramentarius lebetum faber l.
Chaudronnier f.

Mago. Mago i. *Magus*; *veneficus*; *præstigiator* l. Ma-
gicien; sorcier; conjurateur f.

Manescàrd. (Quegli, che
ferra, e medica cavalli.)
Maniscalco i. *Veterinarius* l.
Marechal ; marechal fer-
rant f.

Maressal-d'lofì. Quartiermastro per gli alloggiamen-
ti i. *Hospitiorum designator* l.
Marechal-de-logis f.

Manoàl. V. *Giornalìè*.

Mantilè. (Colui, che fa
tovaglie, salviette ec.) . .
. . . .
Marcacàsse. (Colui, che
assiste i giuocatori nel giuoco della palla.) Pallaio i.
Pilophilax l. Marqueur f.

Marcant. (Quegli, che
esercita la mercatura.)
Mercatante ; mercante i.
Mercator l. Marchand f.

Marcant - al - ingròs. Mercante in digrosso i. *Magnarius* l. Commerçant ; trafi-
quant f.

Marcant-al-detài. Mercante al minuto i. . . . . .
Marchand en detail f.

Marchèf. Marchese i. *Marchio* l. Marquis f.

Marchèfa. Marchesa i.
Marchionis uxor; * *marchionis-
sa* l. Marquise f.

Marghè. (Colui, che tiene vacche specialmente per

il latte, e prodotti d'esso
come anche quegli, che lo
vende.) . . . .
Marghèra. Donna, che
vende latte i. . . . . .
Laitiere f.

Marinàr. Marinajo; noc-
chiere i. *Nauta* ; *navita* ;
nauclerus l. Marinier.

Marmiton. (Servente del
cuoco.) Guattero i. *Media-
stinus* l. Marmiton; gale-
pin; laveur des plats, & des
écuelles f.

Marmitoña. Guattera i.
Lotrix culinaria l. Laveuse f.

Marmorè. Marmorario ì.
. . . .
Marbrier f.

Marossëur. (Voce di di-
sprezzo, e si dice di co-
lui, che fa fare cattivi contratti.) . . . .
Marsè. Merciajo. i. *Mercium venditor, oris*; *institor,
oris* l. Mercier f. ¶ Per quello, che porta piccole mer-
canzie per venderle. Mer-
ciajuolo i. *Circumforaneus propola* l. Olporteur f.

Masch; *mascon*. V. *Stre-
gon*.

Masca; *strega*; *stria*. Strega ; maliarda i. *Saga, æ*;
venefica, æ l. Sorcière; magicienne f.

Maflè. V. *Bechè*.

Masoè. Mezzaiuolo; co-
lono ; fittuario alla parte i.
Colonus partiarius l. Rentier ; fermier ; metayer f.

Massè. Massajo i. *custo*

supellectilis l. Intendant f.

Massèra . (Colei , che nella Confraternità di donne è incaricata della custodia delle suppelletili, e di certi affari appartenenti alla medesima.) Massaja i. . . . . Femme de charge f.

Matarassè. Materassajo i. *Culcitrarum confector ; culcierarius* l. Matélassier f.

Mediatòr ; *mefan*. (Quegli , che s'intromette tra l'una , e l'altra parte.) Mediatore ; mezzano. *Conciliator* ; *compositor* ; *mediator* l. Médiateur ; intercesseur, entremetteur f. ҙ Si fa da non pochi una notabile differenza tra 'l *media- tòr*, e ҙ *mefan*. V.

Medich. Medico ; Dottor fisico i. *Medicus* ; *Doctor physicus* l'. Médecin f. ҙ *Medich del Re*; *medich del Prinsi*. Medico del Re ; medico del Principe i. *Archiater* ; *archiatrus* l. . . . .

Meistcapèla ; *meist - d' capèla*. Maestro di cappella i. . . . .

Meistcafa ; o *mejst-d' cafa*. (Quegli , che sopr' intende all' economia.) Maestro di casa i. *Rei familiaris curator* l. Maître d' hôtel ; majordome f.

Meifdabösh ; e *meifl-da-bösch*. Falegname ; legnajuolo ; sarpentiere i. *Faber tignarius*; o *lignarius* l. Charpentier f.

~ *Mèifdamùr*. V. *Muradòr*.

Meist-d'-seca. Maestro di zecca i. *Præfectus ærarii* l.

Meist-di-novisi. Maestro di novizj i. . . . . . . Maître des novices f

Meist-d'-sirimönie. Maestro di cerimonie i. . . . . Maître de cérémonies f.

Meistpösta ; e *Meist - d'- pösta*. Maestro di posta i. *Tabellariorum,veredario:umque magister* l. . . . . . .

Meistrauditòr. Mastro auditore i. . . . . . .

Mefan, (v. di dispezzo. Dicesi d' uno, che guidato da vil interesse s'interpone tra l'una , e l'altra parte, e talvolta anche si dice di ruffiano.) Nel primo significato. Mezzano i. *Mediator* ; *conciliator*; *compositor* l. Entremetteur ; mediateur ; intercesseur f. Nel secondo significato, V. *Rufian*.

Mefuradòr. Misuratore i. *Mensor* ; *decempedator* l. Mesureur f.

Mefuròr. (Quegli , che misura il grano.) . . . Mesureur de grains f.

Meſſonè. (Colui, che spigola.) Spigolatore i. *Spicarum legulus* ; *spicilegus* l. Glaneur f.

Meſſonèra. (Colei, che spigola.) Spigolistra i. *Spicarum legula* ; *spicilega* l. Glaneuse f.

Metre. (Si dice di quegli, che essendo stato imprenditore è ricevuto colle formole ordinarie in qualche corpo di mestiere .) E così dicesi *Metre-pruchè* ; *metre-sartòr* ; *metre-caliè* ec. **V.**

Mętre-caliè . Maestro , o mastro calzolajo i. . . . Maître cordonnier f.

Metre-crivan . Maestro di scritura i. . . . . . Maître écrivain ; écrivain f.

Metre-d'-arme . Schermidore i. *Lanista* l. Escrimeur ; maître d' armes ; maître en faite d'armes f.

Metre - d'-danse . Maestro di ballo i. *Choreæ magister* l. maître à danser f.

Metre-pruchè . Maestro , o mastro perrucchiere i. . .

Maître peruquier f.

Metre-sartòr . Maestro , o mastro sartore i. . . . . Maître tailleur f.

Mës ; *sërvient*. (Famiglio di luoghi pubblici , e Magistrati .) Messo i… . . .

Huissier ; sergent ; apparitcur f.

Minadòr . Minatore i. . .

Mineur f.

Ministr . Ministro i. *Mi-nister* ; *ministrator* l. Ministre f.

Miniſtr-dę-Stat . Ministro di Stato i. *Regni administer* l. Ministre d' état f. ¶ *Mi-niſtr* ; *precïajre* . (Quegli , che predica ai Luterani , e Calvinisti .) Ministro i. . .

. . . . Ministre f. .

Minuſiè ; *meiſdabösch*. (Diconsi più comunemente *Mi-nuſiè* , quelli , che fanno col legno travagli più gentili ; e gli altri *Meiſdabösch.*) Falegname i. *Minutarius fa-ber* l. Menusier f.

Miòr . (Quello , che sega le biade .) Mietitore i. *Messor* l. Moessoneur f.

Missionàri . Missionario , v. dell' uso i. . . . . . Missionnaire f.

Mlonè . (Che vende , o pianta melloni .) Mellonajo i. *Melopola* ; *melosporeus* l.

Mniſè . Pattumiere , voce dell' uso i. *Fimigerulus* l.

Moleta . (Colui , che ar. ruota.) Arrotino ; moleta i. *Acuens* l. Emouleur ; remouleur f.

Molt-ilustre . Molto illustre i. *Admodum illustris* l.

Molto-Reverendo . Molto Reverendo i. *Admodum re-veréndus* l. . . . . . .

Monàrca . (Supremo Signore .) Monarca i. *Rex* l. Monarque f.

Monatè . (Chi fa , e cuoce mattoni.) Fornacciajo i. *Laterarius* l. Tuiller f.

Monetàri . (Colui , che fa monete .) Monetiere i. *Monetarius* ; *qui monetam cu-dit* l Monnoyeur f.

H 4

Monia. Monaca i. *Monialis, is* l. Religieuse f.

Moniè. Cappellano d' armata i. * *Capellanus* l. Aumonier f.

Monsù. Signore. *Dominus* l. Monsieur f.

Montēufa. (Colei, che fa, e accomoda le creste.) Crestaja i. *Calanticum artifex* l. Faiseuse de modes f.

Mulatè. (Quegli, che guida i muli.) Mulattiere i. *Mulio; agaso* l. Muletier f.

Mulinè. Mugnajo i. *Molitor* l. Meûnier f.

Munissionè. Munizioniere i. . . . . Munitionnaire f.

Muradòr; Muratore i. *Structor . cœmentarius* l. Maçon f.

Mufich. Musico i. *Musicus, i* l. Musicien f.

N

Nciarmà. (Che ciurma.) Ciurmadore i. *Præstigiator; impostor* l. Enchanteur; celui qui charme les serpens, les hommes, les armes, &c. f.

Negosiant. (Che negozia.) Negoziatore i. *Negoziator; mercator* l. Négociant; commerçant f.

Nodàr. Notajo i. *Tabellio, onis; scriba, æ* l. Notaire f.

Novisi. Novizio i. *Tiro l.* Novice f.

Nonsio. (Ambasciadore del Papa.) Nunzio i. *Nuncius, ii* l. Nonce f.

Nurissa. (Donna, che allata un infante di qualche Re, o Principe.) Nutrice; balia; baila; lattatrice; allevatrice; nutricatrice i. *Nutrix; nutricula; altrix* l. Nourrice f.

O

Obërgista. (Colui, che tiene albergo.) Albergatore; locandiere; oste i. *Caupo* l. Aubergiste f.

Obërgista. (Colei, che tiene albergo.) Albergatrice; locandiera; ostessa i. *Hospita* l.; per la moglie dell' *obërgista. Uxor cauponis* l. In amendue i significati Aubergiste f.

Oblatòr. (Che offerifce, e si dice per lo più di chi offerifce per comprare.) Obblatore i. . . . . . Encherisseur; offrant f.

Obliè. Cialdonajo i. *Pistor* l. Oublieur f.

Oboè. (Colui, che suona la cennamela.) Cennamela i. *Tibicen* l. Hautbois f.

Oftè. Ciambellajo i. *Frustularius* l. Patissier, qui fait des échaudes f.

Oliè. (Colui, che vende olio.) Oliaro i. . . . Celui qui vend de l'huile f. ⁋ Per colui, che rivende olio. Oliandolo . *Olearius l* Vendeur d' huile f. ⁋ Per noi s'estende anche a significare quegli, che fa l'olio.

˟ Oratòr. Oratore i. *Orator l.* Orateur; harangueur f. ⁋ Per *Predicatòr* V.

. *Operànt* (Colui, che rappresenta opere.) Attore di commedia i. *Actor l.* Acteur f.

. *Ordinànsa.* . Ordinanza i. . . . . Ordonnance f.

. *Ordinàri* . (Quegli, che ha giurisdizione ordinaria nelle cose degli Ecclesiastici.) Ordinario i. *Proprius loci Episcopus; ordinarius l.* Ordinaire; l'Evêque diocesain f. ⁋ *Ordinàri* dicesi anche quel corriere, che in giorno determinato porta le lettere. Ordinario i. *Tabellarius l.* Ordinaire; courier ordinaire; la poste f.

Ordinàri, add. ordinario i. *Ordinarius; solitus; consuetus* l. Ordinaire f.

- *Orefice.* Orefice i. *Aurifex* l. Orfevre f.

. *Organista.* Organista i. *Organorum modulator* l. Organiste f.

. *Ortolàn.* (Quegli, che lavora l' orto.) Ortolano i. *Olitor; hortorum cultor* l. Jardinier f. ⁋ Per quegli, che vende erbe per mangiare.

Treccone i *Caupo* l. Revendeur des herbages f.

Ortolàña ; ërbëra . (Colei, che vende erbe per mangiare.) Trecca ; rivendugliola d'erbe i. *Caupona; copa* l. Herbiere f.

Ospidalè . (Povero ricoverato in ospedale.) . . . .

. *Ovriè.* (Quegli, che esercita colla mano opera meccanica.) Operajo; artefice; lavorante; artigiano i. *Operarius; opera; artifex; opifex; officinator* l. Ouvrier f.

òsto ; òsta. Oste ; ostessa ; treccone ; tavernajo i. *Caupo ; caupa* l. Hôte, hôtesse, cabaretier ; cabaretiere f.

P

Padre . (Nome generico de' Religiosi regolari Sacerdoti.) Padre i. *Pater l.* Pere f.

Padròn . Padrone i. *Dominus; herus* l. Maître; seigneur f.

Padrìn; parìn. (Uomo, che tiene a Battesimo, o a Cresima, così detto riguardo al battezzato, o cresimato.) Patrino i. ˟ *Compater* l. Parrain f.

Page. (Garzonetto nobile, che serve a gran Personaggi.) Paggio d' onore i. *Puer aulicus* l. Page f.

Page - del - Prìnsi . Paggio del Principe i. *Puer honorarius* l. Page du Prince f.

Page - del - Re. Paggio del Re i. *Puer regius* l. Page du Roi f.

Pajrolè . Calderajo i. *Faber ærarius; ærarius* l. Chaudronnier f.

P ifàn . (Uomo di bassa nascita; di costumi rustici, abitante nelle campagne, o nelle terre, e che attende d'ordinario alla coltura della campagna.) Contadino; uomo di campagna; campagnuolo i. *Rusticus; agricola* l. Paysan f ¶ Dicesi d'un uomo mal proprio, ed incivile, che è un *Paifàn* , che ha l'aspetto d'un *Paifan*. Villano; rustico i. *Rusticus* l. Paysan f.

Paifàna . Contadina i. . . . . Paysanne ; villageoise f.

Paifanöt , dim. di *Paifàn*. Contadinello i. *Rusticulus* l. Petit paysan ; petit villageois f.

Paifanöta , dim. di *Paifàna*. (Detta il più delle volte per vezzi.) Contadinella; villanella i. . . . Petite paysanne f.

Palafernè . Palafreniere i. *Equorum curator* l. Palefrenier f.

Panatè . Panattière i. *Pi-*

stor, *panis promus* l. Boulanger f.

Panegirista . (Che fa panegirici.) Panegirista i. *Laudator* l. Panégiriste ; louangeur f.

Papa. Papa ; Sommo Pontefice i. *Summus, maximus Pontifex ; Summus Antistes* l. Pape ; Souverain Pontife f.

Paprè . (Colui , che fa , o vende la carta.) Cartaro; cartajo i. . . . . Papetier f.

Parochiàn. Parrocchiano i. * *Fidelis* l. Paroissien f.

Paroco . Parrocchiano ; parroco i. *Parocus, chi* l. Curé f.

Partiànt . Mezzajuolo i. *Partiarius, ii* l. Rentier; fermier f.

Partitànt , V. *Oblator* .

Passamantè . Fabbricatore, o venditore di passamani i. *Teniarum textor* l. Passementier f.

Pastisè . Pasticciere; pastelliere i. *Cupedia rius; pistor dulciarius* l. Pâtissier f.

Pastòr. V. *Bergè*.

Patè . Rigattiere i. *Propola* l. Fripier; régrattier f.

Patriàrca. Patriarca i. *Patriarcha* l. Patriarche f.

Pedagògo; pedante. (Quegli , che guida i fanciulli , e insegna loro.) Pedagogo i. *Pædagogus ; umbraticus doctor* l. Pédagogue ; pédant f.

Pedòn . Pedone i. *Pedes* ,

atis l. Piéton; savate f.

Pensionàri . (Colui, che sta in pensione .) Dozzinante ; pensionario i. . .

. . . .

Pensionnaire f. 𝔰 Colui, che gode pensione. Pensionario i. *Pensionarius* ; *pensione donatus* l. Pensionnaire f.

Pesadòr. Pesatore i. *Pensitator* l. Celui, qui pese ; e volgarmente anche , Peseur f.

Pescadòr . (Colui, che pesca , che esercita l' arte del pescare .) Pescatore i. *Piscator* l. Pêcheur f. 𝔰 Per quegli, che vende pesci . Pesciajuolo; pescivendolo i. *Cetarius* l. Poissonnier f.

Pescadòjra . (Colei, che pesca , che esercita l' arte del pescare .) Pescatrice i. *Piscatrix* l. Femme, qui pêsce du poisson f. 𝔰 Per colei, che vende pesci. Pesciajuola; pescivendola, voci dell' uso i. . . . . . Poissonniere f.

Piagè. (Colui, che raccoglie il pedaggio.) Pedaggiere i. *Partitor*; *publicanus* l. Péager f.

Picapère. (Chi lavora le pietre collo scarpello.) Scarpellino i. *Lapicida* l. Tailleur de pierre f.

Pifèr. (Sonator di piffero.) Piffero i. *Auletes* l. Fifre f.

Piovàn. Piovano i. *Parochus* l. Curé f.

Pistapeièr. Pestapepe i. *Pistillarius* l. . . . . .

Pistòr. (Quegli, che pesta.) . . . .

Pitòr. Pittore i. *Pictor* l. Peintre f.

Platè. (Quegli, che accomoda, e che prepara pelli per far pellicie.) Pelliciajo; pelliciére i. *Pellio* l. Pelletiere f.

Plenipotensiàri. Plenipotenziario i. *Cum summa potestate legatus* l. Plenipotentiaire f.

Plissè. Pelicciajo i. *Pellio* l. Pelletier; fourreur f.

Podestà. Podestà i. *Prætor , oris* l. Bailli f.

Polajè. (Mercatante di polli.) Pollajuolo i. *Aviarius* l. Poulailler; coquetier f.

Politich. (Officiale eletto ordinariamente dalli Borghesi per aver cura della pulizía, e degli affari comuni per un certo tempo.) Scabino i. . . . . . . Echevin f.

Porcatè. (Guardiano di porci.) Porcaro ; porcajo i. *Subultus* l. Porcher; gardeur des cochons f.

Portèur.(Colui, che porta la seggetta.) Seggettiere; portantino; sediario i. . . . Porteur de chaise f.

Portiè. Portinajo ; portinaro i. *Ostiarius* ; *janitor* ; *atriensis*; *portæ* , *aut liminis custos* l. Portier f.

Portinàr. (Custode della porta d' un convento.) Portinajo; portinaro l. *Ostia-rius*, *janitor*; *atriensis*; *por-tæ*; *aut liminis custos* l. Por-tier f.

Portinàra. (Conversa de-stinata alla custodia della porta d'un monastero.) Por-tinaja i. . . . . Portiere f.

Portonè. Barcajuolo i. *Por-titor* l. . . . .

Postè. V. *Meist d' pösta*.

Postion. Postiglione i. *Ve-redarius* l. Postillon; valet de poste f.

Povrè. (Colui, che tra-vaglia a far la polvere da archibuso.) . . . . . ·.

Pörtansegna. Alfiere; por-tastentardo i. *Signifer*, *eri* l. Porte-enseigne f.

Pörtalitre. Procaccio; por-talettere i. *Tabellarius* l. Courrier ordinaire, qui por-te les lettres f.

Preciàjre da *Preacher*, v. In-glese, che significa predi-catore; *ministr*. Ministro i. . . . . Ministr f.

Predecessòr . Predecesso-re i. *Decessor*; *antecessor* l. Prédécesseur; davancier f.

Predicatòr. Predicatore i. *Orator*; *concionator* l. Prédi-cateur f.

Prefèt. Prefetto i. *Præfe-ctus* l. Préfet f. ſ *Prefet-dle-scöle*. Prefetto delle scuo-le i. *Gymnasiarcha*, *chæ* l. . . . . ·

Preive. Prete i. *Presby-ter* l. Prêtre f.

Prelàt . (Colui, che ha dignità ecclesiastica, come Cardinale, Vescovo, Ab-bate, e simili.) Prelato i. *Præsul*, *ulis*; *antistes*, *ti-tis* l. Prélat f.

Prenditòr. (Quegli, che è destinato per fare i vi-glietti, ricevere i denari, e darne ai vincitori del gi-uoco del Seminario.) Im-prenditore; ricevitore i. *Acceptor* l. Receveur f.

President . Presidente i. *Præses*, *idis* l. Président f. ſ *Prim-President*. Primo pre-sidente i. *Primarius*; *Sena-tus Princeps* l. Premier Pré-sident f.

Pretòr. Pretore i. *Prætor* l. Préteur f.

Prevöst; *prevöst*. Propo-sito i. *Præpositus* l. Prévot f.

Prinsi. Principe i. *Prin-ceps*, *ipis* l. Prince f.

Prinsipessa. Principessa i. *Princeps*, *ipis*; *principis uxor* l. Princesse f.

Priòr. (Colui, che gode priorato Ecclesiastico.) Prio-re i. *Præses*; *prior* l. Prieur f. ſ Dicesi anche *Priòr*. (Il su-periore di alcuni conventi.) Priore i. *Prior* l. Prieur f. ſ Dicesi parimenti del su-perior delle confraternite. Priore i. *Fratriarchus* l. . . . .

Priòra. (Donna che pres-siede ad una confraternità.) Priora, v. dell'uso i. . . .

Proavocat.Proavvocato, v. dell'uso i. . . . . . .

ſ *Proavocat-fiscàl*. Proavvo-

cato fiscale i. . . . .
ſ *Proavocat-fiscàl-patrimoniàl.*
Proavvocato fiscale patrimoniale, v. dell'uso i. . .
   Procuratòr. Procuratore i.
Procurator, oris l. Procureur f.
ſ *Procuratòr-di-povĕr.* Procuratore de' poveri i. . . .
ſ *Procuratòr-fiscàl.* Procuratore fiscale i. . . . .
Procureur fiscal f. ſ *Procuratòr
generàl.* Procuratore generale i. . . . .
Procureur génér al f. ſ Nelli
ordini Religiosi si chiama
Procuratòr-generàl il Religioso, che è caricato degl' interessi di tutto l' ordine.
Procuratore generale i. . . . .
Procureur général f. ſ Si dà
parimenti il nome di *Procuratòr* in ciascuna casa religiosa al Religioso, che è
incaricato degli interessi
temporali della casa. Procuratore i. *Procurator* l. Procureur f.
   Profès. (Che ha fatta professione Religiosa.) Profes-
so i. *Professus* l. Profès f.
   Profèssa. (Monaca, che ha
fatta professione in un monastero.) Professa, v. dell'
uso i. . . . .
Professe f.
   Professòr. Professore i.
*Professor; doctor; antecessor;
magister* l. Professeur f. ſ *Pro-
fessòr-straordinàri.* Professore straordinario i. *Professor extra ordinem* l. . . . .
   Promotòr. (Che promove.)
Promottore i. *Qui promovet,*

provebit; patronus l. Promo-
teur f. ſ *Promotòr-dla-menſa.*
Procuratore della mensa i.

   Protomedich. Protomedi-
co i. . . . . Protomé-
decin, v. dell' uso f. ſ Estendesi abusivamente a significare parimenti il medico
destinato in ciascuna provincia a far le veci del
Protomedicato; Rappresen-
tante il Protomedicato v. dell'
uso i. . . . . . Vice-
Protomedicin, v. dell'uso f.
   Protonotàri-Apostòlich. Pro-
tonotario Apostolico, v. dell'
uso i. . . . .
   Provinciàl; provensàl. (Dicono i frati a quello, che
tra loro è il primo capo
della provincia.) Provin-
ciale i. *Præpositus; provin-
cialis* l. Provincial f. ſ Per
abitatore in provincia. Provinciale i. *Municeps* l. Provincial f.
   Provicàri. Provicario, v.
dell' uso i.
   Proviſiònè. Provveditore i.
Provisor; curator l. Pourvo-
yeur; fournisseur f. ſ *Provi-
siònè-del-Re.* Provveditore
della casa del Re i. *Anno-
næ Regiæ provisor, curator* l.

   Pròto. (Da πρῶτϴ, v. greca da noi addotata, e dicesi
del sovraintendente ad una
stamparía.) Capo i. *Primus;
princeps* l. Prote f.
   Pruchè. Perrucchiere i.
Cinisto l. Perruquier f.

Q

Quartàn. Studente di quarta i. *Studens quartæ classi* l.

Quintàn. Studente di quinta i. *Studens quintæ classi* l.

R

Rabin. (Dottore nella legge Ebraica.) Rabbino i. *Doctor; Rabbinus* l. Rabbin f.

Rafinadòr. (Quello, che raffina l'oro, e l'argento.) Affinatore; Raffinatore i. *Aurifex* l. Affineur f.

Ramassòr. Scopatore i. *Converritor* l. Balayeur f.

Re. Re ; Rege i. *Rex* l. Roi f. ¶ Re d'arme. (Sorta d'Araldo.) Re d'armi i. . . . . Héraut f.

Recluteûr. (Quello, che recluta.) . . . . . embaucheur f.

Refrendàri. Referendario i. *A libellis ; libellorum magister; libellorum supplicum magister* l. Référendaire f.

Regent. (Che regge.) Reggente i. *Administrator; gubernator; procurator; moderator* l. quando è nome di dignità. *Præses ; antistes* l. Ré-

gent f. ¶ *Regent-d'capa e de spa*. Reggente di cappa e spada i. . . . . . .

¶ *Regent-dla gran-canslaria*. Reggente della gran cancelleria i. . . . .

¶ *Regent-d'tòga*. Reggente di toga i. . . . . . .

Regina; *regina*. Regina i. Regina; *regnatrix* l. Reine; souveraine f.

Repetitòr, V. Ripetitòr.

Ressiajre. (Colui, che sega.) Segatore i. *Sector* l. Seieur de long f.

Retòr. Rettore i. *Rector, oris* l. Recteur, directeur; gouverneur f.

Retörich. (Che sa, o insegna rettorica.) Rettorico i. *Rhetor; rhetoricus doctor; dicendi præceptor ; eloquentiæ præceptor ; declarandi magister ; eloquentiæ professor* l. Rhétoricien; rhéteur f. ¶ Dicesi abusivamente di scolaro , che studia rettorica. Studente di rettorica i. *Rhetoricæ studiosus* l. . . .

Reverendissim , add. super. di *reverendo*. Reverendissimo i. *Reverendissimus* l. Révérendissim; tres-révérend f.

Reverendo, add. Reverendo i. *Venerandus* l. Révérend f.

Revisòr. Revisore; Censore i. *Censor* l. Réviseur; censeur f.

Ricevidòr. Ricevitore i. *Tributorum, o vectigalium coactor ; quæstor ærarius* l. Receveur f.

Riformatòr. Riformatore i. *Reformàtor; studiorum moderator* l. Réformateur f.

Ripetitòr. (Quasi sottomaestro.) Ripetitore i. *Studiorum adiutor* l. Répétiteur f. ¶ Per colui, che ripete privatamente la lezione agli scolari. Ripetitore i. *Pædagogus* l. Répétiteur f.

Rifè. (Colui, che vende rifo.) . . . . . .

Ritratista. (Pittore di ritratti.) Ritrattista i. *Imaginum pictor* l. Peintre de portraits f.

Ronchin. (Colui, che lavora ad estirpare le cattive erbe, gli spini, i cespugli, le macchie ec., e rende coltivo un terreno incolto.) . . . . . . Défricheur f.

Ronda. (Soldati, che girano le mura della fortezza, visitando le sentinelle.) Ronda i. *Milites vigilias lustrantes* l. Ronde f.

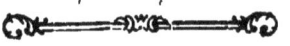

S

Sacërdöt. Sacerdote i. *Sacerdos* l. Prêtre f.

Sabionè. (Colui, che lavora a raccorre, o condurre sabbia.) Renajuolo i. *Bajulus arenarius* l. Sablonier f.

Sacrìsta; sacristàn. Sagre-stano i. *Ædituus* l. Sacristain f.

Sacristaña; Sagrestana, v. dell' uso i. . . . . . Sacristine f.

Santità. (Titolo, che si dà al sommo Pontefice.) Santità i. *Sanctitas* l. Sainteté f.

Salinè; gablotè. (Quegli, che è destinato per distribuire il sale.) Gabelliere del sale i. . . . . . Gabeleur f.

Salnitrè. (Quegli, che lavora alla fabbrica del salnitro.) Salnitraio, v. dell' uso i.

Sapadòr. Zappatore i. *Fossor; pastinator* l. Laboreur, qui fouit, qui remue la terre avec la houe f.

Sarajè. (Quegli, che fa le toppe, e le chiavi.) Magnano i. *Claustrarius artifex* l. Serrurier f.

Sargènt. Sergente i. *Aciei instructor* l. Sergent f.

Sargentin. (Colui, che ha cura, che le processioni vadano con ordine.) Ramarro i. *Pompæ curator* l. Bedeau f.

Saròn. (Legnaiuolo, che fa carri, carrozze, ec.) Carradore; carpentiere i. *Carpentarius* l. Charron f.

Sartòr. Sarto i. *Sartor; sarcinator* l. Tailleur f.

Sautissè. Salsicciajo i. *Porcinarius* l. Charcutier f.

Sbiri; soldà d' giustisia. Birro; sbirro; zaffo i. *Satelles; lictor* l. Sbire f.

Sbroldr. (Colui, che sfronda i mori.) Sfogliatore, v. dell' uso i. . . . . .

Scandajè. Bilanciajo i. Balancier f.

Scardassòr. (Quegli, che pettina la lana.) Ciompo i. *Carminator* l. Cardeur. f.

Scïapabösch. Taglialegna, v. dell' uso i. . . . . Bucheron f.

Scïav. Schiavo i. *Mancicipium*; se d' uno preso in guerra *Captivus* l. Esclave; captif. f.

Scïavandè; boè-a-govèrn voce pr. V. la descrizione alla voce *Boè-a-govèrn.*

Scolè. Scolare i. *Discipulus* l. Ecolier f.

Scritòr, V. *Autòr.*

Scrituràl. Scritturale; scrivano i. *Scriba* l. Ecrivain f.

Scrivan; copista. (Colui, che copia.) Scrivano i. *Scriba; librarius; amanuensis* l. Copiste; scribe f.

Scudè. (Persona nobile, che serve in corte a' Principi in varj uffizj onorevoli.) Scudiere i. . . . . Ecuyèr f.

Scultòr. Scultore i. *Sculptor* l. Sculpteur f.

Segretàri. Segretario; segretaro; secretario i. *Ab epistolis; a manu; librarius; a secretis; intimus alicuius a consiliis* l. Secrétaire f. ¶ *Segretàri-de-Stat.* Segretario di Stato i. ....Secrétaire d'état f. *Segretàri-dla-gran Canflarìa.* Segretario della gran Can-

cellería i. . . . . . . Secrétaire de la grande Cancellerie f. ¶ *Segretàri-Civil.* Segretario Civile i. . . . .

¶ *Segretàri-Criminàl.* Segretario Criminale i. . . . . .

¶ *Segretàri-d' Anbassiàda.* Segretario d'Ambasciata i. . . . . Secrétaire d' Ambassade f. ¶ *Segretàri-d' guèra.* Segretario di guerra i. . . . . .

Selè; slè Sellajo i. *Ephippiorum artifex* l. Sellier f.

Sejtòr; Sijtòr; siatòr. (Colui, che sega il fieno) Segatore i. *Foeniseca; foenifex; foenisector; falcarius* l. Faucheur f.

Seminarista. (Colui, che è in educazione in un Seminario.) Seminarista, v. dell' uso i. *Seminarii alumnus* l. Séminariste f.

Senatòr. Senatore i. *Senator, oris* l. Sénateur f.

Senplicìsta. Semplicista i. *Herbarius* l. Herboriste f.

Sensàl; anbossèur. Sensale i. *Proxeneta* l. Courtier; censal f.

Sensatòr. V. *Acensatòr.*

Sentinèla. Sentinella i. *Vigilia, æ; excubiæ, arum* l. Sentinelle; garde f.

Senturonè. (Facitore, venditore di pendagli.) Centuroniere i. *Zonarius* l. Ceinturier f.

Serpentiè. Guastatore i. *Fossor castrorum* l. Pionnier, gastadour f.

Sërva; serventa. Serva i. *Famŭla* l. Servante f.

Servient. V. *Mës.*

Servitòr; domestich. Servo; servitore i. *Servus; famŭlus* l. Domestique; serviteur; valet f.

Sfroladòr. Contrabbandiere i. *Mercium vetitarum mercator* l. Contrebandier f.

Sgnòr. (Colui, che ha signoria, dominio, e podestà sopra gli altri.) Signore i. *Dominus* l. Seigneur f. ſ Per qualità, titolo, che si dà per onore, civiltà, e convenienza alle persone, alle quali sì parla, o si scrive. Signore i. *Dominus* l. Monsieur f.

Sgoatër. V. *Marmiton.*

Sgurariàñe. V. *Curariàñe.*

Siatòr. V. *Sejtòr.*

Sigurtà. Mallevadore; sicurtà i. *Vas, adis* l. Caution; garant f.

Sijtòr. V. *Sejtòr.*

Sindich. Sindaco i. *Syndicus; actor; procurator* l. Syndic f.

Singhër. Zingano i. *Præstigiator* l. Bohéme; bohémien; ægyptien f.

Singria. Zingana i. . . . Bohémienne; ægyptienne f.

Siòr. V. *Sejtòr.*

Sirè. Cerajuolo i. *Cerarius opifex* l. Cirier f.

Sirimoniè, Ceremoniere; cerimoniere i. *Designator; cæremoniarum magister* l. Maître des cérémonies f.

Sirögich. Chirurgo i. Chi-rurgus l. Chirurgien f.

Sisladòr. (Orefice, che lavora col cesello.) . . . Ciseleur f.

Sitadìn. Cittadino i. *Civis* l. Citoyen f.

Socolè. (Operajo, che fa zoccoli) Zoccolajo i. *Calopodiarius* l. Sabotier f.

Söldà. Soldato i. *Miles* l. Soldat f. ſ *Soldà d'trata; berlandòt.* (Soldati invigilatori delle Regie gabelle) Soldato di tratta; stradiere i. . . . . ſ *Soldà d'giustisia* V. *Sbiri.*

Solecitatòr. Sollecitatore i. *Impulsor; instructor; instimulator; stimulator; hortator* l. Solliciteur f.

Sonadòr. Suonatore i. *Fidicen; lyristes* l. Joueur d'instrument f.

Sostitui, (Colui, che tiene le veci altrui.) Sostituito; sostituto i. *Vicarius* l. Substitut f.

Sostitui, add. Sostituito; sostituto i. *Substitutus* l. Substitut f.

Sotpriòr. (Colui, che sostiene le veci del Priore.) Sottopriore; soppriore i. *Vicarius* l. Sous-prieur f.

Sotpriòra; sòtpriöjra. (Colei, che sostiene le veci della *Priòra.*) . . . . . .

Sotròr. Beccamorto i. *Vespillo, onis* l. Fossoyeur; corbeau f.

Sotsegretàri. Vicesegretario; Sottosegretario, voce dell'uso i. *Scribæ vicem ge-*

I

rens l. Second secrétaire f.

Sottenènt; sotluctenent. Sot-
totenente i. . . . . .
Sous-lieutenant f

Sovràn. Sovrano i. *Princeps* l. Souverain f.

Sovranumeràri. Soprannu-
merario i. . . . . . .
Surnuméraire f.

Sovrastant. Soprastante i.
Præfectus; custos; præses l.
Sorbisseur f.

Sovrintendent. Sopraintende-
dente i. *Præses; præfectus;
diæcetes* V. Surintendant ;
ordonnateur ; administra-
teur; inspecteur f.

Spacïaforntèl; spacïacamin.
Spazzacammino i. *Camini
expurgator; scoparius* l. Ra-
moneur f.

Spadè. (Che fa spade.)
Spadajo i. *Machæropola* l.
. . . .

Spalìè. (Soldato, che negli esercizj con vari movi-
menti del suo corpo, e del
suo fucile indica agli altri
soldati ciò, che far devono.)
Spalliere i. . . . . . .
Espalier f.

Spessada. V. *Apoentè.*

Spessiàri. (Quegli, la di
cui professione si è di preparare le droghe per la
guarigione degl'ammalati.)
Speziale i. *Pharmacopola* l.
Apothicaire f.

Spenditòr. (Colui, che ha
la cura di provvedere per
li bisogni della casa.) Spen-
ditore i. *Dispensator; administrator* l. Dépensier; por-

voyeur; œconome f.

Spia. (Quegli, che in
guerra è mandato ad osser-
var gl'andamenti del nemico per riferirgli.) Spia i.
Explorator ; speculator l.
Espion f.

Spiòn. (Lo stesso, che
spia. E generalmente dicesi
di chiunque riferisce.) Spia i.
Delator; narrator l. Espion;
émissaire f. § Per colui,
che per infame prezzo rap-
porta alla giustizia gli altrui misfatti. Spia i. *Delator; quadruplator* l. Mouche;
espion f.

Stafè. Staffiere i. *Servus
a pedibus* l. Palefrenier f.

Stafeta. (Uomo, che corre
speditamente a cavallo per
portare alcuna lettera, od
avviso.) Staffetta; portalet-
tere i. *Tabellarius* l. Estaf-
fette f.

Stagiànt, v. pr. (Dicesi di
fittajuolo di parte di casa,
che occupa.) Fittajuolo i.
. . . .
Fermier; rentier f.

Stagninè. Stagnatore i.
Stannator l. Etameur f.

Stalè. Mozzo di stalla;
famiglio di stalla i. *Stabu-
larius* l. Valet d'écurie;
aide d'écurie f.

Stanpadòr. Stampatore i.
Excusor typographus l. Im-
primeur f.

Stansiatòr. (Che stanzia.)
Stanziatore; stanziante i.
Sanciens; decernens l. . . . .
. . . .

Stat-magiòr. Stato maggiore i. . . . .
Etat-major f.

Statuàri. (Colui, che fa le statue.) Statuario i. *Statuarius; plastes; statuarum artifex; fictor* l. Statuaire f.

Sternidòr. Lastricatore i. . . . .
Pareur f.

Straordinàri. (Corriere, che non ha giorno determinato per portar le lettere.) Straordinario i. *Tabellarius extra ordinem* l. Courrier extraordinaire f.

Straordinàri, add. Straordinario i. *Extraordinarius* l. Extraordinaire f.

Strassè. (Quegli, che compra, e vende cencj.) Cenciajuolo i. *Centonarius* l. Chiffonnier f.

Strega; masca; stria. Strega i. *Saga; venefica, æ* l. Sorciere; magicienne f.

Stregòn; masch; mascòn. Maliardo; ammaliatore i. *Veneficus* l. Sorcier; enchanteur f.

Stròlogo. Astrologo; astrolago; strolego; strolago i. *Astrologus* l. Astrologue f.

Stucadòr. (Artefice, che lavora di stucchi.) Stuccatore i. *Qui albarium opus facit* l. Stucateur f.

Student. Studente i. *Literarum studiosus; qui dat operam literis; literarum amans* l. Etudiant; candidat f.

Sublocatòr. (Quegli, che dà in affitto una cosa da se

affittata.) Subblocatore i. . . . .

Sudiacono. Soddiacono i. *Subdiaconus* l. Sous - Diacre f.

Sufraganeo. (Vescovo sottoposto al Metropolitano.) Suffraganeo i. *Suffraganeus* l. Suffragant f.

Sultàn. (Titolo di dignità presso i Turchi.) Sultano i. *Turcarum Imperator* l. Sultan f.

Sultaña. Sultana i. . . .

Sultane f.

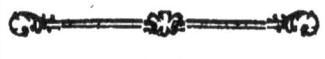

T

Tabachin; tabachiña. (Colui, o colei, che vende il tabacco.) . . . . . .

Tajànt. (Garzone destinato per tagliare la carne ne' macelli.) . . . .

Tamborn; Tambornìn. Tamburino i. *Tympanista, æ* l. Tambour; tambourineur f. § *Tamborn - magiòr* . . . Tambour major f.

Tapissè. Arazziere; banderajo; volgarmente tappezziere i. *Phrygio, onis* l. Tapissier f.

Tesorè. Tesoriere i. *Quæstor; thesauri custos* l. Trésorier f.

Tensiòr; tensiòr. Tintore i. *Infector* l. Teinturier f.

Tĕrassàn , add. Contadino i. *Rusticus ; agricola* l. Villageois f.

Teòlogo . Teologo i. *Theologus* l. Théologien f. ꝑ Dicesi anche abusivamente di quegli , che studia Teologia. Studente di Teologia i. *Theologiæ studiosus* l.   .   .

. . . .

Tĕrsian ; *tĕrsian* . Studente di terza i. *Studens tertiæ classi* l.   .   .   .   .   .   .

Tĕssiòjra ; Tessitrice i. *Textrix* l. Femme, qui fait de la toile f.

Tĕssiòr . Tessitore i. *Textor* l. Tisserande f. ꝑ I tessitori di lana si dicono Cannelli i.

Testimòni . Testimonio i. *Testis* l. Témoine f.

Tinbaliè . (Suonator di nacchera.) Naccherino i. *Tympanotriba* l. Timbalier f.

Tirabòrse . Borsajuolo i. *Manticularius* l. Coupeur de bourse; filon, qui coupe la bourse f.

Tirafassolèt . (Quegli che ruba fazzoletti.)   .   ,

. . . .

Tolè . Lattajo i. . . . . . Ferblantier f.

Torciòr . (Quegli , che strigne col torcolo le uve.)

Torcolè . (Quegli, che travaglia al torchio nelle stamparie .) Torcoliere i.

. . . . Pressier f.

Torè . Campanajo; cam-panaro i. *Tintinnabulorum custos* l. Sonneur; celui qui sonne les cloches f.

Torniòr ; *tornidòr* . Tornajo; tornitore i. *Tornator* l. Tourneur f.

Torsidòr . (Quegli , che torce la seta , cioè avvolge le fila addoppiate .) Tornitore i. *Qui torquet* l. Celui, qui torce f.

Traponè . (Colui , che prende le talpe .) Cacciator di talpe i. . . . . . Taupier f.

Trassan . V. *Tĕrassan* .

Tratĕur . Cuoco; pasticciere; trattore i. *Cupedinarius* l. Traiteur f.

Trinciant . (Quegli , che trincia le vivande .) Trinciante ; scalco i. *Structor* l. Celui, qui découpe, qui dépeche les viandes; ecuyer tranchant f.

Tripèra . (Donna , che lava, e vende i ventri .) Ventrajuola i. *Intestina eluens , vendens* l. Tripiere f.

Tronbĕta . (Suonator di tromba. Trombadore i. *Buccinator; æneator; tubicen* l. Trompette ; celui, qui sonne la trompette. ꝑ Per quegli , che pubblica gli editti, i bandi, ec. a suon di tromba. Banditore i. *Præco* l. Crieur public; juré-crieur f.

Tupinè . (Quegli , che vende vasi di creta .) Vasajo i. *Figulus* l. Potier f.

Turiferàri . (Colui, che

nelle funzioni Ecclesiastiche porta il turibulo.) Tu riferario i. . . . . .
Turiferaire f.

Tutòr . Tutore i. *Tutor , oris* l. Tuteur f.

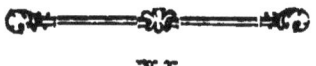

V

Vachè . (Guardiano delle vacche.) Vaccaro i. *Bubulcus* l. Vacher f.

Valè-d' camera . Cameriere i. *Cubicularius minister* l. Valet de chambre f. ſ*Valè-d' camera del Re*. Cameriere del Re i. *Regis cubicularius magister* l. Valet de chambre du Roi f.

Valè-d' piè . Staffiere i. Pedissequus l. Valet de pied f.

Vassàl. Vassallo i. *Alieni subjectus ; cliens ; fiduciarius ; * vassallus* l. Vassal f.

Vedriè . Vetrajo i. *Vitriarius ; vitrarius* l. Vitrier f.

Vendumiòr . Vendemmiatore i. *Vindemiator* l. Vendangeur ; coupeur f.

Vesco . Vescovo i. *Episcopus , pi* l. Evêque f.

Ufissiàl . Uffiziale i. *Minister ; officialis* l. Officier f.

Vicàri . (Che tiene il luogo , e le veci altrui .) Vicario i. *Vicarius* l. Vicaire f.

Vicàri-generàl. Vicario generale i. . . . .

Vicaire général f. ſ *Vicàri-provinciàl* . Vicario provinciale i. . . . .
Vicaire provincial f. ſ Per rettore , o uffiziale , che ha giurisdizione criminale , e civile. Vicario i. *Vicarius* l. Lieutenant de police f.

Viceauditòr. Viceuditore , v. dell' uso i. . . . . .

Viceauditòr-generàl . Viceuditore generale , voci dell' uso i. . . . .

Viceconservatòr. Viceconservatore, v. dell'uso i. .

Viceconservatòr - generàl . Viceconservatore generale, voci dell' uso i. . . . . .

Vicegerènt. Vicegerente i. *Vicarius* l. Vice-gerent f.

Vicegoërnatòr; Sotgoërnatòr. Vicegovernatore i. . . . .
Vice-Gouverneur f.

Vicerè. Vicerè i. *Prorex* l. Vice-Roi f.

Viceretòr. Vicerettore i. *Prorector , oris* l. Vice-Recteur f.

Vignolànt . Vignajuolo i. *Vinitor* l. Vigneron f.

Vinatè . Vinattiere i. *Vinarius , ii* l. Revendeur de vin ; marchand de vin f.

Violinè . (Colui , che fa i liuti , violini , e simili strumenti musicali da corda.) . . . .
Luthier f.

Visitatòr. Visitatore i. *Visor ; explorator* l. Visiteur f.

Viturin . Vetturino i. *Cisiarius* l. Voiturier f.

Vivandè . Vivandiere i.

Cupedinarius l. Vivandier f.

Vlutè . (Quegli, che fa il veluto.) . . . . . . Veloutier , voce dell' uso f.

Umanista . (Che professa belle lettere, o lettere umane .) Umanista i. *Humanitatis , et eruditionis Professor* l. Humaniste f. ꝑ Dicesi pure abusivamente di quegli, che studia umane lettere . Studente umane lettere i. *Humanarum literarum studiosus* l. . . . . . .

Volontàri . (Soldato , che serve di propria volontà nella milizia.) Volontario i. *Voluntarius ; volones , um* l. Volontaire f. ꝑ Per quegli, che lavora di propria volontà in un ufficio . Volontario i. . . . . Volontaire f.

Ussiè. Usciere i. *Janitor* l. Huissier f. ꝑ Per quegli, che cita , che intima. Usciere ; messo; donzello i. *Accensus, i; lictor; apparitor* l. Huissier f.

IL FINE.

RACCOLTA

DE' VERBI PIÙ FAMIGLIARI,

*Come anche di quelli, che più si discostano
dall' Italiana favella·, di alcune Frasi più proprie del nostro dialetto , de' principali Avverbi,
Preposizioni , Congiunzioni , ed Interiezioni.*

RACCOLTA

DE' VERBI PIÙ FAMIGLIARI;

Come anche di quelli, che più si discostano dall'
Italiana favella, di alcune Frasi più proprie del
nostro dialetto, de' principali Avverbj, Preposizioni,
Congiunzioni, ed Interiezioni.

A

Abandonè. Abbandonare.

Abassè. Abbassare.

Abastansa; pro; assè. Abbastanza.

A-baticöle; a-cavalët. In sulle spalle; a cavalluccio.

A-berlich, v. volg. Appena.

Abitè; stè. Abitare.

A-bon-cont. Ad ogni modo; per meno fallirla; a buon conto.

Abordè. Abbordare; accostarsi.

Aborì. Abborrire.

Abortì. Abortare; abortirsi.

Abrustolì. Abbrustolare.

Acablè. Opprimere.

Acade; capitè. Accadere.

Acaressè. V. *Caressè.*

Acetè. Accettare.

Acöl. V. *Adös.*

Acomodè. Accomodare; acconciare.

Aconpagnè. Accompagnare.

Aconsentì. Acconsentire.

Acostè; avsinè. Accostare; avvicinare.

Acusè. Accusare.

Adasi. (Dall' antico vocab.

adasio i.) *pian.* Adagio; a lento passo.

Adès; ora. Adesso ora.

Adesse. Accorgersi.

Adestrè. Addestrare.

Adobè; arangè. Abbigliare; ornare.

A-dover. Daddovero.

Adös; acöl. Adosso.

A-dröch. In quantità grande; a balle; a masse; a sacco; a barella.

Adsades; dsades. Fra poco; fra breve.

Adulè. Adulare.

Afanesse. Affannarsi.

Afessionesse. Affezionarsi; far alcuna cosa volentieri.

Afinchè; pertantchè. Affinchè; acciò.

Afitè; fitè. Affittare.

Aflige. Affliggere.

Afoè. Arroventare.

Agiutè. Aiutare.

Agiontè. Aggiugnere.

Agrumesse. (Dicesi dell' unirsi assieme, ed a grumi una cosa, che era sciolta.) Aggrumarsi, v. dell' uso.

Agrumislè, v. pr. Raccorre il filo, formandone un gomitolo. Dipanare; aggomitolare.

Agrumlisse ; agrumlesse . Rannichiarsi.

Ah; ahi. Ah ; ahi.

Aimè. Ahimè.

Alafè. Per mia fe. ₰ *Alafè ch' i giùr.* Per mia fè , con mio giuramento.

Alalarga ; dala-lontana . Dalla lontana.

Alfin ; finalment . Finalmente.

Alincontràri. Per lo contrario.

Al indimàn ; l' indimàn ; l' indomàn. L' indomani ; il giorno seguente.

Aloesse. (Distendersi con comodità , v. pr. usata per esprimere la consolazione , che sente uno , che sia stanco , a distendersi con comodità , e spensieratamente.) Sdrajarsi.

Al-longh ; longh. Lunghezzo ; lungo.

Alogiè. Allogare .

Al-par ; del-par. Alpari ; del pari.

Al-pi. Al più.

Al-pì-prèst. Al più presto; quanto prima.

Amassolè. (Far mazzi .) Ammazzare.

Amassè. Uccidere.

Amè ; voleje ben. Amare ; voler bene.

Amusè. Divertire. ₰ Figur. Trattenere ; intrattenere ; tener a bada ; far indugiare ; far perder il tempo .

Anandiè ; anandiesse. Cominciare.

Anbacuchè. V. *'Nbacuchè.*

Anbarassè. V. *'Nbarassè.*

Anbarbessè. V. *'Nbarbesse.*

Anbaronè. V. *'Nbaronè.*

Anbastì. V. *'Nbastì.*

Anberlifè. V. *'Nberlifè.*

Anbessi ; anpessì, agg. *dij dì.* Intirizzati , intirizzitì per lo freddo.

Anbletè. V. *'Nbletè.*

Anbrajè. V. *'Nbrajè.*

Anbriachesse . V. *'Nbriachesse.*

Anbrignesse. V. *'Nbrignesse.*

Anbrojè. V. *'Nbrojè.*

Anbronsesse . V. *'Nbriachesse.*

Ancapitè. V. *'Ncapitè.*

Ancaplè. V. *Arcaplè.*

Ancapussè ; ancarpionè. V. *'Ncapussè ; 'ncarpionè.*

Ancariè. V. *'Ncarighè.*

Antarognisse. V. *'Ncarognisse.*

Anchèui. (Voce usata da Dante.) V. *'Nchèui.*

Anche ; 'ncora ; 'ncor ; dcö. Anche ; ancora.

Anciuchesse. V. *'Nciochesse*

Andè. V. *'Ndè.*

Anfarinè. V. *'Nfarinè.*

Anflè. Sporcare; bruttare.

Angarghisse . V. *'Ngarghisse.*

Angranghiesse. V. *'Ngranghiesse.*

Angrignesse. V. *'Ngrignesse.*

Angringesse. V. *'Ngringesse.*

Anlessiè. V. *'Nlessiè .*

Anliè i dent. V. *'Nliè i dent.*

Anmatisse. V. *'Nmatisse.*

Anmochesse. Poco , o nulla importare.

Anojè; *sechè*. Annojare; seccare.

Anpacè. V. *'Npacè*.

Anparè. V. *'Nparè*.

Anpastè V. *'Npastè*.

Anpessì. V. *Anbessì*.

Anpodrè. V. *'Npodrè*.

Anprestè. V. *Prestè*.

Anprende. V. *'Nprende*.

Anrabiesse. V. *'Nrabiesse*.

Anramè. V. *'Nramè*.

Anrochè. V. *'Nrochè*.

Anroè; *enroè* Circondare.

Anrossè. V. *'Nrossè*.

Ansarì. V. *'Nsarì*.

Ansem; *'nsem*. insieme; assieme..

Ansi. Anzi.

Ansilà. V. *'Nsilà*.

Ansisì. V. *'Nnsisì*.

Ansossiesse. V. *'Nsossiesse*.

Antajesse. V. *'Ntajesse*.

Antamnè. V. *'Ntamnè*.

Antaschè. V. *'Ntaschè*.

Antelmentre. V. *'Ntelmentre*.

Antertojè. V. *'Ntertojè*.

Antramesè. V. *'Ntramesè*.

Antrapesse. V. *'Ntrapesse*.

Anvertojè. V. *'Nvertojè*.

Anvironè. V. *'Nvironè*.

Anvlupè. V. *'Nvlupè*.

Apaire; *paire* Aver campo.

Apafiè. Acchetare; pacificare. ꝗ *Apafiesse*. Acchettarsi; pacificarsi.

A-paticöle; *a-baticöle*; *a-cavalèt*. In sulle spalle; a cavalluccio i.

A pe-giont. A piè pari; a piedi giunti.

Apöch - apöch. Aposo; appoco .

Apont; *giust*; *per l' apont.*

Appunto; per l'appunto; giustamente.

A-ofa, v. usata per ischerzo. (Senza costo alcuno o senza corrispettivo.) A offo.

Apontalè. (Por sostegno ad alcuna cosa, o perchè ella non caschi, o perehè ella non s'apra, o chiuda.) Puntellare.

A-pösta; *a-bela-pösta*. A bella posta; a posta i.

Aquistè. Acquistare.

Aranda. (Voce già usata da Dante.) Da vicino.

Arangè. Ordinare, disporre per ordine; abbigliare, ornare. ꝗ *Arangesse*. Abbigliarsi.

Arbate. Ribattere; ribadire.

Arbutè; *desbutè* Ributtare.

Arbecinesse. Rinfronzirsi; abbellirsi; aggiustarsi là persona.

Arcaplè. (Rimetter il vin vecchio ne' tini con uva nnova.) Rincappellare. ꝗ Per ritornare le infermitadi. Rincapellare.

Arcatè. Ricomperare una cosa venduta. ꝗ Volg. in senso metaf. Pretender più di quanto s'è accordato, che anche dicesi *Ransonè*.

Arcaussè. (Metter attorno a una cosa o terra, o altro per fortificarla, o difenderla, acciocchè si sostenga, e stia salda, e per lo più si dice delle piante.) Rincalzare.

Archinchesse. Raffazzonarsi; abbellirsi; aggiustarsi la persona.

Arcianpè; cianpè, voci pr. Adunare; accumulare.

Arcordesse; ricordesse. Ricordarsi.

Arcujì; cujì. Raccogliere.

Arculè. Rinculare.

Arcufì. Ricucire.

Ardì. Ridire.

Ardrissè. (Metter a suo luogo le cose, e come si conviene.) Raddirizzare.

Arfè. Rifare. ſ *Arfesse.* Rifarsi.

Arfilè. Raffilare.

Argaucesse. Alzarsi su i panni. . . . . . .

Argrignà, add. Aggrinzato i.

Argrignè. Digrignare.

Arlamè; arlassè. Rilassare.

Armenè. Guastare; sporcare checchesia specialmente colle mani. ſ In senso metafor. Riprendere acremente; strapazzare.

Armodernè. Rimodernare.

Armognè. Brontolare.

Armusciè; smurciè. Far diligente perquisizione.

A-rota-d'cöl. (Dicesi avverbialmente, e si unisce col verbo *core, andè,* e significa a pericolo manifesto di rompersi il collo.) A rompicollo; a fiaccacollo. ſ Dicesi pure di cosa, che si vende a vilissimo prezzo.

Arpaghesse. Rivendicarsi; rifarsi.

Arpassè. Ripassare; dar da mangiare alle bestie; quando sono per viaggio.

Arpatesse. Ristabilirsi.

Arpiesse. Ripigliare le forze, e figur. ristabilirsi in fortuna.

Arfensè. Risciacquare.

Arseive; 'rseive. Ricevere; accogliere.

Arfè, v. contad. (Proprio delle bestie bovine. Infuriare, e smaniare per puntura d'assillo.) Assillare.

Arsolè. Risolare.

Arsonè, v. cont. V. *Salutè.*

Artapè Arruffare.

Arvangesse. Rivendicarsi; rifarsi.

Arvenì. (Dicesi del dare la prima cottura alla carne, ad erbaggi, e simili.) Fermare. ſ *Arvenisse.* Riaversi.

Arversè. Rovesciare. ſ *Arversesse.* Rovesciarsi. ſ *Arversesse.* Si dice in senso metaf. del corrompersi del vino. Dar la volta.

Arviè. Avvivare.

Arvirè; arvoltè. Rivolgere. rivoltare.

Arviscolesse. Riaccendersi. ſ Figur. dicesi di ammalato, che era già per morire, e che prende qualche miglioramento. Riaversi.

Afardesse. Arrischiarsi.

Asdesse. Assuefarsi.

A-spron-batù. A spron battuti; a tutta carriera; velocemente.

Assè. V. *Abastansa.*

Assolve. Assolvere.

A-strassa-pat; a-rota-d'cöl;

pr' un bocon d' pan. A vilissimo prezzo; a bassissimo
prezzo.

Atachè. V. *Tachè.*

Atilesse. Abbigliarsi; abbellirsi; aggiustarsi la persona.

Atrapè. (Prender uno con
fraude, e violenza.) Chiap-
pare; acchiappare.

Avaitè, v. contad. Agguatare; star in agguato.

Aveje. Avere. *§ Aveje i
dent anlià.* Avere i denti
allegati. *§ Aveje ję spron;
aveje ję spron longh.* Fr.
usate solo per ischerzo. Dicesi di figlia, che abbia già
oltrepassato il fiore di sua
gioventù. *§ Aveje un bon
sovrascrit.* Avere buona so-
prascritta, buona sembianza, buona cera, ed aria del
volto. *§ Aveje l' umòr per
travërs, d'garèla.* Esser di
mal umore.

Avęsinè. Avvicinare.

Avischè (Da avischiare;
attaccar fuoco quasi col vi-
schio.) Accendere.

Avortè, v. contad. (Si
dice degli aborti, che fanno
le bestie.) Abortare.

Autręstant; autęrtant. Altrettanto.

Ausè. Alzare. *§ Ausè la
glöria.* Fr. usata solo per
ischerzo. Bere allegramente.
§ Ausè le söle; mnè le söle.
Frasi usate solo per ischerzo. Fuggire.

B

Badinè; burlè. Burlare.

Badojè; patojè. Metter
sossopra; maneggiare.

Bafrè. v. usata solo per
ischerzo. Mangiar con in-
gordigia; scuffiare, v. Fi-
rentina usata pure per ischerzo.

Bagajè; sagajè. Linguettare; tartagliare.

Bajè. Sbadigliare.

Balafrè, v. usata solo per
ischerzo. Mangiar con in-
gordigia.

Balè. Ballare.

Balotè. (Dar alla palla
per baja, e trattenimento.)
Palleggiare. *§ Balotè.* In
senso metaf. Fare alla palla
d' alcuno. Palleggiare; min-
chionare; burlare.

Banblinè. Menar il can
per l' aja.

Bandè. Tendere. *§* Parlando d' arma da fuoco.
Montare.

Baratè; canbiè. Cangiare.

Barè. Dar colpi di stanga
a qualcheduno.

Barichè. Chiuder con stanga una porta, o una finestra.

Basè. Baciare. *§* Figur.
basè la man. Esser contento.

Bassè; chinè. Abbassare.

Basotè. Baciar più volte.
Nel giuocare a tarocchi significa aspettare attentamente il tempo migliore

per giuocar le figure.

Bate. Battere. ¶ *Bate 'l gran.* Tribbiare. ¶ *Bate le brochete.* Fr. usata solo per ifcherzo. (Tremare, e batter i denti per causa del freddo.) Batter la borra.

Bastonè. Bastonare.

Baudetiè; sonè la baudeta. Suonare a festa, a son giulivo.

Baulè. Abbajare; latrare.

Bautiè. Dondolare.

Berbotè. (Parlar fra denti poc' inteso da chi ascolta.) Borbottare; brontolare. ¶ Metaf. dicesi di certo romore, che fanno i liquidi bollendo.

Berlichè, v. volg. Leccare. ¶ *Berlichesne i dì.* (Si dice per espressione di somma compiacenza.) Leccarsene le dita.

Bessiè; pessiè. (Dicesi della difficoltà, che hanno taluni nel pronunziare certe lettere.) Scilinguare.

Beive. ; *cinpè*, v. volg. usata per ischerzo; *ciucè*, v. volg. usata per isc. Bere. ¶ *Beivla.* (Creder una cosa falsa per vera) Bersi una cosa.

Bench'; quandbench'; sibench'; binch'. Benchè; quantunque; sebbene.

Benedì. Benedire.

Bociè. (Termine usato nel giuoco delle boccie, e vale levar colla sua la boccia dell' avversario.) Truccare. ¶ Figur. Si dice ancora del rimandar uno da

qualche esame; rimuovere uno da qualche impiego, al di cui possesso si trovava, od aspirava.

Bocionè. (Dicesi delle fregagioni, che si fanno ai cavalli.) Stropicciare; bolcionare.

Boc Affibbiare.

Boconiè. (Dicesi quando uno, mentre aspetta, che vengano i compagni a mensa, o che sia portata la roba in tavola, piglia de' pezzetti di pane, e mangia.) Bocconcellare; tramesseggiare.

Bofè. (Mandar fuora l'alito con impeto, e a scosse, per lo più per cagione d'ira.) Sbuffare.

Bolversè. Metter sossopra.

Borè. Abbeverar cavalli. ¶ Dicesi pure per profondere. ¶ *Borène giù.* Darne a profusione; metterne a profusione.

Botonè. Abbottonare; affibbiare.

Brajè; criè. Gridare; rimproverare.

Brighè. Brigare; far impegni, o mettere in opera, checchè serva per ottenere l' intento.

Broè. (Dicesi del dare la prima cottura agli erbaggi, ai legumi, ec., alla carne, quando è vicina a patire, acciò si conservi.) Fermare.

Bruì. (Romoreggiare, che fa il sasso pell' aria, od altre cose tratte, o agitate con forza.) Frullare; ronzare.

Brusè. Bruciare.

Brusatè. Abbrustolare.

Bsogna; venta. (Questo verbo oltre ad esser impersonale è senza infinito. (Abbsogna; fa d'uopo.

Bujì. Bollire.

Buratè. Abburattare.

Burlè, badinè. Burlare.

Butè. Mettere; porre.⌐*Butè sot-e-sù*. Metter sossopra; scompigliare. ⌐ *Butè ne sal ne cùli, ne sal ne peivèr*. Far una cosa senza indugio, o senza riguardo. Nel primo senso spicciarsi; nel secondo parlar fuori de' denti, senza barbazzale, senza mettervi su nè sal nè olio. ⌐ *Butè 'n pè 'n van*. Porre il piede in fallo. ⌐ *Butè sul fus*, Metter nel fasto.

Butonè. (Dare delle bolzonate.) Sbolzonare; bolcionare.

C

Cacarè. Gracchiare delle galline.

Canbiè; baratè. Cangiare.

Canpè; tanpè v. pl. Gettare. ⌐ *Canpè*. fig. vivere. ⌐ *Canpé giù d' fen*. Tirate giù del fieno; intendendosi *per dè a cost bèu ch' a parla*. Fr. usata per dar la baja ad uno, che vuole spacciarsi per

uomo dotto, e dal parlare si fa conoscere per ignorante.

Capitè; ancapitè; 'ncapitè. Accadere.

Cappe; castro. (Voci di ammirazione.) Capperi.

Capulè. Tritare.

Carchè. Comprimere.

Caresse; gnognè; acaressè. Accarezzare.

Cariè. Caricare.

Carichè. Affettare.

Carpionè. (Si dice del metter aceto sul pesce fritto, o sopra altri cibi per conservargli.) Marinare. ⌐ In senso metaf. render uno perdutamente amoroso.

Caschè; tonbè; drochè v. volg. Cascare; cadere.

Castighè. Castigare.

Castro; cappe. Voci di ammirazione. Capperi.

Catè. v. pleb. da *cattare*, *accattare* i., o da *captare* l. V. *Conprè*. ●

Cemi. (Dicesi di legne, che non possono abbruciare.) . . . . .

Chechè. Balbettare.

Cheùfe. Cuocere.

Chinè; bassè. Abbassare.

Ciaciarè; ciarlè. Ciarlare.

Ciacotè. Altercare; contendere.

Ciadlè. Dar sesto.

Ciancie. Ciaramellare.

Ciapè. Prendere.

Cinfrognè, v. volg. Far male una cosa, con negligenza.

Ciaranlè; gasoje; mnè la bertavèla. Ciaramellare; chiacchiarare; tatamellare; gracchiare.

Ciarlè, V. *Ciaciarè*.

Ciaudronè. (Ballare senza ordine o regola.) Ballonzare.

Ciödè. Chiudere.

Ciucè. (Attrarre a se l'umido, o sugo.) Succiare. ſ In senso figur. V. *Copatè*.

Ciumì. Dicesi di cosa, che dovrebbe bollire, e non bolle, e così stando contrae cattivo sapore.

Ciupì j' ūi. Chiuder gli occhi. ſ Metaf. Morire.

Ciupinè, V. *Copatè*.

Ciusſè. Parlar sotto voce all'orecchio.

Ciusse; ciusì. (Far la voce della chioccia.) Chiocciare.

Ciuto, V. *Cito*.

Cicanè; ratlè. Questionar con vani pretesti.

Cichè. Ammaccare; acejaccare.

Cinpè, V. *Copatè*.

Cissè, v. contad. Aizzare; stimolare; frugare.

Cito; sito; ciuto; Zitto; silenzio.

Coefè. Acconciar il capo; acconciar i capelli.

Cogesse. Coricarsi.

Com; coma. Come.

Comandè. Comandare.

Con. Con.

Condanè. Condannare.

Confessè. Confessare.

Coninè Accarezzare.

Con - la - testa 'ntęl - sach. Senza considerazione; inconsideratamente.

Conpanię̀. Mangiar pane con proporzionata quantità d'altro cibo.

Conprè. Comperare.

Contè. Contare; numerare; narrare.

Contra. Contra; contro.

Contutchę. Contuttochè.

Contutlö. Contuttociò.

Copatè; cinpè; cucïè, voci usate solo per ischerzo. Bere vino. ſ *Copatè; cinpè; cucïè ben*. Trincare.

Corage. Coraggio; animo.

Core; marcè. Correre. ſ *Core a-rota-d'cöl*. (Correre velocemente, e a precipizio, senza considerare la strada buona, o cattiva.) Correre a rompicollo.

Cospętonè. (Farla da bravaccio.) Bravare.

Covè. Covare.

Crachè forse da κράζα, v.gr. (Spacciar menzogne per verità.) Sballare, v. dell'uso.

Crafè. Ammaccare; poco meno, che infrangere.

Credé. Credere.

Crefe, v. pr. usata da Dante nella sua commedia. V. *Credé*.

Crię̀; brajè. Gridare; rimproverare. ſ *Crię̀ Savöja*, (v. di giubilo, e d'allegrezza.) Gridar con giubbilo, con allegrezza. ſ *Sensa - crię̀ - Savöja*, avv. Tacitamente.

Criassè. Gridar forte.

Crinè; grugnì. (Lo stridere del porco.) Grugnire.

Crocïetè. Affibbiare.

Cujì. Cogliere. (Prender qualcheduno all'improvviso.) Fig. Guadagnarsi la

benevolenza di qualcheduno
Curè. Curare. ¶ Dicesi
pure del torre gl' interiori
de' pollami, degli uccelli ec.
Sventrare.

. *Cuſt*. Cucire.

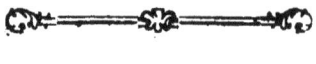

D

D' aitre võlte. Altre volte.
Da-galant-öm. Da galant-
uomo.
Dagiàche. Giacchè.
Dacànt. Accanto; allato.
Daitche; datoche. Dato
che.
Damatin. Sul mattino.
Dandanià; dandanè. Bar-
collare; ciondolare; don-
dolare.
Daprès; V. *Davſin*.
Darair; drair. Rade volte.
Darinpèt, V. *Dirinpèt*.
Dascondòn. Di soppiatto;
di nascosto.
Davanè. Formar la ma-
tassa; aggomitolare.
Davſin; vſin; daprès. Da
vicino.
Dbröcavolà. Subito; di broc-
co.

. *Demorè; dmorè*. Divertire
i fanciulli. *Demoresse; Dma-
resse*. Abusivamente da *dimora*. Si trova usato da' To-
cani in questo stesso senso.
¶ *Io mi dimoro*, per dire io
me ne sto a far nulla; o a
passar tempo.

Deſbanchè; ſbanchè. Sbancare; vincer tutto.
Deſbandè. (Da *Débander* f.)
Rilassare. Parlando d' un'
arma da fuoco. Allentare;
rilasciare.
Deſbarassè. (Da *Débaras-
ser* f.) Spacciare; sgombra-
re; disciorre; tor l' imba-
rasso, l' impaccio; libera-
re; disimpegnare; sbrogliare;
sbrigare; tor d'imbroglio,
liberar da qualche intrico.
Deſbaucè. (Da *Débaucher* f)
Corrompere; sviare.
Deſblè. (Forse da *Déblai* f.)
Disfare; distruggere.
Deſbaclè. Sfibbiare.
Deſbotònè; sbotonè. Sbot-
tonare; sfibbiare i bottoni.
Deſbrojé. Sbrogliare.
Deſbutè. Principiare; co-
minciare. ¶ Per Ributtare.
V. *Arbutè*.
Deſdavanè è l'opposto di
Davanè. ¶ Quando si aggo-
mitola traendo il filo dalla
matassa. Dipanare.
Deſgagè. Spedire. ¶ *Deſ-
gagè; dſinpegnè*. Riscuotere;
ritirare un pegno.
Deſgaretè. Scalcagnare.
Deſgavassèsse; sgavassèsse.
(Dir liberamente il proprio
sentimento.) Sfogarsi.
Deſgavignè. (Sciogliere
un intreccio.) Sviluppare.
Deſgelè. (Da *Dégeler* f.)
Struggere; sciogliere il
ghiaccio.
Deſgiochè. Dicesi del di-
scendere delle galline dal
gioch la mattina quando si

K

svegliano. ¶ Fig. usasi per ischerzo da' plebei per Alzarsi da letto.

Defgropè. Snodare.

Defgrossè. Digrossare; sgrossare.

Deflavè. Dicesi del render sudici i panni lini.

Defliè; deflighè. Sciogliere; slegare.

Deflogè. Slogare. ¶ *Deflogesse.* Slogarsi.

Deflossè, v. pr. Sfibbiare.

Defmantlè. Sfasciare; demolire.

Defmarinè. Si dice dello sciogliersi, che fa il ghiaccio per cagione del vento marino.

Defmentiè. Scordare. ¶ *Defmentiesse.* Scordarsi.

Defmontè. Smontare. ¶ Metaf. Tor l'animo; far altrui perder l'animo; disanimare.

Defnandiè. Distorre.

Defnodè. Snodare.

Defrangè. Disordinare; scompigliare.

Defsvalisè; svalisè. (Spogliare altrui violentemente delle cose proprie.) Svaligiare.

Defsvenì. Perder il colore naturale; addivenir più macilente.

Defviè. Svegliare.

Defsvlupè. Sviluppare.

Defscoefè. Scapigliare; ¶ *Defscoefesse.* Scapigliarsi.

Defscreditè. Screditare.

Defscrichè. Scattare; scoccare.

Defscrocetè. Sfibbiare.

Defscusì. Scucire; sdrucire.

Defsfassè. Sfasciare.

Defsfè. Disfare. ¶ *Defsfesse d'un, d'una cösa.* Disfarsi d'uno; disfarsi d'una cosa, alienarla da se.

Defsfodrè; sfodrè. (Cavar dalla guaina.) Sguainare; per cavar la fodera d'un' abito; sfoderare.

Defsfogonè. (Dilatare più del dovere una cosa bucata, o tubulata.) Sfoconare, v. dell'uso i.

Defsfondè. Sfondare.

Defsfrè. Sferrare.

Defspalè; defspaliè. Torre la neve da sui tetti.

Defsparè. Scoppiare.

Defspatagnè, contrario di 'Npatagnè. Sviluppare.

Defspentenè. Scapigliare. ¶ *Defspentenesse.* Scapigliarsi.

Defspojè. Spogliare. ¶ *Defspojesse.* Spogliarsi.

Defsprende. Disimparare.

Defspupè. Slattare.

Defssolè. Sfibbiare.

Defstachè. Distaccare; staccare. Fig. Parlar senza riguardo.

Defstiè. Sfilare la canapa.

Defstissè. (Da *Disattizzare,* spegner il fuoco, od altra cosa, che arda.) *Stissè.* Spegnere.

Defstopè. Disturare; sturare.

Defstornè. Frastornare.

Defstrighè; sbrighè. Spedire; sbrigare.

Defveje; dveje. Dovere.

Dè. Dare. ꝗ *Dè l' aqua al mulìn.* (Dicesi di chi si mette chiacchierare.) . . . ꝗ *Dè na cięca.* Dare un buffetto. ꝗ *Dè n' andi, un andi.* Avviare; dare un avviamento. *Desse d' andi.* Prender avviamento. ꝗ *Dè 'l cop; Dè 'l bal.* Frasi usate solo per ischerzo. Licenziare. ꝗ *Dè la störta.* Fr. usata in lingua furbesca. Dar ad intendere una per altra cosa; fingere di fare, o voler far una cosa, e farne un'altra. ꝗ *Dè-dla-cörda.* Fr. usata in lingua furbesca. Collare, e metaf. Unirsi due, o più per ingannare alcuno. ꝗ*Dè la biava.* Abbiadare. ꝗ *Dè °ntla bröca.* Dar nel brocco; cor nel mezzo del bersaglio; cioè in quello stecco, col quale è confitto il segno; metaf. Indovinar il secreto d'un fatto; apporsi. ꝗ *Dè 'n capùs; dè nę scufiöt.* Render uno amoroso; innamorare. ꝗ *Dè de spertiassà.* Dar colpi di pertica ai rami degli alberi da frutta per farla cadere.ꝗ*Dè ala-volà.* (Si dice del giuoco di palla, quando le si dà di primo tempo, cioè avanti che la palla tocchi terra.) Dar di posta. ꝗ *Dè da butòn.* Dare della bolzonate; bolzonare; bolcionare. ꝗ *Dè na cösa arrota-d'cöl, a-strassa-pàt, per un bocòn d'pan.* Vender una cosa a vilissimo prezzo. ꝗ *Dè ar-*

dris. Dar sesto. ꝗ*Desse d'ardris.* Pigliar partito; pigliar qualche modo di rimediare. ꝗ *Deje per-drit e per-travërs.* Far tutto ciò che più piace senza riguardo alcuno. ꝗ *Dè 'l sach.* Saccheggiare.ꝗ*Dè la destörna; dè la baja.* Dar la burla; burlare. ꝗ *Dè del dì sot.* Fomentare ꝗ *Dè 'ntlę scàrt.* Inciampare in cosa, che si vuole schivare. ꝗ *Dè lę sfrat.* Fr. usata per ischerzo. Dar lo sbalzo; dar lo sfratto; mandar via; scacciare; licenziare. ꝗ *Dè a gambe.* Fuggir con prestezza; leppare. ꝗ *Dè dl' ëui.* Aver l' occhio; badare. ꝗ *Dè 'n gnëch per tëra.* Dar uno stramazzone. ꝗ *Dè n' arangiament ai afè.* Dar sesto agli affari. ꝗ *Dè sla vof.* Far chetare; dar sulla voce. ꝗ *Dè la bęcà.* (Metter il cibo nella bocca agli augelli.) Imbeccare; figur. Instruire altrui di nascosto.

Dì. Dire. ꝗ *Dì bif e-bàf.* Parlar male senza alcun riguardo; dire quello, che vien in bocca.

Diman; domąn. Domani. ꝗ*Diman-matin, e dimanasejra.* Domattina, e domani a sera.

Dipinge. Dipingere.

Dio-vëuja. Dio voglia ꝗ*Dio-voleişa.* Dio volesse.

Dirinpèt; darinpèt. Dirimpetto.

Difnè. Desinare.

Divide; sparti. Dividere.

Dlà. Di là.

K 2

Dnans. Avanti; davanti; prima.

Dobiè. Doppiare; addoppiare; raddoppiare. ⁋ Metaf. Accelerare il passo; raddoppiare il passo. ⁋ *Dobiè le camiſe*, figur. Far fagotto, far fardello, e fuggirsi.

    Domàn; *dimàn*. Domani.

    Doncra. Dunque.

    Dond. Donde.

    Dorgnè, v. pr. Cagionar tumori con percosse.

    Dotè. Dotare.

    Dotòrè. Addottorare.

    Döp. Dopo.

    Drair; *darair*. Rade volte.

    Drè; *darè*. Dietro.

    Drochè, V. *Caschè*.

    Dsà; *dędsà*. Di quà.

    Dsà, *e dlà*. Di quà, e di là.

    Dsadès; *adsadès*. Fra poco; fra breve.

    Dſora; *dſòr*, *dſovra*; *sovra*. Sopra.

    Dsota; *dsot*; *sot*; *sota*. Sotto.

    Dveje; *dęveje*. Dovere.

    Dventè. Divenire; diventare.

    Dubitè. Dubitare.

    Duña. Presto; subito.

    Duña-duña. Presto presto.

    Durè. Durare.

E

Æ (Nota di congiunzione.) E.

Ecetochę, *ecetuachę*. Eccettochè.

    Entè. Innestare.

    Epur. Eppure.

    Espetorè. V. *Spetorè*.

    Esse. Essere. ⁋ *Esse ansarì*; *esse 'nsarì*. Esser roco. ⁋ *Esse plucis*, frase pl. Esser senza denari; esser decotto. ⁋ *Esse arnoſ*. (Dicesi degli infanti.) Esser di mal umore. ⁋ *Esse borù*. Esser di mal umore. ⁋ *Esse mal-an-arneiſ*. Esser mal in arnese; esser mal vestito, male all' ordine di sanità, d'abito ec. ⁋ *Esse al fin dla candeila*. Metaf. Per essere in estremo di vita; esser al lumicino. ⁋ *Esse 'nterdoà*. Esser perplesso; esser dubbioso ⁋ *Esse sul fuſ*. Esser sul fatto. ⁋ *Esse saña ſcrusìa*. Esser infermiccio. ⁋ *Esse a meſa bròca*; *esse d' ciara*, *esse d' ghinda*, frasi usate solo per ischerzo, ed in significato di briaco allegro, e mezzo briaco; esser brillo; esser mezzo briaco. ⁋ *Esse a bröca cuërta*, fr. usata solo per ischerzo. Metaf. tratte dalla *bröca*, che si pone per segno, o sia termine delle grandi misure da vino. Esser avvinazzato. ꝼ *Esse anbẹssì*; *esse anpẹssì*. Avere le dita intirizzate, o, intirizzite per lo freddo.

ẽrpiè . Erpicare .

Ex-abrupto , voci l. Non avendo noi nel nostro alfabetto la *x*, si potrà scrivere *esabrupto*, come sento pronunziarsi da parecchi. Senza esordio ; exabrupto .

F

Fè . Fare . ꝼ *Fè bancaròta*. Fallire . ꝼ *Fè cïair*. Far lume ; metaf. Servire per lucerniere ; tener il lume . ꝼ *Fè göi* . (Frase volgare.) Far piacere; divertire. ꝼ *Fele boñe*. Trattare colle buone, cioè colle piacevolezze, con bello, e cortese modo, affine d'ottener qualche cosa. ꝼ *Fè la cort* . Corteggiare . ꝼ *Fè colassion*. Far colezione . ꝼ *Fè marènda*. Merendare. ꝼ *Fè d' mas*. Far mazzi ; ammazzare . ꝼ *Fè blin blin* ; *fè blin blèna* . Finger amorevolezza, e nel tempo istesso pensar al tradimento ; dar ad intendere qualche cosa per ingannare, e vale il miele alla bocca, ed il rasojo alla cintola . ꝼ *Fè 'l lunẹs*. Far la lunediana. ꝼ *Fè le tẹnẹbre* . Far le tenebre . ꝼ *Fè rif-e-raf*.

(Si dice quando sono più gente d' attorno a checchessia, e ciascuno s' affanna con prestezza, e senz' ordine, o regola di pigliare il più, che egli può di quelle tali cose : modo tratto da un giuoco fanciullesco di questo nome .) Fare a ruffa raffa . ꝼ *Fè la trẹssa* . Intrecciare i capelli . ꝼ *Fè drissè i caveï*. Far arricciare i capelli ; far raccapricciare . ꝼ *Fè la cïabra* . Far le fischiate . ꝼ *Fè n'ẹnpiùra*. *fè·na pansà* ; *fè na tripà* ; (Frase, che si usa solo per ischerzo.) Saziarsi ; empiere benissimo il corpo. ꝼ *Fè nẹ sbruf* ; *fè dẹ sbruf*. (Riprendere uno con minaccie, spaventarlo con asprezza di parole.) Fare un rabuffo ; rabbuffare. ꝼ *Fè sgïai*. Dar ribrezzo . ꝼ *Fè sarùs*. (Dicesi di quella sgradevole sensazione, che ferisce specialmente i denti, quando si sente limare qualche cosa dura, o altro simile rumore.) Far allegare i denti. ꝼ *Fè arlàn*. Vendere ; dare . ꝼ *Fè arvẹnì la carn*. (Dicesi del dare una prima cottura alla carne, quando è vicina a patire, perchè si conservi.) Fermare la carne, rifarla, darle una fermata. ꝼ *Fè 'l bulo*. Ostentar valore. ꝼ *Fè fracàs*. Far romore ; romoreggiare. ꝼ *Fesse brut*. Acciggliarsi . ꝼ *Fè pòr*. Spaven tare; incuter timore. ∫ *Fè'l ciapon*. Innaspare. ∫ *Fè baböja; fè ciuciü* fr. pr. (Quand' altri procura di vedere senza esser veduto, suole asconder la persona dietro a un muro, o altro, e cavar fuori tanta testa, che l'occhio scopra quel, ch'ei vuole vedere.) Far capolino. ∫ *Fè 'l brutëur*. (Minacciare alteramente, e imperiosamente.) Bravare. ∫ *Fè'l pioràs ; fè la pioràssa*. (Si dice di coloro, che ancorchè abbiano assai, sempre si dolgono d'aver poco.) Pigolare. ∫ *Fè la scuma*. Spumare. ∫ *Fè la trassa ala volp*. (Specie di caccia, che si fa alla volpe, pigliando un pezzo di carnaccia fetida, che legata a una corda si va strascicando per terra per far venire la volpe al fetore di essa carne.) Far lo strascico alla volpe. ∫ *Fela sot j'ëuj; Fela sul naf*. Farla sotto gli occhi. ∫ *Fè dɇ smörfie*. Contorcer la bocca. ∫ *Fè le smörfie ; fè la gnifa*. (Dicesi principalmente di cose commestibili.) Dimostrare la non curanza d'una cosa con gesti della bocca. ∫ *Fè i pas*. (Si dice propriamente de' bambini quando cominciano a imparare a andáre.) Zampettare. ∫ *Fè pёrde tenp*. Tener a bada. ∫ *Fè na dɇsvista*. Prendere sbaglio. ∫ *Fè spalɇta*. Spal-

leggiare. ∫ *Fè 'n macarön*. Far un errore; far un marrone. ∫ *Fè d' pastis*. Far de' pasticci; far degl'imbrogli. ∫ *Fè na piessa*. (Si dice *fè una piessa a un*, allorchè procurando questo tale di conseguire cosa di suo gusto, ed essendo-vicino a ottenerla; un altro, a cui aveva confidato tal negozio, gliela leva su.) Fare una pedina. ∫ *Fè polid*. (Fare il fatto in maniera che altri non se n'accorga.) Fare il giuoco netto; si dice ancora, Farla pulita. ∫ *Fè S. Michèl*. Cangiar abitazione; trasportare, o far trasportare le suppellettili da una ad altra abitazione. ∫ *Fè S. Martin*. (Dicono i *Mafoè*, i *Ciabotè* ec. il cangiar abitazione, il trasportare, o far trasportare le suppellettili da una ad altra abitazione, costumando i medesimi di ciò fare al S. Martino.) ∫ *Fè i baj*. (Quel moto, che fanno con aprire, e serrare la bocca in mandar fuora gli ultimi spiriti coloro, che muojono.) Boccheggiare. ∫ *Fè na romansiña ; fè una lavàda d' testa; fè na pentɇnàda*. (Riprendere uno con minaccie.) Fare un rammanzo, o rammanzina. ∫ *Fè d' gabriöle*. (Far salti col capo all'ingiù.) Capitombolare; far capitomboli. ∫ *Fè la gata morbàña*. Simulare.

ʃ *Fè 'l cascamört* . (Si dice per alludere a quei damerini, i quali pare, che si svengano , quando sono davanti alla dama. E' mostrarsi di spasimare per amore, di morir di spasimo per l' oggetto amato.) Far lo spasimato; far il cascamorto . ʃ *Fesla*. Fuggire. ʃ *Fè vnì la salìva cïajra*. (Dicesi ordinariamente parlando di cose commestibili.) Far venire gran voglia ;. mettere a filo. ʃ *Fè langhicio*. (Da far languire .) Far venire gran voglia; mettere a filo. ʃ *Fè la nana* ; *fè la pissa*; *fè la caca*, frasi insegnate dalle balie a' bambini, che imparano a parlare, per esser più facile a dir *nana*, *pissa*, *caca*, 'che *durmì* , *pissè* , *ec*. ʃ *Fè vede 'l bianch pr' el nejr*. Far credere una cosa per un' altra; far creder lucciole per lanterne . ʃ *Fè l' erbo forcù*. Si dice quando uno ponendo il capo in terra volta sopra quello tutta la vita, e se ne sta con le gambe larghe . ʃ *Fè 'l còl tört* . Far il torcicollo; far il collo torto, il bacchettone . ʃ *Fè finta*, *fè mostra d' rie* . Mostrare, o far segno di ridere; sogghignare . ʃ *Fè n' entapa*; *fè n'ancherna*, frasi pr. Quando altri, dopo molte cose mal fatte, ne fa una bene, dal medesimo solita farsi di rado, dicono *foma n' antapa* ;

l' è da fè n' antapa, frasi pr. Noi diciamo *l' è da tajè la chena*. Equivalgono al Sonar un doppio . ʃ *Fè o-cìn*; *fè j' ocìn*. Vagheggiare; far all'amore; amoreggiare; raguardare con desiderio d'avere la cosa bramata. ʃ *Fè 'l grumissèl*. Dipanare; aggomitolare. ʃ *Fè bochìn*. Dicesi di quelle femmine, le quali per parer belle, tengono la bocca serrata, e ridotta forzatamente più stretta dal suo naturale, nè muovono i labbri di come se gli sono accomodati allo specchio . ʃ *Fè com i ganber*. Andar all'indietro, e si usa in senso metaf. che vale a dire disimparare ciò, che già si era imparato . ʃ *Fè un fat d' rie* . Far un sorriso. ʃ *Fè 'l savan*. Far il saputello; ostentar erudizione. ʃ *Fè 'l grogno*. Esser di mal umore. ʃ *Fè 'l föl per nen paghè la sàl*. Finger di non intendere, di non accorgersi per non impegnarsi, o per disimpegnarsi. Far il nanni. ʃ *Fè passè*. Far morir; appiccare. ʃ *Fè ransonè*. Con punti legali, e colle difficoltà, che si oppongono, mandar in lungo le cose, senza venire a conclusione alcuna. Menar il can per l' aja. ʃ *Fè tasta*; *fè tèjta*, fr. pr. Si dice de' bambini quando cominciano a stare in piedi da se. ʃ *Fè frise't sang*,

la carn adös. Far inorridi-
re. ꝗ *Fela beive*. Vendicarsi; far credere una cosa fal
sa. ꝗ *Fè vnì i cavej grìſ*;
fè vnì le cañe. Far incanu-
tire. ꝗ *Fè pra nēt*. Portar
via tutto; sbarazzare. ꝗ *Fè
'l muſo*. Bofonchiare; bifonchiare. ꝗ *Fè finta*; *fè
viſa*. Far sembianza; far
vista. ꝗ *Fè 'l gròs*. Far il
grande; star in gravità.
ꝗ *Fè la vaca*. Si dice del
lavorare lentamente, e con
isvogliatezza. ꝗ *Fè le spö-
le*. Dicesi del ruzzare de'
gatti.

Ferfojè; *fertojè*. Far presto
che che sia con impazienza.

Feſtonè. Far festoni; tagliare, o frastagliar a festone.

Fetè. (Tagliar in fette.)
Affettare.

Fiachè. Ammaccare; schiacciare.

Fichè. Ficcare; intromet-
tere; introdurre. ꝗ Metaf.
dar ad intendere una cosa
per altra.

Filè. Filare.

Fin. Fino; sino. ꝗ *Fina-
des*; *finora*. Finora.

Finaquand; *sinaquand*. In-
fino a quando; insino a
quando.

Finatantchę; *Finchę*. Finattantochè; finchè.

Fin-dova. Fin a dove;
perfin dove.

Finlà. Fin là.

Finlì. Fino a quel luogo.

Finsì. Fin qui.

Finalmènt; *alfin*. Finalmente; infine.

Finì; *tèrminè*; *livrè* v. p!.
Terminare.

Fiochè. Nevicare.

Fitè; *afitè*. Affittare.

Fiuſesse. Fidarsi.

Fojè; *fognè*. Far perquisizione esatta.

Foetè. Sferzare.

Föra. Fuori.

Foratè. (Forare con ispes-
si, e piccoli fori.) Foracchiare.

Förachę. Fuorchè.

Fra. V. *Tra*.

Fracassè. Fracassare.

Freghè. (Leggiermente
stropicciare.) Metaf. Fregare; battere.

Fretè. Fregare, ed in senso metaf. battere.

Fratant; *tratant*. Frattanto.

Fricassè; *friſe*. Friggere.

Friſe. Friggere. ꝗ *Comen-
sè a friſe*. Cominciar a bollire; grillare.

Friſè, con accento sopra
l'è. Arricciare; far ricci.

Friſotè. Innanellare fittò;
far ricci minuti, e folti.

Frojè. Chiuder con chia-
vistello.

Frolè. (Dicesi dello sbattere il cioccolato.) Frullare, v. dell'uso.

Frustè. Logorare. ꝗ Me-
taf. Dar la frusta.

Fumè. Fumare. ꝗ Metaf.
Si dice dell'adirarsi di uno,
che non si può sfogare coll'
offensore; come anche dell'
aspettar lungo tempo.

G

Galonè. Listare; guarnir di galloni; si dice anche gallonare.

Gariè. Snocciolare. ſ *Gariè i dent*. Stuzzicare i denti.

Gafojé. Dicesi del parlar de' fanciulli quando e' cominciano a favellare. Cinguettare. ſ Per similitudine dicesi della voce, che mandano alcuni uccelli. Cinguettare. ſ Dicesi pure del ciarlare stucchevolmente. Cinguettare.

Gatiè. Prurire; solleticare. ſ Metaf. Far sì, che altri dica ciò, che non direbbe. Grattar il corpo alla cicala.

Gavè. Estrarre; cavare. ſ *Gavesse i pè; gavesse i caus* fr. pr. Sbrogliarsi.

Giamai. Giammai.

Giborè. Confonder le cose; far sì, che cosa difficile riesca.

Giù. Giù.

Giughè. Giuocare. ſ *Giughè a catòrba; giughè a cialalòsca*, frase pr. (Certo giuoco, in cui si bendano gli occhi ad uno.) Giuocare a mosca cieca. ſ *Giughè a rafa*. (Giuocar checchessia alla riffa.) Arrisfarè. ſ *Giughè a man cauda*, a *patèla*. (Giuoco, in cui si danno palmate.) Guancial d'oro; guancialin d'oro. ſ *Giughè un tòrn a un*. Farla ad uno; accoccargliela; calargliela. ſ *Giughè ai castlèt*. Giuocar alle caselle, o capannelle. Questo fu usato ancora dagli antichi, e dicevano *Ludere castella nucum*. ſ. *Giughè d'testa*. Ostinarsi con proprio pregiudicio. ſ *Giughè ala mora*. Far alla morra.

Giumài. Ormai; oramai.

Giunè. Digiunare.

Giurè. Giurare.

Giust; giustamènt; apònt. Giustamente; appunto; per l'appunto.

Girolè; girondolè. Gironzare.

Glissè. Sdrucciolare. ſ Figur. far intender destramente qualche cosa, che non si converrebbe fare apertamente. Insinuare destramente. ſ Dicesi pure del passar leggiermente sopra qualche materia; far motto di alcuna cosa senza troppo arrestarvisi sopra.

Gnanca; gnanch. (Da *nè anche*.) *Manch*, v. pr. Nemmeno; neppure; nè.

Gnaugnè. Miagolare.

Gnognè. V. *Caressè*.

Goadagnè. Guadagnare.

Goardè. Guardare; osservare. ſ *Goardè sot êui*. (Guardar con occhio socchiuso.) Guardar di sottocchio. ʄ *Goardè per travèrs*. Guardar per torto. ʄ *Goardè d' mal ēui, d' cativ ēui*. Guardar con occhio torvo.

Goĕrnè. Governare; custodire; reggere. ʄ *Goĕrnela*. Dicesi dell'aspettar l'occasione opportuna per vendicarsi.

Goastè. Guastare.

Gobè. Travagliare assai.

Gonfiè. Gonfiare. ʄ Metaf. *Gonfiè*; *esse gonfi*. Esser ristucco di qualche cosa, e con gesti della bocca senza parlare dimostrarne dispiacere. ʄ Figur. Ristuccare.

Governè. Alimentare.

Gramolè. Macciullare.

Gratè. Grattare. ʄ Parlandosi di sbriciolare cose fregandole alla grattugia. Grattugiare. ʄ Lo sbriciolare il tabacco colla grattugia dicesi *Rapè*, V.

Gravé. Intagliare; incidere; scolpire.

Griè. Arrostire carne, pesci ec. sulla graticola.

Grignè, v. pr. V. *Rie*.

Groè. Si dice propriammente del cader de' frutti.

Gropè. Annodare; legare.

Grotolù. Scabro; scabroso; ronchioso; rostiglioso; ineguale; bitorzoluto; nodoso.

Grugnì. V. *Crinè*.

Gubè. Travagliare assai.

Gumè. V. *Gubè*.

H

Hic - et - nunc, voci l. Quì e adesso; quì e senza indugio; quì e di botto.

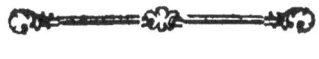

I

Jer. Jeri.

Jerdlà; *lauterjèr*; *lautjèr*. Jerlaltro.

In flagranti, voci l. Nell'atto.

Inganè; *'nganè*; *anganè*. Ingannare f.

Intant; *tratant*; *anatandàn*. Intanto.

L

Là. Là.

Lagiù. Laggiù.

Lasù. Lassù.

Lassè. Lasciare; abbandonare. ʄ *Lassè 'nle strasse*; *lassè'ntla bagna*. Lasciar in asso; lasciar nelle peste; lasciar nel pericolo. ʄ *Lassè un'nt la soa bagna*. Vale lasciarlo nella sua opinione.

Lavè. Lavare. ʄ *Lavè i bicèr*. Risciacquare i bicchieri. ʄ *Lavè i piat*. (Lavare, e nettare le stoviglie

imbrattate .) Rigovernare .
ſ *Lavesse la boca* . Risciacquarsi la bocca . ſ *Lavè la cossa* , fr. che si usa solo per ischerzo . Riprendere acremente ; lavar il capo ; far un rammanzo , o rammanzina .

Lautjèr ; *jerdlà* ; *lauterjèr* . Jeri l'altro .

L' auterdì . L'altro giorno .

Leſe ; *lege* . Leggere .

Levè . V. *Lvè* .

Legnè . Bastonare .

Lì . Lì .

L' indimàn ; *al indimàn* ; *l' indomàn* . L'indomani ; il giorno seguente .

Livrè . V. Finì .

Locè , v. pr. Muoversi .

Lodè . Lodare .

Longh ; *al - longh* . Lungo ; lunghesso .

Lontàn . Lontano ; lungi .

Lorgnè . (Socchiuder gli occhi per vedere con più facilità le cose minute, proprio di chi ha la vista corta .) Sbirciare .

Lossè , v. pr. V. *Solè* .

Lvè . Togliere ; torre ; levare ; rimuovere . ſ *Lvesse* . Torsi ; levarsi . ſ *Lvesse* , per sorger da letto. Alzarsi da letto .

Lumè . Guardar attentamente con certa curiosità . E siccome quegli, che guarda attentamente con certa curiosità socchiude ordinariamente gli occhi, acciocchè l' angolo della vista , fatto più acuto , possa os-

servare con più facilità una minuzia , si può dire Sbirciare .

Luſe . Risplendere ; lucere .

Luſinghè . Lusingare .

M

Ma . Ma .

Mach . Soltanto ; solo ; solamente .

Machè . Acciaccare ; ammaccare .

Magàra . (Da *mia gara* , cioè mio desiderio .) Si usa avverbialmente per significare , che si approva , e si desidera ciò , che altri ha proposto. Il ciel voglia ; Dio il voglia .

Magojè , V. *Mangojè* .

Mai . Mai .

Maledì . Maledire .

Manch , V. *Gnanca* .

Mancomàl . Si usa per tutta la Lombardia anche scrivendo. Manco male , e corrisponde al Bene sta .

Mandè . Mandare .

Maneggè . Maneggiare .

Mangè . Mangiare . ſ *Mangè a - crepa - pansa* , f. pl. Strippare .

Mangojè . Sporcar una cosa con maneggiarla .

Maramàn . Avverbio , che denota un futuro evenimento funesto , e vale *può per mala sorte accadere , che* ; significa

talvolta *finalmente* , *o quand'*
ecco .

Marciè. Camminare. Per
lo camminar degli eserciti,
e de' soldati. Marciare.

Marendasse. Merendare.

Marlàit , v. pl. Un poco;
alquanto.

Marlestin , v. pl. dim. di
marlait. Un pochettino; un
tantino ; un tantinetto.

Maltratè. Maltrattare.

Mariè. Maritare. ¶ Metaf.
Dicesi del porre ova , e
caccio gratugiato nella minestra. ¶ *Mariesse*. Maritarsi ; prender marito ; ammogliarsi.

Marsè. Marcire.

Massacrè. Trucidare ; far
molte contusioni. E in senso
metaf. si dice dell' operar
con prestezza , ma senza
veruna diligenza. Ciarpare;
acciarpare.

Massè. Uccidere.

Mastiè. Masticare. ¶ Fig.
Dicesi di chi non osa dire
liberamente il suo senti-
mento. ¶ *Nen mastiè*. Dicesi
di parlar fuori de' denti ,
senza barbazzale, senza mettervi su nè sal , nè olio.

Mastrojè. Masticar con is-
tento. Dentecchiare; rosec-
chiare.

Mescè. Mescolare. ¶ *Mescè*
le carte. Scozzare.

Messonè . (Raccorre gli
spighi rimasti dopo mietuto
il campo.) Spigolare.

Mesurè. Misurare.

Mei. Meglio.

Mcule. Macinare. .

Minagè ; *mainagè*. Fare ,
e regolar bene con risparmio , e con buona econo-
mía .

Mitonè. Dicesi della zuppa , e vale farla cuocer bene
in un piatto.

Mnè. Menare; condurre.
¶ *Mnè la bertavèla* ; *mnè la*
gasòja ; *mnè la patarica* ; *cia-*
ramlè. Chiacchierare ; tartagliare; linguettare. ¶ *Mnè*
ala longa ; *mnè 'n longh*. Man-
darla d'oggi in dimani. ¶
Mnè pr' el nas. (Dar ad intendere ad alcuno quel , che
non è.) Menar per il naso.
¶ *Mnè ala brasseta*. Condurre , o menare a braccia.

Mochè. Smoccolare.

Molè. Rilasciare. ¶ *Molè*.
Affilare; arrotare. ¶ Figur.
Amoreggiare; far all'amore.

Montè. Salire. ¶ Parlando
d'un oriuolo da tasca. Caricare un oriuolo.

Mörde. Mordere.

Mormorè. Mormorare.

Motben; *motoben*; *motobin*,
e *motbin*. Molto.

Monfe. Mongere.

Mossè. Si dice dello spumare , e zampillare del vino nella bottiglia , quando
si distura.

Mudè. Mutare.

Mutinè. Dimostrar dispiacere senza parlare.

Murì. Morire.

Musè, v. pr. usata da Dan-
te in senso di pensare: verbo, che non essendo proprio

d'altro dialetto Italiano si può credere a noi preso da quell'eccellente Poeta, che si compiacque nel suo poema di usar vocaboli di tutte le nazioni d'Italia.

N

N broje̱; *anbroje̱*. Imbrogliare; impicciare.

'*Ncagninesse*, v. pr. Adirarsi; Arrabbiarsi.

'Ncapite̱; *ancapite̱*; *capite̱*. Capitare.

Na volta. Una volta.

'*Ncïarmesse*. (Prender bevanda, o altro, che si suppone superstiziosamente operare per arte magica, e produrre effetti straordinari.) Ciurmarsi.

Nen. Non; niente.

Neme̱ǹ; *gnanca*. Nemmeno.

'*Ngiavle̱*. Far i covoni.

Nie̱. Annegarsi.

Nò. Nò.

Noè. Nuotare.

'*Nbacuche̱*; *anbacuche̱*. Indurre alcuno a forza di parole a prestar fede a cose false.

'Nbarasse̱; *anbarasse̱*. Imbarazzare; impedire; impicciare.

'*Nbarbesse*; *anbarbesse*. (L'appiccarsi, che fanno le piante colle radici.) Abbarbicare.

'Nbarone̱; *anbarone̱*. Am-

massare; accumulare.

'*Nbastì*; *anbastì*. Far la basta.

'*Nbe̱rlife̱*; *anbe̱rlife̱*. Sconciare; sporcare.

'*Nbe̱ssì*; *anpe̱ssì*. Aggiunto *dij dì* Intirizzati, intirizziti per lo freddo.

'*Nble̱te̱*; *anble̱te̱*. Imbellettare. ⸹ '*Nble̱tesse*. Imbellettarsi.

'*Nbraje̱*; *anbraje̱*. Metter per la prima volta i calzoni.

'*Nbrasse̱*. Abbracciare.

'*Nbriache̱*; *anbriache̱*; '*nciòche̱*; '*nbronse̱*. Inebbriare. ⸹ '*Nbriachesse*; '*nciòchesse*; '*nbronsesse*. Inebbriarsi. Coll' ultimo, cioè coll' '*nbronsesse* si denota il grado maggiore d'ebriachezza.

'*Nbrignesse*; *anbrignesse*. Poco curarsi; non aver bisogno.

'*Nbroche̱*. Vender ad alcuno per buono un cattivo cavallo, e figur. dar in moglie ad alcuno una femmina difettosa.

'*Nbroje̱*; *anbroje̱*. Imbrogliare.

'*Nbronsesse*. V. '*Nbriachesse*.

'*Ncale̱*. Osare; ardire.

'*Ncapite̱*; *ancapite̱*. Accadere.

'*Ncaple̱*; *ancaple̱*. Metter vino nuovo sul vecchio, che ha contratto qualche difetto, acciò non si conosca V. *Arcaple̱* v. più usata.

'*Ncapusse̱*; *ancapusse̱*. '*ncarpione̱*. Innamorare grandemente.

'*Ncarighè* ; '*ncariè* ; *ancariè*. Incaricare. ꝗ '*Ncarighesse* ; '*ncariesse*. Incaricarsi.

'*Ncarognisse*, v. volg. (Innamorarsi fieramente.) Incarognare.

'*Ncarpionè*. V. '*Ncapussè*.

'*Nchēui* ; *anchēui*. Oggi.

'*Nciarmè*. Ciurmare.

'*Nciochesse*. V. '*Nbriachesse*.

'*Ncor*. Ancora.

'*Ncor-pro* ; '*ncòra-pro*. Non è poco.

'*Ndè* ; *andè*. Andare. ꝗ '*Ndè a gatagnau* ; '*ndè a quater ganbe* ; '*ndè a grapon*. (Camminare co' piedi , e colle mani per terra) Andar carponi ; andar brancolone. ꝗ '*Ndè d'garèla*. Andar a sbieco ; sbiecare. ꝗ '*Ndè al toch* ; '*ndè a taston*. Andar tàsto ; andar tentone ; garagolare ; brancolare. ꝗ '*Ndè 'n glöria 'ntun sestin*, fr. usata solo per ischerzo. (Rallegrarsi soverchiamente.) Galluzzare ; far gallorìa ; ringalluzzarsi per cose da poco. ꝗ '*Ndè an fum d'ra-viöle*, fr. volg. usata solo per ischerzo. Risolvere in nulla ; svanire ; ire in fumo d' acquavite. ꝗ '*Ndè a fè 'l fait sö*. Andar pe'fatti suoi.

'*Nfarinè* ; *anfarinè*. Asperger di farina ; farinare. ꝗ '*Nfarinesse* , ' figut. Prender cognizione superficiale di checchessìa.

'*Nfnojè* ; *anfnojè* ; '*nfenojè* ; *anfenojè*. Imbrogliare. ꝗ '*Nfnojesse*. Imbrogliarsi.

'*Ngarghisse*. (Divenir pigro.) Impigrire.

'*Nganè* ; *inganè*. Ingannare.

'*Ngordesse* ; '*ngorflesse*. Imbarazzare il passaggio della canna della gola, cioè quel canale , per cui esce la voce , e che serve alla respirazione. Affogare ; soffocare ; soffogare.

'*Ngofesse*. (Otturare il passaggio, per cui devono passar le acque.) Ingorgarsi ; impedire il varco a' fluidi.

'*Ngörflesse*. V. '*Ngordesse*.

'*Ngranghiesse* ; *angranghiesse*. Aggrinzarsi.

'*Ngrignesse* ; *angrignesse* , voci pr. V. *Riisne*.

'*Ngrumlisse*. Rannicchiarsi ; raggrupparsi.

Ninè. Ciondolare.

'*Nlessiè* ; *anlessiè*. Metter in bucato.

'*Nliè i dent*. (Cagionar aì denti una specie di sensazione spiacevole, ed incomoda, come quella , che cagionano i frutti verdi, ed acidì, quando si mangiano.) Allegare i denti.

'*Nmatisse* ; *anmatisse*. Impazzirsi ; impazzire ; impazientarsi su qualche cosa.

'*Nmochesse* ; *anmochesse*. Poco importare.

'*Npacè* ; *anpacè*. Impicciare ; imbarazzare.

'*Nparè* ; *anparè*. Imparare.

'*Npastè* ; *anpastè*. Impastare.

'*Npataguè*. (Da *Pate*. Cenci.) Inviluppare con cenci di lino : ordinariamente si dice delle piaghe , ferife , e slogature, e figur. d'ogni cosa , che si vuol coprire. ¶ *'Npatagnèla*. Dicesi dell' accomodarla alla miglior maniera possibile.

'Npautè. Infangare. ¶ *'Npautesse*. Infangarsi.

'Npodrè ; anpodrè. Impolverare.

'Npoefonè. Attoscar di odore ; ammorbare ; appestare; appuzzare; render pessimo odore.

'Nprestè. V. *Prestè*.

'Nprende ; anprende. Apprendere ; imparare.

'Nprumudè. Prender a prestito.

'Nrabiesse ; anrabiesse. Arrabbiarsi ; adirarsi.

'Nradifesse. Radicare.

'Nramè, anramè i bigàt. Metter piccole scope ai vermi da seta.

'Nrochè ; anrochè. Metter sulla rocca il pennecchio.

'Nrossè ; anrossè. Far mazzi di biancheria.

'Nsarì ; ansarì. Roco.

'Nsavonè. Insaponare.

'Nsem ; ansem. Insieme ; assieme.

'Nsilà ; ansilà. V. *Là*.

'Nsili. V. *Lì*.

'Nsisì ; sì ; ansisì. Quì; costì.

'Nsossiesse ; ansossiesse. Poco curarsi ; non curarsi.

'Nsupesse; ansupesse. (Dar co' piedi in qualche cosa nel camminare.) Inciampare.

'Ntamnè; antamnè. Togliere un pezzo da cosa intiera , ed equivale al Francese *Entamer*.

'Ntajesse ; antajesse ; printende. Sottintendere.

'Ntaschè ; antaschè. Metter nella tasca. ¶ Metaf. Convincere; confondere uno talmente , che non sappia più cosa dire.

'Ntelmentre; antelmentre, V. *Mentre*.

'Ntertojè; antertojè. Attorcigliare ; attortigliare.

'Ntestesse. Ostinarsi.

'Ntramesè; antermesè. Interporre.

'Ntrapesse ; antrapesse. (Imbatter coi piedi inavvedutamente.) Inciampare. ¶ Fig. Imbrogliarsi.

Nufiè. Odorare. ¶ Metaf. Indagar di nascosto.

'Nvertojè ; anvertojè. Avvolgere ; avviluppare; inviluppare.

'Nvironè ; anvironè. Circondare.

'Nvlupè; anvlupè. Avviluppare.

O

Odorè. Odorare.

Oh. Oh.

Oibò. (Interjezione , di cui si serviamo nei discorsi

famigliari per dimostrare disprezzo, o dispiacere di qualche persona, o di qualche cosa.) *Via, via; öibò.*

öide; aidè da *aiƌ̆ais.* (Esclamazione, che si usa per dimostrazione di nausea, di disapprovazione.) Oimè.

öimè; imi da *ἰμι,* v. gr. Si usa questo ultimo, quando si aggiugne immediatare qualche cosa dopo; onde dicesi *öimi pövr öm,* e non *öimè pövr öm.* Ohimè.

Oltre. Oltre.

Onſe. Ognere. ꝗ Metaf. Dar la mancia per trar uno al nostro volere, e renderlo facile a quel, che noi bramiamo, e fare che non istrida contro di noi; onde ne derivò il prov. *Onſe passa doſe.*

Ora; adès. Ora; adesso.

Orlè. Orlare.

örsù. Orsù.

P

P a. Non.ꝗ *Pa-pì.* Non più.
Paƨiochè. Imbrodolare.
Paghè. Pagare.
Papotè; papotese. (Usar morbidezze verso se stesso, o verso altra persona, od anche animale.) Carreggiare; carreggiarsi.
Papè. (Verbo, che si usa parlando ai bambini.) Mangiare.
Parlè. Parlare. ꝗ *Parlè*

fòra di dent. Dir qualche cosa fuor de' denti.

Passè. Passare. ꝗ *Passè mostra.* Passar rassegna. ꝗ *Passèla ben.* Scampar da un gran pericolo con facilità; averla a buon mercato. ꝗ *Passèla bela; passè pr' una maja rota,* fr. usata per ischerzo. Scampar un gran pericolo per miracolo, per buona sorte.

Patochè. (Se non viene da *Batoques,* v. Russa sparsa a caso in questo paese, (il che potrà forse a taluno parer difficile) può facilmente venire per antonomasia da *pa tochè,* voci piemontesi, o *pas toucher,* voci fr. Risposta, che danno i ragazzi quando alcuno di loro teme d'esser battuto, o insultato.) Battere alcuno.

Patojè. Metter sossopra; disordinare; confonder l'ordine.

Pegè, v. pl Dar dei pugni.
Pensè. Pensare.
Pentnè. Pettinare. ꝗ Metaf. Riprendere acremente.
Pentisse. Pentirsi.
Per; prę. Per.
Perchè. Perchè.
Përde. Perdere. ꝗ *Per Përde* con isperanza di ritrovare. Smarrire. ꝗ *Përdse d'coràge.* Perdersi d'animo; sgomentarsi. ꝗ *Përdse 'ntun cuciàr d'aqua;* Equivale all'Affogarsi in un bicchiere d'acqua.

Per-dacànt; *dacantèl*, v. pr. Per lato; per banda; per fianco.

Perdonè. Perdonare.

Però. Però.

Per-faſì-d' mei. In difetto, in mancamento di cosa migliore.

Per-sbiaſ, V. *Pre-sbiaſ*.

Per-stört, V. *Pre-stört*.

Pertantche; *afinche*. Acciò; affinchè.

Per-travèrs. Trasversalmente.

Pefè. Pesare.

Pessiè. Pizzicare.

Pi. Più.

Pian. Piano; adagio; con voce sommessa.

Pianpiàn; *pianìn-pianìn*. A bel agio.

Piantè. Piantare. ʃ In senso metaf. *Piantène*; *piantè d'caròte*, fr. pr. usata solo per ischerzo. Spacciar menzogne per verità; sballare, v. dell'uso. ʃ *Piantè 'n cräch*, fr. usata solo per ischerzo. Prender a credenza.

Picà, add. coll'accento sopra l'à. Trapuntato; imbottito.

Pichè. Battere. ʃ E metaf. Perseguitare. ʃ *Pichè*. Dicesi pure del lavorar a trapunto. Trapuntare.

Pìè. Pigliare; prendere. ʃ *Piè un con 'le mòle*, fr. usata solo per ischerzo. Licenziare uno con mala grazia. ʃ *Piè la sbrevèta*. Prender l'abbrivo; abbrivare. ʃ *Piè ne scapus*. Inciampare; figur. Pigliare

un granchio; ingannarsi; intender una cosa per un'altra. ʃ *Piè la sumia*; *piè l'ors*, frasi usate solo per ischerzo, e denotano ordinariamente un ubbriaco allegro: metaf. tratta dalle scimie, e dagli orsi; perchè questi tali ubbriachi fanno certe azioni, che assomigliano a tali bestie. Innebbriarsi; la seconda però significa un grado maggiore d'ebbriachezza. ʃ *Piè na piòta*, fr. usata solo per ischerzo, e dicesi di mezzo briaco, che sia allegro. Vale esser brillo. ʃ *Piè le grive*; *piè d'pernìſ*. Dicesi per ischerzo di chi soffre il freddo. (Metaf. tratta dai cacciatori, i quali per prendere questa sorta d'uccelli, abbisogna non di rado, che soffiano freddo.) ʃ *Piè na truta*, frase usata solo per ischerzo. Mettere i piedi inavvertentemente nell'acqua. ʃ *Piè la becà*. (Metaf. tratta dagli augelletti, che non possono ancor beccare da se, e vengono imbeccati.) Dicesi di chi viene instruito delle cose di mano in mano a misura del bisogno. ʃ *Piè ale etreite*. Costrignere a dire, e far qualche cosa. ʃ *Piè 'l doi da cope*, fr. usata solo per ischerzo. Partire; fuggire. ʃ *Con una fava piè doi colònb*. Equivale alle seguenti frasi: far un viaggio, e

L

due servizj; con un medesimo viaggio far due nego-zj; dare a due tavole a un tratto. Ne' Latini si trova in questo senso: *Duos pa-rietes de eadem fidelia deal-bare*. ¶ *Piè a cröch; piè a ghēuba; piè à pof*, frasi usa-te solo per ischerzo. Prendere a credenza. ¶ *Piè d' brën a valè* Dicesi dell' in-caricarsi d'una b·iga, o im-pegnarsi in un affare, da cui non se·ne possa cavar profitto. ¶ *Piè un quid pro quo*. Sbagliarsi. ¶ *Piesla a chëur; piesla a pet*. Prendersela a cuore; prendersela a petto; affannarsi. ¶ *Pies-se pr' i cavëi; piesse pr' i brin*, fr. usata solo per is-cherzo. Pigliarsi a capelli; accap·gliarsi. ¶ *Piesla a placèbö*. Prendersela a bell' agio, con comodità; fare a bell' agio, con comodità. ¶ *Piè*. Dicesi della piante quando alleficano, e s' ap-prendono alla terra. Appiccare. ¶ *Piè*. Dicesi pure de' nesti. Appiccare.

Piēuve. Piovere.

Piprëst; Più presto. ¶ *Per pitöst*, V.

Pitè. (Pigliar il cibo col becco, proprio degli uccelli.) Beccare.

Pitöst; piprëst. Piuttosto.

Piumè. Spennacchiare. ¶ Metaf. Procurarsi denari, od altre cose con arte, con diminuire le facoltà del donatore.

Piuvsinè. (Leggiermente piovere.) Piovigginare.

Pnassè. (Da *pennacchio*, che si usa a foibire i quadri, e i ricchi mobili.) Nettare; tergere.

Podèje. Potere.

Poè. Potare.

Pojè. Spidocchiare.

P·ponè; ·papotè. (Usar mort idezze verso se stesso, o verso altra persona, od anche animale.) Careggiare.

Portè. Portare. ¶ *Portè pac ët*. Far la spia. ¶ *Portè le braje*. (Parlandosi di donna dinota padronaggio, quasi ch' elleno s' usurpino quello, che è proprio degli uomini.) Portar le brache.

Pöch. Poco.

Possè. Spignere. ¶ Parlando d' un albero quasi reciso da piede per atterrarlo. Dare la spinta.

Prautr; perautr. Per altro.

Prę; per. Per. Si usa *prę* quando vi siegue una *s* impura.

Prę-sbiaſ; per-sbiaſ. Obbliquamente.

Prę-stört; per-stört. A sbieco; in isbieco; stortamente.

Predichè. Predicare.

Preghè. Piegare.

Prest; prëst. Presto.

Prestè; anprestè; 'nprestè. Imprestare.

Prima . Prima .

Printènde . Sottintendere .

Pro . Abbastanza .

Pro-'ncòra. Sufficientemente ; competentemente .

Pr' un-tòch-d' pan , V. *A-strassiapàt* .

, *Pugnanghè* . Dar dei pugni .

Pupè . Tettare ; poppare . ꟩ Figur. Compiacersi . ꟩ Figur. anche *Pupè lait.* Compiacersi assai ·

Purchę . Purchè .

Purghè . Purgare .

Pussiè . Render capriccioso un fanciullo con soverchi vezzi .

Q

Quaichvölta Qualche volta.

Quand . Quando .

Quandànche ; *quandbenchę* ; *benchę* ; *tanbinchę* . Sebbene ; quantunque .

; *Quànt* . Quanto .

Questionè . Questionare .

R

Rabastè . Spazzare , e raccoglier insieme qualunque cosa , come si fa colla scopa delle immondezze .

Rablè . Strascinare .

Ralegresse . Rallegrarsi .

Ramassè . Scopare .

Ranpiè . (E proprio de' gatti , e di altri animali simili , che salgono su per gli alberi , appiccandosi co' rampi , cioè colle ugna delle zampe ; e ci serviamo anche del verbo *Ranpiè* per esprimere uno , che salga in qualche luogo difficile , ancorchè lo faccia senza arrampicarsi .) Rampicare .

Ransonè . Contendere senza ragione ; menar il can per l'aja , pretender più di quanto si è accordato .

Rafè . (Levar il pelo col rasojo .) Radere .

Rastlè . Rastrellare .

Ratlè ; *cicanè* . Questionare con vani pretesti .

Ressiè . Segare .

Restè . Rimanere . ꟩ *Restè argrignà.* Restar aggrinzato . ꟩ *Restè sensa paròla.* Restar ammutolito . ꟩ *Restè 'ngordà.* Restar affogato . ꟩ *Restè broà.* (Restar confuso , sbalordito per un subito timore , o vergogna .) Restar allibbito . ꟩ *Restè chèuit.* Restar addormentato . ꟩ *Restè con na branca d' naſ.* Rimaner con un palmo di naso ; rimaner burlato , beffato . ꟩ *Restè 'ngossà.* Restar angosciato . ꟩ *Restè dę stuch , d' ebano.* (Rimanere stupido per la meraviglia grande .) Rimaner attonito , rimanere stupefatto . ꟩ *Restè 'ntle strasse.* Restar in asso .

L 2

Restituì; *rende*. Rendere; testituire.

Rende restituì Rendere; restituire.. ¶ *Rende 'l pan*; *rende la parilia*. Rendere la pariglia; render il contraccambio.

Ricordesse; *arcordesse*. Ricordarsi.

Rie. Ridere.

Rifighè. Pericolare; arrischiare.

Rissè. (Dar al muro la prima crosta rozza della calcina.) Arricciare.

Robè. Rubare.

Ronfè. Russare.

Ronpe. Rompere. ¶ *Ronpe i ciap*; *ronpe j' orte*. Stuccare altrui con chiacchiere.

Rovinè; *ruinè* Rovinare

Rubatè. Rotolare, e figur. andar vagando.

Rumè. (Il ruzzolare, che fanno i porci col grifo.) Grufolare. ¶ Pel *Rumè* delle talpe . . . .

Rumiè. In significazione propria il *Ruminare* degli animali del piè fesso; in significazione impropria *Far stentare*.

Ruminè. Meditare; ruminare.

Rufè. Contendere con poco, o niun fondamento.

Rufiè. Rosicare; rodere,

Rustì. Arrostire; ed in senso metaf. Gabbare.

S

Sacagnè. Significa lo stesso, che in basso Francese *Saccader*, e si dice propriamente dello scuotere, che fa il cattivo trotto cavallo la persona, che lo cavalca.

ſagajè; *bagajè*. Ciarlare; tattamellare.

ſunſiè. Brulicare; brullicare.

ſichin - *ſichèt*. Incontanente; immantenente; subito; di colpo, di botto; senza dimora; in un tratto.

Sagnè. Cavar sangue.

Sagràdonè, v. pr. Imporre con minaccie.

Sagrinè. Rammaricare; crucciare; affliggere.

Salacàd, (probabilmente da *se l'accade*.) *Saracàt*, voci volg. Può essere che; può darsi che.

Sangiutì. Singhiozzare.

Santamènt. Santamente; assai bene.

Saracàt. V. *Salacàd*.

Sarachè, v. usata per isscherzo. Battere.

Sarè. Chiudere. ¶ *Sarè j' ëui*. Chiuder gli occhi; figur. finger di non vedere, metaf. morire.

Sarfì. Ramendare.

Savassè. (Dimenar un panno, o altro simile nell' acqua.) Sciaguattare.

Savatè. Battere.

Sautè. Saltare. ¶ *Sautè da 'n val an gorbèla*. Passar da un discorso all' altro assai differente del primo; far digressione; saltar di palo in frasca; uscir di tema.

Sbacischè. Scorbiare.

Sbalassè. Spalancare.

Sbalsè. Lanciare; lanciarsi. ¶ Figur. Oltrepassare il prezzo, che si era prefisso di pagare una cosa.

Sbaluchè. Abbagliare.

Sbalurdì. (Far perdere il sentimento con chiacchere, o con rumori.) Stordire.

Sbanchè; *desbanchè*. Sbancare; vincer tutto.

Sbarbifichè, v. volg. usata solo per ischerzo. Far la barba.

Sbarbossè. Riprendere acremente.

Sbardè. Spargere.

Sbaruè. Spaventare.

Sbatse. Dibattersi; dimenarsi; abburattarsi.

Sbergiairè. Da *per* e *giaire*, quasi perseguire per le ghiaje, che vuol dir fuori dell' abitato. *Persequi ultra fines, et per loca avia*. Metter in fuga.

Sbergnachè; *sbignè*. Schiacciare.

Sbevassè. Bere sconciamente; cioncare.

Sberlifè. Da *Sberleffe* i. Sconciare il viso particolarmente.

Sberlinesse. Si dice di due, o più, che si maltrattano con pugni, calci, con trarsi i capelli, rovesciarsi per terra, e simili.

Sbianchè. Imbianchire. ¶ Metaf. Render palesi i cattivi disegni, od il cattivo carattere di alcuno.

Sbignè; *sbergnachè*. Schiacciare. *Sbergnachè* significa un grado maggiore di schiacciamento di quel, che il denoti *Sbignè*. ¶ *Sbignesla*, v. usata solo per ischerzo. Sbiettare; fuggirsene di soppiato; scapparsene presto.

Sbifarisse. (Torsi i suoi capricci.) Scapricciarsi; sbizzarirsi.

Sboclè; *desboclè*. Sfibbiare.

Sbogè. Smuovere.

Sborgè, v. pr. Intimorire; incuter timore.

Sborgnè. Accecare; e figur. guadagnar qualch' uno per mezzo di regali.

Sbossè. Abbozzare.

Sbotonè; *desbotonè*. Sbottonare; sfibbiare i bottoni.

Sbrandolè. (Spiccare, troncare i rami.) Diramare.

Sbrassesse. Alzar quanto si può il braccio.

Sbrighè; *destrighè*. Spedire; sbrigare.

Sbrinesse. (Dicesi quando due donne combattono fra di loro, perchè il lor percuotersi è per lo più il pigliarsi l' una l'altra pe' capelli.) Far a capelli.

Sbrincè. Spruzzare.

Sbrisè. Ridurre in minutissimi pezzi; ridurre in

bricioli; sbriciolare.

Sbrufè; fè dę sbruf. (Riprender uno con minaccie, spaventarlo con asprezza di parole.) Rabbuffare.

Sbrufì. (Tit. della cavallerizza. Dicesi del soffiare, che fa il cavallo, quando se gli para davanti alcuna cosa, che lo spaventi.) Sbuffare.

Sbrumè. (Dicesi di quella lavatura, che si fa alla biancheria pria di metterla in bucato.) Risciacquare; sciaquare.

Sbudlè. Sbudellare.

Sbujentè. Sboglientare.

Sburdì. Intimorire; spaventare.

Scamotè. (Rubar destramente parte di checchessia, con far sì, che il proprietario difficilmente se ne accorga.) Decimar destramente.

Scanfaronè; sganfaronè. Far molte cancellature.

Scanfè; sganfè. Cancellare.

Scapè. Fuggire. ʃ *Scapè pr' una maja rota*. Scampar un gran pericolo per miracolo, per buona sorte.

Scapinè. (Metter lo scappino, cioè il pedule.) Rimpedulare. ʃ *Dè da scapinè*. Vale dar molto da fare.

Scarabotè; scarabojè; scarbojè. Arruffare.

Scardassè. Scardassare.

Scarpentè, Scarmigliare.

ʃ *Scarpentesse* . Rabbaruffarsi.

Scartablè. V. *Sfojatè*.

Scarfolè. (Torre i pampini superflui alle viti .) Spampanare.

Scartè. Scartare.

Scatarè. Spurgare; sputare.

Schiè; sghiè. Sdrucciolare.

Sciairè. Vedere.

Scianchè. Lacerare.

Sciancconè. Dare strappate.

Sciapassè. Sculacciare.

Sciapè. Spaccare; fendere.

Sciapinè. (Far checchessia alla grossa, e senza diligenza.) Acciabattare.

Sciode. Schiudere.

Sciopatè. (Quello strepitare, che fa il fuoco abbruciando le legne.) Crosciare; scoppiettare. ʃ *Sciopatè le man*. Battere palma a palma.

Sciopè. Scoppiare.

Sciuplinè. Scintillare; sfavillare.

Sciurgni. Assordare con chiacchiere, e romori.

Scolè. Scolare.

Sconquassè. Conquassare.

Scopassè. Schiaffeggiare.

Scopè, v. contad. (Tagliar i rami ad un albero insino in sul tronco.) Scapezzare; scoronare; tagliare a corona.

Scotè. Udire; ascoltare.

Scarcagnè. Calcare; comprimere.

Scracè. Spurgarsi.

Screfì. (Lo strider, che fanno le ruote.) Cigolare. E di quì il prov. La più cattiva carrucola , o la più cattiva ruota del carro sempre cigola; che vale , che colui, che dovrebbe star cheto, cinguetta, e si fa sentir più di tutti gli altri. § *Screfì*. Si dice pure di qualsivoglia cosa dura, o consistente, la quale renda suono acuto nell'essere sforzata, o nello schiantarsi. Scricchiolare.

Screfinè. Per scricchiolare, V. *Screfì*. § *Screfinè i dent*. Stridere i denti.

Scrive. Scrivere.

Scrussì. (Si dice del formar quel suono, ch'esce del pan fresco, o d'altra cosa secca frangibile nel masticarla, e quello, che fa la terra, o simil cosa, che sia in vivanda non ben lavata.) Scrosciare.

Scuncè; *sporchè*. Sporcare; lordare; imbrattare.

Scursè. Accorciare; abbreviare.

Se. Se.

Sechè. Seccare; importunare.

Secrolè; *socrolè*. Crollare; scrollare.

Sengs. Cignere; cingere.

Second. Secondo.

Senpre; *senpër*, v. l. Sempre.

Sensa - crië - Savöja. Si usa avv. Tacitamente.

Sens-autr. Senz'altro; as-solutamente; senza alcun dubbio.

Sentì. Sentire; udire.

Serchè. Cercare.

Serniè. Crivellare.

Servì. Servire.

Serì. (Smovere colla vanga il terreno, e torre l'erbe inutili d'intorno alle utili, acciò queste possano meglio prosperare.) Sarchiare; chisciare.

Serne. Scegliere. § *Serne je spinàs*, metaf tratta dai guatteri, dalle cuciniere; gente, di cui se ne fa poco conto, e che si destinano in cucina a *serne je spinàs*; mentre gli altri attendono a divertirsi, o ad affari di rilievo. Dicesi di donna, che trovandosi in una conversazione, o in un ballo non è come le altre corteggiata, ed invitata a danzare, ed a godere del divertimento. Dicesi pure di zitella, che già avanzata in età, non trovi marito. § *Serne*. Per tor via i rami superflui degli alberi. Dibruscare; dibrocare; rimondare.

Sfodrè; *desfodrè*. (Cavar dalla guaina.) Sguainare; sfoderare.

Sganassè. Schiamazzare.

Sganbitè. (Dimenar le gambe.) Sgambettare; gambettare.

Sganfarorè. V. *Scanfarenè*.

Sganfè. V. *Scanfè*.

L 4

Sgarognè. Graffiare ; sgraf-fiare .

Sgarè, v. pr. Sdrucciola-re. In senso metaf. però si usa anche da noi. Fallire ; uscir di proposito.

Sgarì . (Gridar con voce acuta) Stridere ; strillare .

Sgartè. Pestare , o calcare il calcagno della propria scarpa ; pestare , o calcare il calcagno della scarpa al-trui , andandogli appresso, nel secondo significato. Scal-cagnare .

Sgatè. (Andar tentando con bastone , o altro simile in luogo riposto.) Frugare. ҷ Metaf. Esplorar destramen-te . ҷ *Sgatè* significa pure smuovere.

Sgavassesse ; desgavassesse. Dire senza riguardo il pro prio sentimento.

Sghiè. V. *Schiè.*

Sgiaflè. Schiaffeggiare.

Sgnachè ; sgnichè. Schiac-ciare.

Sgnichè, v pr. Schiacciare.

Sgoassè. Scialacquare.

Sgrafignè, Graffiare ; sgraf-fiare . ҷ In senso metaf. Rubare .

Sgramonè. Toglier la gra-migna dai campi .

Sgrilì , add. (Forse per-chè un legno sdrucito manda uno strillo simile a quello del grillo.) Sdrucito.

Sgurè. Dirugginare ; for-bire.

Sì , *Si* avv. afferm. Vale pure l' avverbio di luogo

Quì; che dicesi anche *ansisì*, o *'nsisì.* ҷ *Si* vale inoltre la particella condizionale *Se* degli Italiani.

Siassè. Stacciare .

Sicùr ; sicuramènt. Certa-mente ; senza dubbio.

Sièy. (Tagliar il fieno colla falce.) Segare .

Sirè , (da *Sira*, cera , la quale facilmente si stor-ce.) Storcere. ҷ Fig. Battere alcuno, e si dice anche per ischerzo, quando si rompe qualche cosa fragile.

Slambanè d' rie, frase volg. Smascellar dalle risa.

Slansesse. Lanciarsi.

Slavassè . Cresciare ; la-var di troppo.

Slesesse. Sdrucciolarsi so-pra una slitta.

Slonghè. Allungare. ҷ *Slon-ghè 'l còl.* (Poichè , quando uno in qualche conversazio-ne ha grande appetito, si ri-volge sempre da quella parte, donde vengono le vivande: e sta col capo elevato (ond' è , che 'l collo si allunga) per vedere il primo l'arri-vo del cibo bramato.) Al-lungare il collo; aspettare che venga da mangiare . Questa maniera si trasporta ancora da taluno a signifi-care la pena, che si prova nell' aspettare qualsivoglia cosa desiderata.

Slurdì . Stordire ; causar vertigine.

Slussiè. V. *Losnè.*

Smachè. Gettar con forza.

Smangè. Prurire.

Smangïassè. Mangiar più del dovere.

Smafinè Polverizzare; minutissimamente tritare.

Smatassèsse, v. pr. Disperarsi.

Smenusse. Minuzzare.

Smeūve. Smuovere.

Smiè. Sembrare; parere; assomigliare.

Smone. Esibire.

Smortè. Spegnere.

Smurcè; fojè. Cercar addosso a qualcheduno.

Sabornè ; soflenghè. Subornare.

Sabrafè. (Stuzzicare la brace, perchè s'accenda, o l'accesa.) Sbraciare.

Soflè. Soffiare. ʃ Mondar il naso; torre il moccio.

Sögnè. Sognare.

Sognachiè. Sonnecchiare; dormicchiare.

Solamènt ; mach. Solamente; solo.

Solè. Affibbiare.

Soliè. (Dicesi del porre il grano, o qualsivoglia altra cosa al sole a oggetto di asciugarla.) Soleggiare.

Sonè. Suonare. ʃ *Sonè la baudeta.* Suonare a festa, a son giulivo. ʃ *Sonè da mört.* Fig. vuol dire quel suono, che fa un vaso di terra cotta fesso, come pentola, o altro vaso simile. Crocchiare.

Sopatè. Battere.

Soflenghè ; subornè. Tentare con discorsi segreti, e seducenti qualcuno. Su-

bornare.

Sot ; sota ; dsota ; dsot. Sotto; sottesso; di sotto.

Spachèla ; spachèsla . Far del grande. Grandeggiare.

Spantiè. Spargere.

Spartì ; divìde. Dividere.

Spafgè. Passeggiare.

Spassesse . Divertirsi, ʃ *Spassesne.* Non aver bisogno d'una cosa.

Spatarè. Spargere ; metaf. Pubblicare.

Spetussè. Infrangere.

Speriè. Toglier le pietre dai campi.

Spetorè ; espetorè. Mandar catarro fuori dal petto.) Spurgare; sputare.

Spianè. Spianare. ʃ Parlando di legnami, vale renderli uniti, e puliti colla pialla. Piallare.

Spitassè. (Proprio degli uccelli.) Bezzicare.

Splucè. Spilluzzicare.

Sponsonè ; ponsonè. (Stimolar col pungolo.) Pungolare.

Spofè. Sposare.

Spulfè, v. volg. Spulciare; metaf. Esaminar minutamente, con rigore.

Spuassè. Sputacchiare.

Spuè. Sputare.

Squarè. Sdrucciolare.

Squarsè. Squarciare.

Squartè. Dividere in quarti; squartare.

Squartairè. Suddividere i quarti.

Squinternè. Sconcertare ; disordinare.

Stebiè. Intiepidire.

Stęrnì. Selciare; lastricare.

Stè. Starè; abitare. ¶ *Stè s' la soa*. Star nel grave; tener il decoro, la gravità; star savio. ¶ *Stè d' bada; stè con na man su l'autra*. Star ozioso. ¶ *Stè alèrta*. Star lesto; o oculato, o avvertito, o accivito; stare all' erta. ¶ *Stè con j' orie drite*. Ascoltar con attenzione. ¶ *Nen podèje stè 'ntla pel*. Non capir nella pelle.

Stirè. Soppressare.

Stissè. Gocciolare. ¶ Per *destissè*. V.

Stofiè. Annojare; saziare; saziare oltre misura.

Stopè. Turare; otturare ¶ *Stopè la boca*. Confondere alcuno.

Storcè. Nettare, pulire con istraccio.

Störfe. Storcere; stravolgere.

Strabausè. (L' ondeggiare, che fa chi non può sostenersi in piedi per debolezza, o per altra cagione.) Traballare.

Strabiè, v. contad. (Forse da *stra bel* fuori di bilancio.) Risparmiare; sparagnare.

Strachè. Stancare.

Stranpalesse. Stendersi, o sdrajarsi sconciamente sopra qualunque luogo, o cosa.

Stranuè. Starnutare.

Strapassè. Strapazzare. ¶ *Strapassè 'l mestè*. . . . .

Stravachè. Rovesciare; buttar là capo volto una persona, o una cosa. ¶ Figur. sì dice nelle liti *esse stravacà*; o *avèje una stravacà*, quando taluno vien ributtato dalla sua pretesa, ed ha sentenza contraria. . . .

Stręmè. (Da *estremare*, riporre in luogo estremo, rimoto dall' altrui vista.) Nascondere. ¶ *Stręmesse*. Nascondersi; aguatarsi; porsi in aguato.

Strenè. Dar la mancia alla sposa.

Strenfe. Stringere.

Stringhè, v. pr. Affibbiare; metaf. però usasi qui per Coartare; ridurre alle strette.

Striè. Stregghiare; metaf. Esaminar rigorosamente.

Striviè. Lisciare il filo col *strivior*. Strebbiare.

Strocè; storcè. Strofinare.

Stròloghè. Astrologare.

Stropiè. Stroppiare, e in senso metaf. Guastare.

Strojassesse. Sdrajarsi.

Studiè. Studiare.

Sturdì. Stordire; assordare.

Su. Su.

Subiè. Sibilare; fischiare.

Subit. Subito.

Sudè. Sudare.

Suefì. Sciegliere.

Subornè; soslenghè. Subornare.

Sventajè. Sventolare.

Svergognè. Svergognare.

Suliè. Lisciare; in senso metaf. Accarezzare.

Surtì. Escire.

Susnè., v. forse derivata da *sub naso*; cioè allettamento prodotto da cosa, che si ha per così dir sotto il naso. Metaf. tratta dai *can susn*, i quali seguono la preda all'odorato. Si dice del guardar una cosa con grande attenzione, e con desiderio d'ottenerla. Ustolare.

Suvía; coràge. Animo; coraggio.

T.

Tabachè. Prender tabacco in polvere; metaf. partir presto.

Tabussè. (Picchiar la porta.) Bussare.

Tachè; atachè. Attaccare. § *Tachè.* Si usa anche per Mangiare assai, ma però solo per ischerzo. § *Tachesla ai orie.* Prender memoria per vendicarsi, ed equivale alla frase usata da Perlone Zipoli Legarsela al dito. § *Tachè 'l fèu.* Appiccare il fuoco. § *Tachè.* Dicesi delle piante, quando alleficano, e s'apprendono alla terra. Appiccare. § *Tachè.* Dicesi pure de' nesti. Appiccare.

Taconè. Rappezzare.

Tafiè, (forse dal Greco vocabolo, ταφιυμ sepolcro, cioè empir benbene il sepolcro della gola. *Sepulcrum patens est guttur eorum.*) Mangiare a crepapancia.

Tajè. Tagliare. *Tajè l'èrba sot ai pè.* Ingannar destramente.

Tanpè. V. *Canpè.*

Tan; tant. Tanto.

Tan-e-tan; tant-e-tant. Con tutto ciò.

Tan-com-Dio-vèul. Per la Dio grazia.

Tapassiè. Confondere; far romore con checchesia, non però colla bocca.

Tanprè le piùme. Temperare le penne.

Tarochè; trionfè. Invitar tarocchi; ossia trionfi nel giuoco de' tarocchi. § Fig. Gridare adirandosi. Taroccare.

Tartajè. Tartagliare.

Tastonè. (Andar a tasto brancolando) Andar tentone, tastone.

Tenajè. Attanagliare.

Teni, tni. Tenere. § *Teni màn.* (Ajutar a commettere un delitto; esser complice, e consenziente; concorrer nel fatto, dare ajuto.) Tener mano, o di mano; tener il sacco. § *Teni capèla.* Si dice di chi nelle conversazioni cicala per tutti gli altri. Tener il campanello. § *Teni un sula còrda.* Tener uno sospeso; tenere uno in ponte. § *Tenisse fièr; tenisse danbòn; tnisse presiòs.* Star sul grave; stare con contegno; tener posto, gravità, e simili. § *Teni la lenga.*

Tener la lingua in briglia; tener la lingua a freno.

Tenpestè . Tempestare . ¶ Metaf. insistere importunamente.

Terdochè . Parlare in linguaggio non inteso ; parlar alemanno.

Terlè d'göj , v. usata solo per ischerzo. Fare spessi, e piccoli salti, saltellar per cosa di singolar gradimento.

Terlupinè . Burlar alcuno furbescamente.

Tenfe; tenfi. Tingere.¶ Met. ingannare.

Tirè. Tirare. ¶ *Tirè d'aqua.* Attigner acqua.¶*Tirè-na-sciopetà*. Tirare una schiopetta. ¶ *Tirè ne sfrif; tirè na stafilà.* Satireggiare. ¶*Tirè le burche*. Tirare le buschette; tirare le sorti. ¶ *Tirè-d'caus; d'caus* . Tirar de'calci ; ricalcitrare. ¶ *Tirè i brilòn*. Fr. volg. usata solo per isch. Tirar le cuoja. ¶ *Tirè per-drit e per-travèrs*. Far tuttociò, che piace senza verun riguardo. ¶*Tiresse pr' i dent*. Strapazzarsi vicendevolmente.

Tissonè. (Ammassare, accozzare i tizzoni insieme sul fuoco, perchè abbrucino.) Attizzare.

Fnì, V. *Tenì*.

Toch; tof. Voci volgari usate per ischerzo. Subito.

Tochè. Toccare. ¶ *Tochè bara*. (Arrivare in un luogo, e dimorarvi poco.) Toccar bomba.

Toirè; vantolè. Mestare ; mescolare.

Tonbè; caschè ; drochè. Cadere ¶ *Tonbè dla testa prima*. Cader capitombolo.

Tornè. Tornare ; ritornare.

Tosonè. Tosare.

Törfe. Torcere, e metaf. e per ischerzo mangiare.

Tosse. Tossire.

Tra; fra. Tra ; fra.

Trabuchè. (Cader precipitosamente.)Traboccare.¶Per misurare con il *trabùch*....

Traghetè . Traghettare ; andare, e venire con frequenza.

Tramefè. Interporre.

Tramolè.Tremare per freddo, per debolezza, per malattia, o per paura.

Tramudè. (Mutar da luogo a luogo ; far cambiar luogo.) Tramutare; cangiar d'abitazione.

Tranblè . Tremare per paura .

Tranfiè. Ansare.

Trapontè; pichè. (Lavorar di trapunto.) Trapuntare. Tra *pichè*, e *trapontè* si fa questa differenza, il primo dicesi quando si trapuntano stoffe fine, con bei lavori, si dice il secondo in caso diverso.

Tratè. Trattare. Fig. Dar banchetto.

Tratàn ; tratànt. Intanto.

Travajè. Lavorare.

Trepignè. Batter de' piedi in terra.

Trè-per-quatr, avverb., che si usa in lingua furbesca, che dinota la difficoltà dell' esecuzione di quanto è in questione.

Tronè. Tuonare.

Tröp. Troppo.

Trotè. Trottare; andar di trotto. ¶ E non solo delle bestie, ma per similit. si dice anche dell' uomo, e vale caminare di passo veloce, e salterellando.

Trovè. ritrovare; rinvenire. ¶ *Trovesse a carte spörche; trovesse a mal partì.* Trovarsi a mal porto; trovarsi a cattivi termini, a cattivo partito.

Tussì; tusse. Tossire.

V

Vansè. Avanzare.

Vantè. Vantare. ¶ *Vantè via.* Sparire; dileguarsi.

Vantolè, V. *Toirè.*

Ubdì; ubidì. Ubbidire.

Uchè, v. contad. (Dicesì di quelle alte voci sottili, ed acute, che fanno i contadini per farsi sentir di lontano, usando ripetere cinque, o sei volte la *o* chiusa, con pronunziare la prima più lunga di tutte le altre.) Squittire.

Vede. Vedere.

Vendichesse. Vendicarsi.

Vende. Vendere. ¶ *Vende un sla forca.* Vale esser di gran lunga più accorto. *Vende al mnu, o al detài.* Vender al minuto, o a braccia. ¶ *Vende d' lumète.* Dar ad intendere cose false per vere.

Venta, V *Bsögna.*

Vergognesse. Vergognarsi.

Vèrs. Verso.

Vestisse. Vestirsi.

Via da sì. Via da quì.

Viagè Viaggiare.

Vinè. Svinare.

Visitè. Visitare.

Vive. Vivere. ¶ *Vive di sö bras* Viver in sul travaglio; campar delle sue braccia.

Ultimamènt Ultimamente.

Un pes fà. Un pezzo fà; molto tempo fà.

Un-pöch; marlàit v. pl. Un poco; alquanto.

Una vòlta; una vòta v. pleb. Una volta.

Vnì. Venire.

Volè. Volare. Metaf. Correre velocemente.

Volèje. Volere. ¶ *Volèj-ben; amè.* Voler bene; amare.

Volontè. Volontieri.

Voltè. Volgere; voltare.

Urlè. (Mandar fuori urli, e dicesi de' buoi, e delle vacche.) Muggire.

Vsìn; da-vsìn; daprès. Presso; vicino; appresso.

Ussè. Aguzzare.

FINE DELLA RACCOLTA.
DE' VERBI.

SUPPLIMENTO

AL

VOCABOLARIO

SUPPLIMENTO

AL

VOCABOLARIO

A

Acablà, (da *Acablé* f.) Oppresso.

Acobià. A due a due.

Acobiè. (Accompagnare, o congiungere insieme due cose; far coppia.) Accoppiare. ʃ *Acobiesse*. (Andar a coppia; andar a due a due.) Appajarsi. ʃ Fig. Maritarsi.

Adéuit. Adatto.

Adrèt, add. Destro: svelto; accorto; sagace; industrioso; scaltro, abile; valente; ingegnoso. ʃ *Adrèt d'-man*. Destro nelle mani: e dicesi specialmente di chi ruba con destrezza.

A-éui-vidènt. A occhi veggenti.

Afer (da *A* privativo, e φρϊ′, φρενω, voci gr., o da *Affre* f.) Orrore; spavento; terrore; raccapriccio.

Afròʃ, (da ἀφρον, ἀφρονος, voci gr., o da *Affreux* f.)

Spaventevole; spaventoso ; orribile ; terribile ; orrendo.

A-gatagnàu; a-quater-ganbe; a-grapòn v. pr. Carpone.

A-ghéuba; *a-poʃ*; *a-cröch*. Voci, che si usano per ischerzo quando uno compra qualche mercanzia, e non isborza il danaro, ma aspetta a pagarla in altro tempo.

Air. Fortigno; agro.

Airà; *éirà* v. pr. (Tanta quantità di grano, o biade in paglia quanta basta a empiere l'aja.) Aiata.

Al-diaschne. Al diavolo.

Ala-slandrìna; ala-carlòna. Trascuratamente; spensieratamente; alla carlona.

Alèrta. All'erta; badate a voi; state attenti. ʃ Si prende anche addiettivamente in signific. d'Uomo attento.

A litre ciaire; a litre longhe e larghe. A lettere di scattole; a lettere cubitali.

NOTA.

Si è procurato d'arricchire questo Supplimento di tutte quelle altre voci proprie del nostro dialetto, che non sono ancora comprese nelle antecedenti parti del Vocabolario, e che per essere lontane dall' Italiana favella, potrebbono talvolta impicciare anche le persone letterate.

M

Aloà, v. pr. sdrajato; lento.

A-mal-àſi. A disagio.

Amìa; *amìga*. Amica.

Amiclsia. Amicizia; amistà.

Amìſ. Amico.

Amolàjre, v. pr. V. *Molèta*.

Anbaràs. Impiccio; imbarazzo.

Anbęssì, V. *'Nbęssì*.

Anbös. Boccone.

Anbösta. Giumella.

Ancrēūſ. Concavo; profondo.

Andànte. Aggiunto di persona Liberale. ¶ Aggiunto di cosa. Naturale; secondo la costumanza; a prezzo equitativo.

Andi. Movimento.

Andvinàja. Indovinello.

Anformagià, v. pr. agg. di vivanda, a cui ¶i è messo del cacio sopra. Incaciato. ¶ Fig. usata per ischerzo. Informato.

Angassa. Cappio.

Anlià; *'nlià*; *enlià* plur. (Dicesi di denti.) Allegati.

Anorfantì. Instupidito.

Anpęssì, V. *Anbęssì*.

Ansarì, V. *'Nsarì*.

Ant; *'nt* . Dentro.

Antęl, V. *'Ntęl*.

Anvìa, (da *Envìe* f.) Dicesi a quella macchia, o altro ºsegno esteriore nato all' uomo in qualche parte del corpo, e che da alcuni si crede nascere da soverchio appetito della madre, ¤ella gravidanza, di quel cibo, o bevanda, che da

quella macchia si rappresenta. Voglia. ¶ Dicesi anche per Voglia; desiderio; brama.

A-pendi . A fusone; a josa. ¶ *Dìne a-pendi* . Dirne a fusone, a josa.

A-placèbo, v. l. A bell'agio; con comodità.

A-plata-cotùra, (da *A plata coture* f.) Senza misura; senza discrezione; senza riguardo; con eccesso.

A-poſ, V. *A-ghēuba* .

A-rablòn. Per terra.

Aranba. Da vicino.

Aranbà. Avvicinato.

Aranbesse. Avvicinarsi.

Arbrochè. (Rispondere fortemente, ed apertamente su qualche cosa, che alcuno abbia detto mal a proposito.) Rintuzzare gli altrui detti; reprimere i detti mordaci; rimbeccare; ribadire il chiodo.

Arbruſè. (Riprendere uno con minaccie ; spaventarlo con asprezza di parole.) Rabbuffare.)

Arbruſè. Dicesi di quel cuociore, che si sente nell' esofago, e nel ventricolo, cagionato per lo più da indigestione.

Arbùſ, V. *Malfàita*.

Arbiù . (Nuovo germoglio.) Pollone.

Arbutè. (Germogliare di nuovo dopo d' essere stato mozzato, o tagliato.) Rigermogliare.

Arcède; *ricède*. Richiedere.

Arciöch . L'ultimo segno, che si dà colla campana per le sacre funzioni .

Arciüſ . Rinchiuso .

Ardris , (da *Raddrizzare* i.) Sesto ; ordine .

Ardrisesse . Acconciarsi .

Arèngh . Quei tocchi di campana , che si danno , quando si dee condur al patibolo , o a subire qualche altra pena un malfattore .

Arfassè . (Fasciar di nuovo.) Rifasciare .

Arfilè ne sgiaf , fr. usata per lo più per ischerzo. Dare uno schiaffo .

Arfudè ; *arfuè* , v. contad. Rifiutare .

Argaugnè , v. pr. *fè la sumia* . Far la scimia .

Argorghè ; *sgorghè* . Ringorgare .

Argrignà . Raggricchiato .

Arivè . Giugnere ; capitare ; accadere .

Arlía , v. pr. Ubbía .

Armiſ . Usitato .

Armognòſ. Borbottone; bofonchino .

Armùsc, (forse *a rumore* l.) Romore .

Arnòſ. Di mal umore .

Arpiumè , v. pr. (Dicesi degli uccelli , quando rinnovano le penne .) Rimetter le penne ; mudare ; mutare.

Arprovanè ; *pravanè* . Provignare .

Arsetà ; *arsiſ* ; *stalì*, add. Aggiunto di pane non fresco .

Arsinòn . (Il mangiare , che si fa dopo cena.) Pusigno .

Arsiſ , v. pr. V. *Arsetà* .

A-rubatòn . Rotolone .

Artirè . Ritirare . ¶ *Artiresse* . Ritirarsi ; ricoverarsi ; ridursi .

Arvèrs . (Colla pancia all' insù, o in sulle rene.) Supino. ¶ Fig. dicesi anche di vino, che ha dato la volta.

Arviè . Avvivare .

Arvirè , *virè i dent* (Proprio de' cani , quando nel ringhiare, ritirano le labbra, e mostrano i denti .) Digrignare. ¶ Fig. Rivoltare i denti .

Arvoltesse . Rivoltarsi ; rivolgersi .

Atilà ; *tilà* . Attillato .

Aslè . Metter acciajo a un ferro .

Atilesse . Abbigliarsi .

Atiflà ; *tiflà* . Abbigliato.

Avaitè , V. *Vaitè* .

Avaròn , accr. d' *avàr*. Uomo avarissimo, spilorcio .

Avèje d' böria . Esser borioso , superbo . ¶ *Avèje 'l cassìd en man, ala-man*; fig. Minestrare; avere il maneggio . ¶ *Avèje boña ganba a durmì*. Dormir volentieri , e molto. ¶ *Avèine 'ntij garët* Averne in tasca; non serbar gratitudine .

Avofà . Rinomato .

Ausè 'l gomo; scopassè margrita fr. pr. Si usano amendue solo per ischerzo. Trincare.

B

Babàu, v. usata dalle balie in significato di *Versiera*, o di *larva* per intimorire i fanciulli, e renderli ubbidienti : può dirsi derivata da' Fenicj, usata anche dai ragazzi Maltesi nel giuoco per intimorire il compagno. §Fig. dicesi d'uomo semplice, materiale. Babbaccio.

Babia ; bafòja. Loquacità.

Babola. Racconto a capriccio

Babörgne, quasi battiture da *börgn*, v. usata solo per ischerzo. Battiture

Baciòch. Mezzo assopito; assonnato.

Baciöch. Scorbio.

Badè ; badöla Babbaccio

Bafòja, V. *Babia.*

Bafiè, v. usata solo per ischerzo. Mangiare smoderatamente.

Bafràda, v. usata solo per ischerzo. Corpacciata.

Bagiàn ; barbabòc ; babàu ; tabalēuri ; badöla ; banbàf ; patalòch ; fafēul. Barbagianni ; babbaccio ; semplice ; materiale.

Bagianaría ; bagianàda. Sciocchezza ; corbelleria.

Bal. Ballo.

Balàda. Tripudio.

Balandràn Uomo robusto, scioperato, che va tutto giorno a zonzo.

Balandràna. Femmina robusta ec.

Balēt Balletto.

Baleüria. Baldoria. Vedasi la storia del Pingone, edizione di Torino 1577 pag. 116 del tripudio, che si faceva il giorno di s. Gioanni. *Porro id genus ludi patrio vocabulo* Balloriam *vocant.* Quel vocabolo si è poi adattato ad ogni sorta d'allegrezza, specialmente tra ragazzi, che fan la *baleüria* anche la vigilia di s. Gioanni in tal qual modo saltando, e girando attorno al falò di piazza castello.

Baleüf. Guercio ; balusante.

Balòrd. (Uomo inconsiderato.) Balordo ; inavvertito. § Significa pure uno, che per qualche accidente occorsogli resti sopraffatto, e non sappia a qual partito appigliarsi per rimediare al danno, che da quell'accidente gli risulta. Sbalordito ; stordito.

Balordòn, accr di *balòrd*, V.

Banbàf, V *Bagiàn.*

Banbociàda. (Nome, che si dà ad alcune pitture grottesche, il cui soggetto è basso, e popolare.) Bambocciata.

Bancaròta. Fallimento.

Banda. Parte.

Banderöla. Uomo, o donna incostante.

Barà. Colpo di stanga.

Barabàu, V. *babàu.*

Barablo. Nome, che si dà dalle nutrici al diavolo quando parlano con i fanciulli.

Baràta. Cambio

Barba. Barba; zio.

Barbabòch. Barbalacchio; barbacheppo; barbagianni.

Barbagiàn, V. *Barbabòch*.

Barbaròt, v. contad. Ciocche di capelli pendenti dalle tempie all'orecchio. Cernecchio.

Barbossàda. Rammanzo; rammanzina.

Barìc. Uomo di vista corta; balusante.

Baricia. Donna di vista corta, balusante.

Barivèl. Giovane, od uomo, che scherza volontieri, e fa per giuoco delle fanciullaggini.

Barivèla Figlia, o donna, che scherza volontieri, e fa per giuoco delle fanciullaggini.

Baròn; muc; mug. Cumulo; mucchio. ⁋ Per mazza di cose rabbattuffolate insieme. Battuffolo. ⁋ Dicesi pure per ironìa. *Baròn*. Birbone.

Baròs, v. usata per ischerzo. Stroppio.

Baròssa. Stroppia.

Barsleta. Facezia.

Barsletè, Dir facezie.

Bate la canpàgna. Tener a bada; tracheggiare; saltar di palo in frasca. ⁋ *Batse an artrèta*. Trarsi in dietro; indietreggiare; arretrarsi. ⁋ *Bate la calabria*. (Andare attorno perdendo il tem-

po.) Andare ajato, *Bate e virè man*. Accennar in coppe, e dar in bastoni,

Batajè, sust. v. pr. Fastidioso suonatore di campane.

Batajè, verbo v. pr. Scampanare.

Batajèra, v. pr. Scampanata, tintinnìo.

Batiàje. Confetti, confetture, zuccherini, che si danno nelle solennità battesimali. ⁋ *Batiàje* diciamo pure lo stesso apparato specialmente di confetti, che si fa per la detta solennità.

Batù (Coloro delle confraternite secolari, che vestiti di cappa, e cappuccio vanno processionalmente, detti così dal battersi, che facevano in tali occasioni,) Battuti,

Bau, V. *Babàu*.

Baudeta. Suono a festa, a suon giulivo.

Becè, V. *Papàgrànd*.

Bena. Capanna.

Berbòt; berbòt; berbotòn; berbotàire. Borbottone

Bergnif. Diavolo

Berliehìn; berlichinòt. Giovinetta Avvenente, vivace, e allindata.

Berlichinùa, agg. di giovinetta. Avvenente, vivace, e allindata.

Bernà, V. *Porà*.

Bernùfia; sbernùfia. Femmina schizzinosa.

Bernufiassa; bernufiòna. accr. e pegg. di *Bernùfia*, V.

Bernufieta; bernufiòta, dim.

di *Bernifia*, V.

Bertavèla . (Molta loquacità .) Tattamella.

Bertonè. Tosare; cimare.

Bescheuit ; dindìn ; greuje ;
manöt , voci usate solo per
ischerzo . Danari.

Bestantè , v. pr. Fermarsi.

Belmër , v. f. *madòna* ,
v. volg. Suocera.

Ben piantà , agg. di persona, che sia bene in gambe , e nelle piante de' piedi.

Beuf, v. pr. Immaturo.

Bialèra ; biàl. Gora.

Bialöt , V. *Döira* .

Biët Biglietto; viglietto.

Biet, add. Molle ; fracido;
vizzo ; pazzo ; appazzito ;
vieto.

Bigöt, add. Bacchettone;
graffiasanti ; ipocrita ; baciapile ; collotorto ; torti-
collo .

Birichìn. Baroncello.

Bìfa . (Vento freddo , e
sottile.) Brezza; brezzolina.

Bifö, (da *Biseau* f.) Dicesi per vezzo di donna piccola, e bella, e per ironía
a persona diforme .

Bifodiè , v. pr. Pregare ;
far orazione; biascicar preci.

Bifocòn, accr. di *Bifòch*, V.

Bifocòna, accr. di *Bifòca*, V.

Bifòch. Bizzoco; pinzo-
chero .

Bifòca. Bizzoca; pinzo-
chera.

Bifödie, pl., v. pr. Ora-
zioni ; preghiere . ʃ *Bifòdia*
per *Bifòca*, V.

Bleu . Il turchino; l'az-
zurro ; il cilestro .

Bo. (Si dice dalle nostre
madri a' fanciulli , quando
questi vogliono bere , per
adattarsi alla loro pronunzia, come per esempio *Völ*
da bo ? Völi fè bo?) Bombo.

Boc . Cespuglio; mucchio.

Bocafiña. Persona di gusto diſicato .

Bodrè . Meschiare .

Bodèro. Dicesi per ischerzo d'Uomo corpacciuto .

Bogïatin. Frugolino; frù-
goletto .

Bolichè . Brulicare .

Boña-man. Mancia; strenna.
ʃ Per la *Boña-man*, che si dà al
garzone dell'oste nel partire.
Benandata

Bonasèira ; *bonasèra-serèa*.
(Saluto molto in uso.) Buona sera; buona sera a V. S.

Bondì ; *bondisserèa* ; (Saluto molto in uso) Buon dì;
buon dì a V. S.

Bonprofassa. Si dice per
augurare altri bene, ralle-
grandosi di qualche sua fe-
licità. ʃ *Bonprofassa* fig. si
dice anche per ironía, e vale lo stesso che Disgusto.

Bon tenp . Tempone .

Boriòf . Superbo .

Borla ; *capàla*, v. pr. (Massa di covoni.) Bica.

Borù . Di cattivo umore .

Borgà ; *borgìà* ; *ruà* v. pr.
(Mucchio di case in con-
tado.) Casale.

Bö . Certamente.

Böpër, v. fr. *messè* v. volg.
Suocero.

Böria. Superbia ʃ

Böt, Questa voce da noj si usa per contare le ore di Francia dalla mezz'ora sino alle due e mezzo, sì dopo mezzogiorno, che dopo mezzanotte; onde diciamo *mef böt*, *un böt*, *un böt-e-mef*, *doi böt*, *doi-böt-e-mef*. I provinciali dicono *mef-ora*, *un' ora*, *un' ora e mefa*, *doe ore*, *doe ore e mefa*; e taluni, che vogliono usare *böt* dicono p. e. *ēut böt*, *nēuv böt*, *def böt*, *ondef böt*. Da questo solo si distinguono i Provinciali dai Torinesi, che da *tre* fin a *ondef* dicono sempre *ore*. Non usasi pressochè da veruno il dire *dodef ore*, ma bensì *mefdì*, *mefa-nēuit*. ꝫ Si prende anche per Colpo. ꝫ Dicesi altresì per Battitura, V. *Patöca*.

Bötabaril; *sautabaril*. Sorta di giuoco fanciullesco.

Böt-e-rispösta. Botta risposta.

Branca. Palmo.

Brancà, coll'accento sopra l'*à*. Quanto si può prendere, e tener colla mano, e significa qualche cosa di più di *pugnà*.

Brassalà. Colpo di bracciale.

Brav. Dabbene; perito.

Brigàjre. (Che briga.) Brigante; intrigatore; entrante; attivo.

Brignöcola. V. *Göla*.

Bròa. Proda; sponda; estremità.

Bròa, coll'accento sopra

l'*à*, add. Mezzo cotto; parte cotto; leggiermente cotto.

Bröch. Cattivo cavallo. ꝫ Metaf. dicesi d'uomo goffo, e disadatto.

Bronsòn. Trincone.

Brusch, add. Brusco; acido.

Brutèri, v. pr. Uomo, o donna brutta, malfatta. La donna di questa fatta dicesi Befana.

Bfanchè. Guastare; sconciare; rovinare.

Bù! (Voce d'ammirazione, e di disprezzò, che fi pronunzia colla bocca socchiusa, strascinandone il suono. Altrettanto significa in Malta la voce *Bu*, ovverò *Abu*.) Che cosa!

Bu; *bubù*; *bua*. Voci usate dai fanciulli per *male*, come comoda alla loro pronunzia. Bua.

Buchè, v. contad. V. *Goàrdè*.

Bulo, (forse da *Bullo* l.) Bravaccio.

Burb. Furbo, astuto. ꝫ Si prende pure per Furfante.

Butè sö gran. Dare il suo voto; interessarsi. ꝫ *Butèse a scapè*. Mettersi a fuggire; cominciar a fuggire. ꝫ *Butè'l partì ala man*. Proporre la deliberazione d'alcuna cosa. ꝫ *Butè 'l las al cöl*. (Si dice dell'obbligar con forza, o violentar alcuno a far alcuna cosa.) Metter la cavezza alla gola.

Butòn; *bulòn*; *urtòn*. Urtone; spinta.

C

Capòcia, V. *Capussa*.

Cachèt, (da *Caquet* f.) Ciarla; chiacchiera; loquacità; ciancia; ciarlería; cicalamento.

Calacàla. (Si dice ad uno, che narri frottole sperticate, e inverosimili , e si suole aggiugnere alzando la voce: *J'era un s'una scala , ch' a disía càlacàla*. La voce Punico-Maltese *Challa* significa lasciare, non andar più avanti. Vedasi il Muratori dissertazioni latine *Medii Ævi*.

Calorà. Caloroso.

Camolà. Tarlato.

Camràda ; *cameràda*. Camerata ; compagno .

Canàja. Canaglia. ʃ Dicesi anche di un uomo solo. Birbone.

Canajòn; *birbòn*. Birbone.

Cansonàda. Celia.

Capàla, V. *borla*.

Capari. Capperi.

Capita. Cappita.

Capèstòrn, v. usata per ischerzo. Capo. E si usa singolarmente in questo senso *Avèje quai còsa per el capestòrn*. Aver qualche cosa per il capo. ʃ *Avèje 'l capestòrn*. Esser corrucciato ; esser di mal umore.

Capèl. Quando noi diciamo *Un capèl*, intendiamo Un uomo. ʃ *Capèl d' mossolìña*, fig. Donna.

Caponè. Castrare i polli.

Caporiòn. (Uomo di stíma, uno de'principali del paese.) Bacalare ; barbassoro .

Capussa; *capòcia*. Si dice per ischerzo della Testa.

Cariè 'l badò. Addossare la colpa.ʃ Addossare un negozio malagevole.

Carigadùra. (Sorta d'affettazione .) Caricatura. ʃ Dicesi anche di ritratto ridicolo, in cui sieno grandemente accresciuti i difetti. Caricatura.

Carità-plosa. (Detto scherzoso.) Carità pelosa; carità di Monna candida, *che biasciava i confetti agli ammalati per levar loro la fatica*.

Carn-da-pich. v. volg. Si dice d'Uomo assai robusto.

Carlevè. Carnovale.

Carossin. (Sorta di cattivo contratto.) Scrocchio.

Caròte. Dicesi per ischerzo di Fanfaluche.

Casàl. (Casa scoperta, e spalcata.) Casolare.

Cascamört. Spasimato.

Cassiña. (Possessione con casa.) Podere; villa.

Cassinòta, dim. di *cassìña*. Poderetto; poderino; villetta; villuccia.

Castagnè. (Colui, che vende le caldarroste, da noi dette *castagne brusatà*.) Caldarrostaro; bruciatajo.

Castagnè: Raccorre castagne. ʃ Figur. *Castagnè un*. Farla ad uno ; accoccargliela.

Cativa-paga. Mal pagatore .

Catèrle, pl. (Quell'umore, che cola dagli occhi, e si risecca intorno alle palpebre.) Caccole; cispa.

Cavàl-d'-paràda. (Colui, che sta in sulla lindura, il quale non ha altro di buono, che la presenza.) Bella presenza; bellimbusto.

Caus. Calcio

Cèca. (Colpo d'un dito, che scocchi di sotto un altro.) Buffetto.

Cetì. Citire. Da noi si usa sovente coll'avverbio *nen*, così diciamo *Nen cetì*. Non fare zitto; non dar fiato; non fiatare.

Cerèa. V. *Serèa*.

Chietè. Acchettare.

Chièl; *chïël*. Egli.

Chila. Ella.

Chitè, da *Quitter* f. Abbandonare; lasciare; desistere.

Chëur. Cuore.

Cïaböt. Tugurio. ſ Per picciolo podere, in cui siavi l'abitazione del coltivatore. Poderetto; poderino.

Cïaböta, v. pr. Capanna.

Cïabra. (Scherno; derisione fatta con istrepito; grida, o simili.) Fischiata.

Cïabrissà. Schiamazzio; frastuono.

Cïaciara. Chiacchiera.

Cïadèl, v. volg. Sesto.

Cïanpairè. Metter in fuga; spinger fuori; scacciare.

Cïanparöba, v. usata per ironía. Dissipatore; scialacquatore.

Cïapìn; *col-dij-còrn*; *colàutr*; *diaschne*; *bergnif*; *barabìo*; *'l brut*. Nomi dati dalle nostre donne, e principalmente dalle bizzocche al Demonio per non osare a chiamarlo *Dïau*.

Cïaputè. (Tagliar alla grossolana, e dicesi specialmente di legnami.) Stagliare.

Cïaramèl. (Colui, che favella troppo.) Cicalone.

Cïaramèla. Tattamella; ciarla.

Cïaramlà. Ciarlería.

Cïaudròn Uomo, o donna, che balla sgarbatamente.

Cïoch. Briaco. ſ *Cïoch*; *cïoch-matinè*. Babbaccio; babbaccione.

Cïoènda, da *Chiudenda*, v. i., o da *Cludenda*, v. l., o forse da κλεῖδι, v. gr.) Siepe.

Cïöma, v. contad. (da κοιμάω, v. gr.) Riposo delle vacche.

Cïoncïo, v. usata per ischerzo Equivale a Bene; anima; cuore. Onde dicesi *Me cïoncïo*, per Mio bene; anima mia; mio cuore.

Cïoncïonè. Assettare; acconciare.

Cïörgn, add. Sordo.

Cïörgna. Si dice per isprezzo ad una donna.

Cïucïù, v. usata dalle madri ai bambini, quando per sollazzarli si ascondono lasciandosi solo vedere pel capo. Capolino.

Cïucïù la baja. Dicono le madri ai ragazzi, quando

vogliono dar loro la bafa , affinchè prendano orrore ad azione cattiva in qualunque maniera. Equivale al *Pudeat* de' Latini .

Ciuto . Zitto.

Cicia ; *gigia* , voci usate per ischerzo. Grassezza.

Cich, (da χιxλι, v. gr.) Canto del tordo.

Cicàna ; *rufa* ; *rogna* . Cavillazione . ʃ Si prende pure per lo stesso Cavillatore.

Cicìn . Forse da xιxιvos v. gr. Pulcino. ʃ *Cicìn-bujì* dicesi di persona gracile , ed infermiccia.

Circumcirca, v. l. *pressa-pöch*. Pressapoco.

Cìs, (da γ ιω,vr. g.)v. contad. , colla quale i bifolchi sollecitano i buoi, e le vacche a camminare, e corrisponde all'*age*; *propera* de Lat.

Coalèra. (Codazzo di donne , ec., che accompagnano una donna, quando va a marito, o un bambino portato a battesimo.) Corteo; corteggio .

Coamèl , V. *Cojro*.

Coco. Si dice per l'uovo, che si dà ai fanciulli per esser voce più comoda alla loro pronunzia. In Malta il *Guggu* significa uovo, d'onde può derivare , oppure dal greco xoxr , che vale lo stesso.

Comodà, *cmodà per le feste*. Acconcio per le feste.

Comodè ; *cmodè*. Accomodare ; acconciare .

Codögn; *tmòn* , v. prov. Sciocco; mellone ; navone; scempiato; scimunito .

Cojro , (da xoìcos, v. gr.) *coamèl* v. pr. Dicesi della parte inferiore della veste zaccherosa, piena di schizzi , di zacchere .

Colasiòn. Colezione; asciolvere.

Colàutr, V. *Ciapìn*.

Col-di-còrn, V. *Ciapìn*.

Comarùm. Crocchio di femmine berlinghiere .

Conchè, *conchèra*, voci pr. (Colui , o colei , che si dà la briga di far matrimonj.) Mezzano , mezzana di matrimonj .

Consà . (Accomodamento di capelli , che si fanno le contadine , ed altre donne del basso volgo.) Acconciatura .

Costè l' cui d' un bëu. Vale Costar il cuore e gli occhi, il cuor del corpo , o simili.

Cotèl de doi tài. Coltello a due tagli .

Coturè . Arare un campo, acciò muojano le erbe, e acciò, lasciandolo vuoto per certo tempo, diventi più fertile .

Còm; *coma?* Si usa questa voce interrogando , e vale Cosa dite ?

Cracia. Feccia.

Crachè, (da *Craquer* f. Spacciar menzogne per verità.) Sballare; ficcar carote; dar panzane .

Crachëur , (da *Craqueur* f.)

Dicesi di chi spaccia menzogne per verità, altrimenti detto *Fiaca*; *fiaca-fave*. Millamatore; ciarlone; bugiardone.

Crestiàn Uomo di buona pasta; uomo di buona natura.

Crestianàs; *crestianèri*; *crestianòn*. Buon pastricciano; uomo alla buona.

Crestianèt. (Uomicciuolo o dappoco, o di poca fortuna.) Cristianello. ¶ Da noi si prende anche per Uomo di piccola statura, e di buona pasta.

Crià a gran ganassa. Gridar quanto se ne ha in canna.

Crij Grido.

Crovàta. In senso fig. Rammanzo; rammanzina.

Cugnà. Cognato, Cognata.

Cugnadin. Cognatino.

Cugnadiña. Cognatina.

Cunièra d'masnà. (Espressione presa da *Conigliera*, luogo, in cui si tengono rinchiusi i conigli animali molto fecondi.) Figliuolanza numerosa.

Cufin. Cugino.

Cufiña. Cugina.

D

Dabòn; *per-da-bòn*. Davvero.

Dagnè. Gocciolare.

Daila, *e toca*; *e daila*;

daila, *e possa*. Questi termini significano Fa, e rifà la tal cosà; ovvero Prega, e riprega; e si dice principalmente di chi nel pregare si rende molesto. Dagli, picchia, e tocca; picchia, e martella.

Dansèt-anquàtr. Di quando in quando; qualche volta; una qualche volta.

Da-pàrt-a-pàrt. Da banda à banda.

Da-rèst, v. contad. Del resto.

Darmàge, (da *Dommage* f.) Danno; pregiudizio.

Daspermi; *dasperti*; *daspernoi*; *daspervoi*; *dasperchiël*; *dasperlòr*. Da per me; da per te; da per noi; da per voi; da per lui; da per loro.

Dautùt; *deltùt*. Del tutto; affatto.

Dbelavàns. Pur troppo.

Dbòta-volà. Di balzo, e di posta.

Degolè, v. pr. Appassire; alidirsi.

Deltùt, V. *Dautùt*.

Demòra; *dmòra*. Trattenimento; trastullo.

Desbagagè. Torre i bagagli. ¶ Per *desbarassè*, V.

Desbarassè. Sbarazzare.

Desbaraçè. Ricambiare.

Desbaucia, (da *Débauche* f.) Gozzoviglia; crapola. ¶ *Desbaucia* in provincia denota pure un Uomo dissoluto, depravato, discolo, sfrenato, libertino; taverniere; ghiottone.

Desbaucià, (coll'accento sopra l'*à*) da *Débauché* f.) Sregolato, dato ai piaceri; disordinato; sviato; corrotto; dissoluto.

Desbèla. Dissipatore, e dicesi principalmente d'abiti.

Desbocà. Sboccato; scorrettaccio.

Desbrajà. (Senza brache, senza calzoni.) Sbracato; sbraculato.

Desbrajesse. (Cavarsi le brache.) Sbracarsi.

Descarià. Scaricare; sgravare. ſ Parlando d'arma da fuoco. Scaricare; sparare

Descarognisse. Disappassionarsi; disinnamorarsi.

Descausè, (da *Déchausser* f.) Scalzare. ſ *Descausesse*. Scalzarsi. ſ Fig. Torsi dal capo.

Descoefà, (da *Décoiffé* f.) Dicesi di persona, che non si sia ancora acconcia a i capelli in testa.) Scapigliata.

Descoefè, (da *Décoiffer* f.) Scapigliare. ſ *Descoefesse*. Scapigliarsi.

Descomodesse. Scomodarsi; disconciarsi.

Descurvì. Scoprire; manifestare; palesare. ſ *Descurvì i pataràs, i patiòn, i paströc*. Scoprire le maccatelle.

Descutì. Sbrogliare.

Desdavanè. In senso fig. Declinare nella fortuna, o nella ricchezza.

Desdè. Rilasciare.

Desdentà. Sdentato.

Desdëuit, V. *Dsadëuit*.

Desdobiè. Scempiare; sdoppiare.

Desfrà, ad¹. Dicesi per ischerzo d'uno, che abbia meno i denti dinanzi. Si potrebbe forse dire Sferrato, perchè gl'Italiani dicono *Bocca sferrata*.

Desgabufesse. Scapricciarsi.

Desgagià, (da *Dégagé* f.) Svelto; snello; disinvolto. ſ *Desgagià ntij barolè*, espressione usata per ischerzo. Lesto in gamba.

Desgauignesse. Sbrogliarsi.

Desgognà. (Dicesi principalmente d'abito, che non ha la figura, che aver deve, o che l'ha perduta.) Scipato; stazzonato; trassinato.

Desgropè 'l sach. In senso fig. Sciorre il sacco, vale, Dire d'uno tutto quel male, che si può dire.

Desgonfiè. Sgonfiare ſ *Desgonfiesse; sgonfiesse; sgonfiesse 'l gavàs*. In senso figur. Sfogarsi.

Deslavà; spòrca. Aggiunto di biancheria. Sudicia.

Desmudà, v pr. ſ Dismodato; smoderato.

Desparè. (Si dice d'arma da fuoco.) Sparare; scaricare.

Despariè, V. *Desprontè*.

Despronlè; despariè. (Levar via le vivande, e le altre cose poste sopra la tavola.) Sparecchiare.

Desfrenà. (Stroppio nelle anche) Sciancato.

Destachène. In senso fig Parlar senza riguardo veruno.

Destòrna; pista; söja; baja. Berta; soja; quadra; celia. ¶ Si prende anche per Colui, che frastorna canzonando.

Destornè, (da *Détourner* f.) Traviare; frastornare.

Debordà, (da *Débordé* f.) Dissoluto; sfrenato; licenzioso.

Dè na pipa. Far un rammanzo.

Dè a ganbe. Fuggir precipitosamente; darla a gambe.

Desse dëit, Avviarsi; pigliar le mosse.

Dè 'n cianpanèle. Dar ne' lumi; adirarsi furiosamente.

Dè d'bon-pro fassa. Fr. usata ironicamente Cagionar disgusti.

Dè ntl' êui. Dar negli occhi.

Dè l' arpassàa. Ripascere.

Dè la pista. Corbellare; cuculiare; dar la quadra; far la celia.

Dè fëu al canòn; dè 'l fëu ala mina. In senso fig. Dar fuoco al cannone, alla mina.

Dè ciadèl, fr. pr. V. **Dè ardris.**

Dè d' lard. In senso fig. fr. usata solo per ischerzo. Battere

Dè la drita. Dar il luogo d'onore; dar la manritta.

Dè 'l bras. Dar il braccio, la mano.

Dèje dentra, drinta. Apporsi. ¶ Dicesi ancora in significato d' Intraprendere vigorosamente un affare.

Desse d' arie. Osare; ardire.

Dè d' gnòche. Battere; bastonare.

Dè 'n fata. Saltar in collera; adirarsi furiosamente.

Dè d' incèns ai mòrt. Dare incenso a' morti, o a'grilli, prov. Far cosa, che non serva a niente; gettar via il tempo.

Dè ala volà. Rimetter di posta; cioè ripercuoter la palla prima che cada in terra, e balzi.

Decöto. Ridotto al verde.

Delabrà, (da *Délabré* f.) Rovinato; stracciato; scompigliato.

Delabrè, (da *Délabrer* f.) Rovinare; lacerare; distruggere.

Dëul. Lutto.

Dëuit. Garbo.

Dì d'sotife; dì d'folajrà. Dir farfalloni.

Diaschne; diëne, v. pr. Diavolo.

Dincànto. A meraviglia; benissimo.

Disnè. Pranzo; desinare.

Dlongh, v. contad molto in uso presso i poeti. Subito; di botto.

Dmòra, V. **Dmòra.**

Dòc. Vago; bello; leggiadro; vistoso.

Dolànda. Aggiunto d'uo.

mo, che sia briaco, allegro, v. usata solo per ischerzo. Brillo.

Dos. Dolce. ∫ Dicesi pure di vivanda non sufficientemente salata. Dolce; dolce di sale; insipido; scipito.

Döira; bialöt, v. pr. Rigagno; rigagnuolo.

Döna e madöna. Padrona assoluta; in termine notariesco, e curiale. Donna e madonna.

Dörgna. Bernoccolo; corno; cornetto.

D'-piàt. Di piatto.

Drè, V. *Darè*.

Drolaria. Facezia.

Dröch, (coll' aggiunta di *un.*) Una gran quantità.

Dröga. (Dicesi di persona astuta.) Volpone.

Drölo. Giocoso; faceto; piacevole; motteggievole; burlevole.

Drù, add. (da *dspos*, v. gr. Si dice di terreno grasso.) Fertile. ∫ Fig. si dice di persona, che per troppo star bene prende facilmente a nausea quello, che altri gradirebbe. Fastidioso; schifo; incontentabile.

Dsadeuit; desdeuit. Disadatto; sgarbato.

Dserèa, V. *Serèa*.

Durmì. Dormire. ∫ *Durmì sla cavessa*. Si dice del lasciar isfuggire l' occasione opportuna d'operare.

Durvì; druvì. Aprire. ∫ *Durvì j' eui.* Aprire gli occhi; fig. Usar attenzione; por mente; star vigilante.

E

E. (Nota di congiunzione.) E. *E*? pronunziato interrogando vale, Cosa dite? Si usa quando taluno non ha intesa, o finge di non aver intesa una cosa. ∫ Si usa pure quando si vuol avvertire una persona, e vale Prendetevi guardia.

enlià. Allegato.

enteressà, V. *Interessà*.

enteressadòn, accr. d' *enteressà*, V.

E-daila, V. *Daila-e-toca*.

E-mef. Aggiunto, che usiamo talvolta per dinotare il grado superlativo; così diciamo *un farinèl-e-mef*; *un dröch-e-mef*.

Esse giù dl' eva. Esser per le fratte. ∫ *Esse decöto; esse al pian d'tèra.* Essere al verde; esser fritto. ∫ *Esse ai us.* Esser ridotto al verde. ∫ *Esse a cavàl; esse a ca d' dì.* Essere a cavallo; essere in buono stato; essere sicuro. ∫ *Esse sul pavè.* Esser senza impiego. ∫ *Esse variàbil.* (Non istar fermo in un proposito.) Svariare. ∫ *Esse bas d'cöld'pè.* Dicesi di chi non ha ciò, che aver dovrebbe secondo il suo stato, e condizione; dicesi pure di chi è quasi al verde. ∫ *Esse alegrele.* Esser quasi al verde.

F

Factöto, (da *Fac totum* l., o *Factoton* f. *gian-facìn.* voci usate per isfregio. Colui, che s'intriga in ogni cosa.) Faccendiere

Fafiochè. (Narratore di fanfaluche .) Barbagianni. ʃ Dicesi anche d' un uomo di statura grande, ma disadatto.

Falabràch. Uomo grande, e grosso .

Fame-lùme. Lucerniere .

Fandönia. Chiacchiera vana; favola; bugia; fandonia.

Farinèl. Uomo accorto, uomo disinvolto . ʃ *Farinèl-e-meʃ*, l' aggiunto *e-meʃ* denota il grado superlativo.

Fard , v. fr. Uomo doppio; simulato.

Faʃeul. In senso fig. Barbagianni.

Fassòn; manèra. Maniera. ʃ Si prende anche figur. per Grazia ; garbo .

Fat , v. pr. (da φάτις , φάω , v. gr. dicesi di vivanda non sufficientemente salata .) Dolce ; dolce di sale; insipido; scipito. ʃ Usasi anche qui in significato di Persona scipita .

Faus. Falso; non vero . ʃ Vale pure Contraffatto . ʃ Aggiunto di persona. Doppio; simulato .

Ferdonè. (Sonare così a mal modo, e fortemente.) Strimpettare fortemente.

Ferfòj. Dicesi di chi non può capir nella pelle.

Ferlèca. Sberleffe ; sberleffo; ferita; squarcio.

Fervàja. Briciola.

Fè babàu. Far baco baco, o bau bau . ʃ *Fè d' legènde* . Far un' agliata. ʃ *Fè na cro-vàra* . Far un rammanzo . ʃ *Fè d' ojàs; Fè d' èui da baʃalìsch*. Guardar con occhio torvo. ʃ *Nen ʃe fià*. Non dar fiato; non fiatare. ʃ *Fè pöca fiùʃa*. (Dicesi d' uomo da fidarsene poco, da non farne capitale.) Far poco capitale; tener poco a capitale. ʃ *Fè'l factöto*. Far il faccendiere . ʃ *Fè l' arlichìn*. Fare il zanni . ʃ *Fè 'l muʃo; fè 'l moro; fè 'l nech*. Portar broncio ; tener broncio. ʃ *Fè de ʃcacaròt*. Sghignazzare ; ridere smoderatamente; smascellare, sganasciare dalle risa. ʃ *Fè un sotmàn*. Farla ad uno ; accocargliela; calargliela. ʃ *Fè 'n gran caʃ d'una cöʃa da nen*. (Far gran caso di cose piccolissime.) Far d' una mosca un' elefante . ʃ *Fè na burlèta*. Canzonare; burlare; beffare. ʃ *Fe stè 'nti sèrc*. In senso fig. Fare stare a segno ; tenere a segno. ʃ *Fè sachèra*. (Si dice delle ferite, quando saldate, e non guarite, rifanno occultamente marcia.) Far sacco, o saccaja. ʃ *Fè le grimasse*. Pigolare. ʃ *Fè pa-ràda* ; *fè ponpa*. Far pompa; pompeggiare ; porre, o mettere in mostra. ʃ *Fè pata; fè pagà*. Render la pariglia; impattare. ʃ *Fè na sotìfa, fè d'sotìfe*. Far un grandissimo errore ; far farfalloni. ʃ *Fè'n cont al-ingròs*. (Fare computo alla grossa) Fare staglio. ʃ *Fè d'macöle; fè d'maciöte* fr. pr. (Far fraudi per lo più nel giuoco.) Mariolare. ʃ *Fè arlàn*. Vendere ; dare; scialacquate; dissipare. ʃ *Fè la balàda*. Solazzarsi; sollucherare; far galloria; tripudiare. ʃ *Fè na caplìña*. Dicesi forse *caplìña* dal dolore di capo, che suol produrre l'ubbriacchezza. Inebbriarsi. ʃ *Fè 'n cunpimènt ala giassa*. Far un complimento cattivo , disobbligante , incivile. ʃ *Fè d'paströc*. Ingarbugliare. ʃ *Fè bon cöi ensèm*. Passarsela bene, con buona armonia. ʃ *Fè bassè 'l cachèt*. Far ammutolire; far tacere; confondere. ʃ *Fè d' crof*. Digiunar forzatamente. ʃ *Fè d' paströc* Far degl' imbrogli. ʃ *Fè d'paströc*, per Far contratti lesivi Far degli scrocchi. ʃ *Fè d'ö*. Maravigliarsi. ʃ *Fè d'gnögne*. Carezzare. ʃ *Fè la grimassa*. Pigolare. ʃ *Fè la ronda*. (Per la visita, che si fa la notte attorno d' una piazza, in un campo per osservare , se le sentinelle, i corpi di guardia facciano il loro dovere, e

se tutto è in buono stato.) Far la ronda. ʃ Fig. per Girare intorno ad un giardino, ad una casa, ec. per osservare , per esplorare . Andare in ronda , andare involta; spiare. ʃ *Fe d'fiorēt*. Fig. fr. tratta da un certo passo di dansa così chiamato. Dicesi di chi per ebbrezza camminando traballa . ʃ *Fè d' plenie*. Far doglianze, querele . ʃ *Fè passè le spervefo*. Cavare il ruzzo dal capo. ʃ *Fè passè per la stamegna*. Crivellare alcuno. ʃ *Fè na ciabrissà* Far chiasso , chiucchiurlaja , schiamazzo. ʃ *Fè na mastià*. Dire nè sì nè no; far una risposta inconcludente.

Feneàn . (Uno, che non ha , e non vuole aver faccende.) Uomo ozioso, scioperato.

Fēu . Fuoco.

Fia. Figliuola; figlia.

Fiachène; fiachè d'mandole, in senso fig. (Spacciar menzogne per verità.) Sballare.

Fiairè; pussè; spussè. Putire.

Fiamerà . Baldoria.

Fiach. Floscio; fievole ; snervato.

Fiap. Flacido. ʃ Per aggiunto di frutti Vizzo ; passo; appassito .

Fiastr. Figliastro .

Fiastra Figliastra.

Ficanàf Dicesi di chi s'immischia in affari , in cui non dovrebbe.

Fiëul; *fij*. Figliuolo; figlio.

Fichè 'l naf. Immischiarsi; meschiarsi; impacciarsi.

Fichèso. Dicesi di chi s'insinua, si caccia, entra in lega d'amicizia, d'interesse con alcuno.

Ficognà, add. Nascosto; cacciato in dentro; accovacciato.

Ficognèsse. Cacciarsi dentro; nascondersi; accovacciarsi.

Filàgn. (Ordini di viti.) Filati.

Fij, V. *Fiëul.*

Filèra. Striscia.

Filistöcola; *filiströca.* Ragionamento stucchevole per la sua lunghezza, in cui v'ha ordinariamente poco di buono.

Fiös. Figlioccio.

Fiössa. Figlioccia.

Fiùfa, (da *Fiducia* i.) Capitale.

Flon. Spaccamonti; tagliacantoni.

Flös. Floscio.

Foble. Capperi.

F drè. Foderare; sopannare.

Fofa, v. usata per ischerzo. Paura.

Fofilesse, da *Se faufiler* f. *foresse* da *Se fourrer* f. Meschiarsi; cacciarsi.

Fòfo. Ciuffo.

Fogàgna. Truppa di birri.

Fojè. (Produr foglia.) Fogliare.

Folairà. (Cosa, che pare fondata in aria.) Fanfaluca.

Fomna; *mojè* v pr. Moglie.

Fomnùc. (Vuol dire donna di spirito minore di quel, che converrebbe al suo naturale da' Latini detta *muliercula* .) Donnicciuola. ſ Dicesi pure di donna di statura assai piccola. Femminuccia.

Fonfòn, v. usata solo per ischerzo. Paura.

Forè Forare. ſ *Forè la nëuit.* Passar la notte. ſ *Foresse*; *ponfise.* Forarsi; pugnersi. ſ Per *fofilesse*, V.

Forgè, da *Forger* f. Ficcare; cacciare; introdurre.

Forlàn. Assai scaltrito.

Formiga. Uomo, che sa bene i conti suoi.

Forùra, (da *Fourure* f.) Pelliccia; pelle.

Föta, (da *Faute* f.) Errore; difetto.

Fracàs. Romore; fracasso.

Franfiöul, v. pr. Giovinotto vigoroso, e disinvolto.

Fradèl, V. *Fratèl.*

Fradlàstr. Fratello dal canto di padre, o dal canto di madre.

Fradlìn, dimin. di *Fradèl.* Fratellino.

Franch-e-nèt. Francamente; schiettamente; liberamente.

Frapè, (da *Frapper* f.) Ferire; toccare; muovere; commovere.

Frata. Pinzochera.

Fratèl; *fradèl*; *frel*, voce contad. Fratello.

Fraula, (da *Frau*, v. alemanna.) Moglie d'un sol-

N

dato alemanno.

Frete . Satolla.

Frifa, v. contad. (forse da *Frango*, o *infringo* l.) Briciola; fragmento .

Frissòn, (da οφεισω v. gr. Quel tremore , o brivido, che si sente prima , che entri la febbre.) Ribrezzo ; capriccio .

Fröl, (forse da *Frele* f., che facilmente si rompe . Dicesi propriamente del pane picciolo, quando nel morderlo, e masticarlo si smizuzza facilmente.) Fragile

. *Frustapianèle*; *scaudacadrèghe* . Si dice colui , che giornalmente và in una casa, o bottega , e non vi spende mai un soldo, o non vi porta utile alcuno, ed equivale al Frustamattoni degl'Italiani.

. *Fù* . Esclamazione da noi usata mandando fuori un fischio dalle labbra socchiuse. La voce *Fug* in Maltese significa alto , insù, tratta dall' Ebraico *Phauch* , che significa sommità.) Quant' è alto , quant' è grosso! ec.

Fumlàm, v. pr. Sesso femminile.

Fumòf. Fuliginoso ; affumicato .

Furb . Scaltrito ; astuto .

Furbaciòn, sebben sembri accr. è però dim. di *Furb*. V.

Furbàs , accr. di *Furb*. V.

Fuf. Fasto .

G

Gaba ; *gabamònd* . Gabbatore ; truffatore.

Gabia . Civetta .

Gabiàsa , pegg. di *Gabia*, V.

Gabieta , dim. di *Gabia* . Civettuzza; civettina , voce dell' uso.

Gablè . Questionare .

Gabriöla. (Salto d'un ballerino, che si alza da terra con agilità.) Capriola. ʃ Per salto col capo all'ingiù. Capitombolo; capitondolo .

Galàn, da *Galant* f. Cicisbeo .

Galavĕrna . Brina ; brinata .

Galùp . Ghiotto .

Galuparía Golosità; ghiottornia. ʃ Per cosa ghiotta . V. *Galupiùm*.

Galupiùm ; *galuparía* . Cosa ghiotta ; leccornía ; leccume .

Galupòn, accr. di *galùp*. V.

Ganbassa, pegg. di *ganba*. V.

Ganbossòn, v. di sprezzo. Uomo stroppio .

Ganbossòña, v. di disprezzo . Donna stroppia .

Ganbös, v. usata per ischerzo. Stroppio .

Ganbössa . Donna stroppia.

Gara ; *ghèr*, sing. , e pl. imperativo . Si usa da noi per avvertire alcuno, che si ritiri per lasciar passare qual-

cuno, o qualche cosa. Bada;
guarda; badate; guardate;
a voi v. dell' uso.

Gargöta. Bettola.

Garbena, v.pr.Vueto in un
albero.

Gargaría. Pigrizia.

Gargh. Pigro.

Garsòn. Garzone.

Garsòna. Garzona.

Garsonàs. Garzonaccio.

Garsonèt. Garzonetto.

Garsonöt. Garzoncello.

*Gata-morbàna; gatòn; gat
d' refretöri.* (Uomo, che fa
il semplice, e non è *lepus
dormiens.*) Gattone; gatta di
masino.

Gatì; gatìj. Frega; fregola;
prurito.

Gavàs. Gozzo.

Gaudinèta. Gozzoviglia.

Gavè j' èui. Sgridare as-
pramente; rampognare con
minacce; vendicarsi.

Genèuria. Gentaglia; gen-
tame.

Genèr. Genero.

Genìch. Pretto.

Gèrgòn, (da *Jargon* f.) Lingua corrotta.

Gèrba, (da *Gerbe* f.)Covone.

Geroglifich;giroglifich. Trat-
teggio di penna; ghirigoro.

Ghèr. V. *Gara.*

Ghenia. Bazzecola; bazzi-
catura.

Ghèu; petaccul. Uomo povero, senza roba. ſ Per uo
mo d' infima plebe senza
creanza, o riputazione. Gui-
done; furfante.

Ghèub. Gobbo. ſ *Ghèub*

dicesi anche per ischerzo
la Schiena.

Ghignòn; da *Guignon* f.
Parlandosi di giuoco. Dis-
detta; digrazia. ſ Usasi comunemente per Avversione;
antipafia.

Giacofòmna. Dicesi d'Uomo, che s'impiccia in af-
fari donneschi.

Gianblàn. Babbaccio.

Gianfatùt, V. *Factöto.*

Gianmöl. Uomo lento.

Giapè, (da *Japper* f.) Abbajare; latrare.

Giavèla, v. pr. (Più pugni
di grano segato, che stanno
corcati sopra, finattantochè
si fanno i covoni.) Mànna;
manella; manata i.

Gèrg. (Parlar oscuro furbesco, che non s' intende,
se non fra quelli, che son
convenuti fra loro delle parole metaforiche, o inventate a capriccio.) Giergo;
parlar furbesco.

Gig. Grasso, e prosperoso.

Giojro. Sudicione. ſ Parlando di donne si dice di
Donna mal in arnese; don-
na brutta; donna mal fatta.
In questi due ultimi significati. Befana.

Giöbia-gras. Berlingaccio.

Giöja. (Derivato dalla
ζωπ; v. gr. si dice di Persona assai cara, come sono
le gioje, e corrisponde alla
voce *Cœur* f.

Giovo. Giovane.

Giovnòn. Giovanone.

Giovnät. Giovinetto.

Giovnöta Giovinetta.

Girondolè. Gironzare.

Giughè un sot-màn. Farla ad uno; acccocargliela; calarglicla. ƒ *Giughè al monèt* Giucar al sussi.

Giuràje, v. contad. Certo apparato, specialmente di confetti, che si fa per solennità di sponsali.

Gnach. Massiccio.

Gnagnara. Alterazioncella; capriccio disgustoso; gnagnera v. bassa.

Gnêch. Stramazzone.

Gnëro. Cazzatello.

Gnöca, v usata per ischerzo. Battitura.

Gnögna, e più comun. *Gnöne* plur. Carezze. ƒ Per ispezie di carezze di femmine, o di bambini. Moine.

Goài. Avversità; disgrazia; strettezze.

Goardè d' mal ëui; goardè con l'ëui del canone. Guardar di mal occhio.

Goardie-a-pè. Archibugieri; guardie della porta del Re.

Golà. Sorso.

Goliàrd; golù, voce pr. Ghiottone.

Göla; dörgna; brignöcola v. pl. Bernoccolo; corno; cornetto.

Gonfo. Uomo di grosso ingegno, ed ignorante; uomo tondo.

Gorëgn. A questa voce si accostano i Lombardi colla loro *Tegnis*, ma da noi si potrebbe dedurre da *gora* sorta di vinchio, che si con-

torce senza rompersi, e propriamente si dice de' commestibili, che difficilmente si masticano, e tengono della natura di questi. ƒ Fig. fi dice anche d'Uomo vecchio, e robusto, in cui v'ha apparenza ancor di lunga vita . . . .

Gögo. Babbaccione.

Gögio. Cattivo mulo.

Göi, v. volg. (da *Gaudium* ! , o forse da *Goja* voce ebraica, che significa gente.) Piacere.

Gram; marì v. pr. Cattivo; di poco valore. ƒ Fig. si dice anche d Uomo Macilento.

Gramët, dimin. di *gram* . Alquanto macilento.

Grand; papà-grand. Avo.

Granda; mamàn - granda . Avola.

Gran-Mastro; gran-Metre. Gran Mastro della R. Casa.

Gràs, agg di *parlè.* Osceno.

Gratis , v. l. Gratuitamente.

Gressa. Sorta di pan lungo e piccolo, diviso per l' ordinario superficialmente per lo lungo . . . .

Gressìn, dim. di *Gressa*, V. Il *Gressin* però non è mai diviso per lo lungo come la *Gressa*, ëd è fatto ordinariamente di farina più fina.

Greco ; *grecòn.* Si dice d'Uomo accorto.

Grët, V. *Rufo.*

Grimàs; pioravèl. (Colui, che sempre si duole del.'aver

poco , ancorchè abbia assai.) Pigolone.

Grimàsa. (Colei, che sempre si duole dell'aver poco, ancorchè abbia assai) . . .

Grinòr , v. contad. Affetto ; affezione; benevolenza; amore.

Grinta. In lingua furbesca significa un Uomo , o Donna astuta , e scaltrita.

Grivoè. Uomo disinvolto, accorto, coraggioso. Dìcesi anche per ironía di persona, che sia all' opposto.

Grivoèsa. Figlia, o Femmina disinvolta.

Grop. Nodo.

Gropìgn, Nodo doppio , che per esser senza cappio difficilmente si può sciorre.

Grum, v. volg. Si dice per ischerzo d'Uomo vecchio, ed ordinariamente si dice da un figlio parlando de' suoi genitori: *me grum, mia gruma;* cioè mio padre, mia madre. ¶ Per aggiunto, che si dà a vecchio grinzo. Grimo.

Gusàs ; gusòn, accr. di *ghèu,* V.

I

Indiàn. Nano.

Inimicisia. Inimicizia; nimistà.

Inimía. Inimica; nimica; nemica.

Inimìs. Inimico; nimico; nemico.

Intendènt-Generàl d'Artajaría. Intendente Generale dell' Artiglierìa.

Intendènt-Generàl dla Cafa. Intendente Generale della Real Casa.

Intendènt-Generàl dle Gabèle. Intendente Generale delle Regie Gabelle.

Interesà ; enteresà ; 'nteressà. Avaro.

Interesadòn. , accr. d' *interesà.* Uomo avarissimo.

L

Labrè, da λαβρος, v. gr. Ghiotto; goloso.

Labreràs, accr. di *labrè.* Gran goloso; gran ghiotto; ghiottone.

Laja. Si usa per ischerzo per la Spada.

Landa, da landei, v. Inglese. Noja; seccaggine.

Langàsa. Cappio.

Lantèrna. Termine ingiurioso parlandosi di donna.

Lapè, (da *Lapper* f.) Lambire.

La-smaña-dìj-tre-giöbia. Si dice per dinotáre l'impossibilità del successo d'una cosa. Il dì di s. Bellino, che viene tre dì dopo il giudizio.

Lard. Si dice per ischerzo per Battiture.

L' afo sghìa s' a l'è vei. Non può darsi.

Larè, (da λαφ:s, v. gr.) Chiaramellare ; tattamellare.

Lassè da banda. Lasciar da parte.

Lessìa. Bucato.

Legènda. Tiritera.

Lèch, add. Avido.

Lèch. (Quel segno, al quale in giuocando alle pallottole, o alle piastrelle, o alle morelle, ciascuno cerca d'avvicinarsi il più, ch'e'può con quella cosa che ci tira.) Lecco ; segno ; meta.

Lenga-longa. Uomo, o donna linguacciuta.

Lesna; tendja. Uomo avaro.

Lest. Disinvolto. Destro. § *Lest com un cöfo.* Espressione usata solo per ischerzo. Destro come una cassapanca.

Làu ; làugh. Luogo.

Lià. Legato.

Lià. Legare,

Lord. (Uomo stravagante; uomo, che gira ; uomo inconsiderato, e che fa scioceaggini, e pazzìe.) Girellajo.

Lordòn, accr. di *Lord,* V. § Per uno, che opera senza considerazione, e furiosamente. Uomo avventato; inconsiderato; precipitoso.

Löjra. Pigrizia. § Per persona pigra. Poltrone; poltronaccio.

Lösna; slussi, v. pr. Baleno.

Losnà; slussiè, v. pr. Balenare; lampeggiare.

Levesse la saign. Dormire quanto basta.

Lucsübì, v. pr. Uomo stupido, stolido.

Lucsübia, v. pr. Donna stupida, stolida.

Lvè 'l pan, dan man. Togliere ad alcuno il mezzo di sussistere. § *Lvè la spada man.* (Levar il brando di pugne; disarmar della spada.) Sbrandare, § *Lvè 'l casül dan man.* Levar il ramajuolo; levar il maneggio.

Lundia. Bugìa; bugietta; falsità.

Luña-pieña. Si dice di Persona, che ha la faccia rotonda, e paffuta.

Luf, v. pr. Luce.

Lusèl. Apertura su per lo tetto.

Lusòr, v. pr. Barlume; lucore.

M

Macàco. Persona mal fatta.

Macaròn. Errore; marrone.

Macaronàs, accr. di *macaròn.* Errore grandissimo; erroraccio; marrone.

Macöle; maciöce v. pr. Fraudi per lo più nel giuoco.

Madàma. (Titolo d'onore.

che si dà a donne nobili, o civili.) Madama; signora.

Madamiſèla. (Titolo d'onore, che dassi a zitelle nobili, o civili.) Damigella; madamigella.

Madöna, v. volg. Suocera V. *Belmèr.*

Maſi. Uomo bozzacchiuto; caramogio.

Magòn. Rancore. ʃ Dicesi anche di Disgusto; dispiacere; crepacuore.

Magonè. Conservar il rancore.

Magna. Zia.

Mainàge, v. volg. Il governo domestico; la cura delle faccende domestiche.

Mainagè. Fare, e regolar bene con risparmio, e buona economía.

Mainagèra. Donna, che fa, e regola bene con risparmio, e con buona economía.

Mai-tàſ, v. volg. Impaziente.

Mal-an-arnèiſ. (Male all'ordine d'abito, od altre cose necessarie.) Male in arnese; mal vestito.

Mal-arangià. (Dicesi di persona scomposta, e che abbia gli abiti male adattati, e aggiustati in dosso.) Sgatto.

Mal-butà. Male all'ordine; sciamannato; male amannato.

Malſàita; arbùſ, v. pr. (Cosa mal fatta.) Malefatta; malafatta.

Mal-forgià, v. pl. add. quasi cosa, che esce mal fatta dalla *förgïa.* Mal architettato; mal fatto.

Malinghèr. (Persona magra, sparuta, e di non buon colore.) Segrenna, v. bassa.

Mal-mastià. Inganno, e malizia; sconcerto; dissensione; screzio. Onde diciamo j'è d' *mal-mastià.* Gatta ci cova, cioè c'è sotto inganno, e malizia.

Malvist, add. Malveduto.

Mama. (Parola usata da fanciulli in vece di *Mamàn;* madre; mare, per essere più comoda alla loro pronunzia.) Mamma. ʃ In certa classe di persone, cui non compete il dire *Madre,* nè tanto meno *Mamàn,* usano i figliuoli anche adulti il dire parimenti *Mama.*

Mamaluch; marſòch; gögo. Scimunito, babbaccio.

Mamàn; madre; mare. Madre. I figliuoli delle persone nobili, o civili dicono comunemente *Mamàn.*

Mancin, add. (Che adopera naturalmente la sinistra mano in vece della destra.) Mancino.

Mandía; mendia, voci contad. formate da *mandè vía;* perchè si dice delle zitelle maggiori d'età, che sono da mandar via a casa d'uno sposo. Zitella nubile.

Maràstra. Matrigna.

Marcacàse. (Che osserva le azioni altrui.) . . .

Marchè le casse. In senso fig. Osservare le azioni altrui.

Marènda. Merenda.

Mariàge. Maritaggio; matrimonio.

Marì, v. pr. Cattivo, di poco valore.

Marì. Marito. V. *ömo*.

Mariòr, v. contad. un Giovine in età d'ammogliarsi. Scapolo.

Mariòjra. (Figlia da marito.) Nubile.

Marmo; such. Uomo, o donna lenta. ʃ Dicesi pure d'Uomo, o Donna incapace di coltura, stupido, stupida.

Marfòch, mamalùch. Marzocco; scimunito.

Maschèugn. Cosa cattiva, che si tien nascosta.

Mafnà, (v. derivata probabilmente da quest' altre *mach adès nà*. Testè nato; o da *Masnados*, v. Spagnuola.) Fanciullo, Fanciulla.

Mafnajeta; masnajiña, dim. di *mafnà*. Bambino; bambinello.

Masùch; such. Uomo, o donna incapace d'istruzione.

Mastìn, Uomo che conserva il mal umore.

Matafàm. Persona grande, ma buona a poco.

Matetìña, v. pr. V. *Matotiña*.

Matèt, v. pr. V. *Matöt*.

Matotiña, dim. di *Matöta*. Ragazzina.

Matöt, v. contad. Ragazzo.

Matöta, voci contad. Ragazza.

Matufalem. Si dice d'Uomo, o Donna cupa.

Maunèt, add. (da *mal netto*.) Sporco; sudiccio.

Mausèr, (da *mau e ser, mal sere*.) Cattivo signore, e si prende per Uomo rurale, ed incivile. Tanghero.

Mendia, V. *Mandia*.

Merlùs. Dicesi di persona estremamente magra.

Messè, v. volg. Suocero. V. *Böpèr*. ʃ Per uomo mal accorto. Barbagianni.

Mèrlo. Dicesi di Persona accorta.

Mèufi. Lento; pigro; tardo.

Mica, (da *Miche* f.) Pan lungo.

Micheta, dim. di *Mica* V.

Micòn. (Sorta d' pane rotondo.) Pagnotta.

Miconèt, dim. di *Micòn*. Pagnotella, v. dell' uso.

Michmàch. (Vizio, e magagna.) Maccatella.

Mignin, dim. di *Migno*, V.

Migno. (Così si chiama da piccioli bambinelli il gatto, per essere la voce più comoda alla loro pronuncia.) Micio.

Mignòn. Leggiadro; vago; vezzoso.

Milör, v. inglese. (Titolo d'onore, che si dà in Inghilterra soltanto alle persone grandi, come Duchi, Marchesi, Conti, e Viceconti, ec.) Monsignore. ʃ

Per noi si estende anche a significare Chi la sfoggia alla grande, alla cavalleresca.

Miña. Aspetto; sembianza.

Minciànt, add. (da *mechant*, o *mince* f.) Debole; tenue; di poco valore; mediocre.

Minciòn. Minchione.

Mistà, metaf. Dicesi di Persona, che nè si muove, nè parla, come se fosse una pittura.

Mitòcïa; santa mitòcïa. Bacchettona.

Mitòn-mitèna, (da *miton mitaine* f.) Cosa, che non conchiude in un affare.

Mnè le piòte, fr. usata per ischerzo. Camminare. § *Mnè 'l salfèt.* Ciaramellare; chiacchierare. § *Mnè 'l brando*, fr. tratta dal ballo di questo nome. Menar la danza, il trescone. Fig. vale Esser il principale in un trattato, maneggiandolo a suo cenno. Maneggiare, e guidare il negozio. § *Mnè 'l petandòn.* Andar via; partirsi.

Mojà, (da *Mouillé* f.) Ammollato; immollato; bagnato.

Mojè, verbo da *Mouiller* f.) Ammollare; immollare; bagnare.

Molèt. Pan buffetto; pan tondo; pan sopraffino.

Mondàs. Quantità di popolo.

Monia-cacia. Mozzina.

Montagnìn. Uomo di montagna; montanaro.

Montè la senevra Venir la muffa, o la senapa, o la mostarda, o il moscherino al naso.

Montrùch. Monticello. § *Montrùch* dicesi pure ogni ineguaglianza del letto, e simili.

Morbèri, v. pr. Dicesi di persona ammorbata.

Moschìñ; sufrìñ. Stizzoso.

Mostàs. Faccia; volto.

Mostrè i dent. (Proprio de' cani, quando nel ringhiare ritirano le labbra, e scoprono i denti.) Digrignare. § Fig. Mostrarsi ardito, e coraggioso.

Mota. (Pezzo di terra spiccata pe' campi lavorati.) Zolla. § Diconsi anche *Mote* le palle di neve, che si gettano tra loro i ragazzi, e la bassa gente.

Motbìn; motobìn. Numero indeterminato, che esprime Molti; parecchj.

Motria. Faccia.

Mòrdse la lenga. Contenersi dal dire alcuna cosa, che già si voleva proferire.

Muè; permuè v.pr. Mudare; mutare; rimetter le penne. § Per *Canbiè*, V.

Mufì, add. Muffato. § Dicesi pure figur. di persona lenta, tarda.

Mufì, verbo Muffare.

Mul. Dicesi d'Uomo ostinato.

Mutìn, da *Mutin*, f. Da noi però si prende in altro senso, e dicesi di Chi non parla quando parlar dovrebbe, ma stà pensoso.

N

*N*acè, v. usata per ischerzo. Mortificare.

Nana; *nèna*, (voci usate dalle balie, quando nel ninnare, o cullare i bambini vogliono farli addormentare dicendo *Nina nana*. Nina nanna) Nanna.

Nana. (Si dice d'una donna, che non arriva alla sua naturale ordinaria grandezza.) Nana.

'*Nbabolè*; '*nbacuchè*. Ingarabullare.

'*Nbajà*. Socchiuso.

'*Nbajè*. Socchiudere.

'*Nbessì; anbessì*. Intitizzito.

'*Nbaricolesse*; '*nbricolesse*; '*ngiricolesse*. Intrabiccolare.

'*Ncutì*. Parlando di capelli. Arruffati. ʄ Fig. per uomo di mal umore, di mal talento. Tristo; malinconico; mesto; cupo. ʄ Si prende anche per il contrario di *Desgagià*. Lento.

'*Ndernà*. Stroppio specialmente nelle reni.

'*Ndè acobì*; '*ndè acobià*. Andar a coppia; andar a due a due. ʄ '*Ndè ala-bona*. Andar succinto. '*Ndè aj ùs*. Accattare; andar pezzendo. ʄ '*Ndè con j' ale basse*. Portar i frasconi. ʄ '*Ndè a-rablòn*; '*ndè a-rabèl*. Strisciar per terra. ʄ '*Ndè a-rabèl* significa pure Ridursi al verde; andar

in malora. ʄ '*Ndè giù dl'eva*. Esser per le fratte. '*Ndè mat*. Andar matto; desiderar ardentissimamente. ʄ '*Ndè 'n brèu d' fasèui,'n brèu d' lasàgne*. (Provare un grandissimo piacere.) Andare in brodetto. ʄ '*Ndè 'n malòra*. Andar in malora. ʄ '*Ndè 'n dröga*. Fr. usata per ischerzo. Andar girandolando. ʄ '*Ndè sul cavàl d' s. Fransèsch*. Andar sul cavallo di s. Francesco; andar a piedi.

'*Ndurmì*. Addormentato; addormito. In senso figur. Tardo; lento; inerme.

Ne-stis. Un miccino; un tantino.

Nevòd. Nepote; nipote.

Nevòda. Nepote; nipote.

Nevodìn, dim. di *Nevòd*. Nepotino.

Nevodìna, dim. di *Nevòda*. Nepotina.

Ne? Questa particella pronunziata interrogando vale. Non è egli vero?

Nech, add. (da ... v.gr.) Ingrognato; corrucciato; disgustato.

Nen-dautùt. Niente affatto.

Nèt. Netto.

'*Nganè la spia*. Finger di far una cosa, e farne un' altra.

'*Ngavignà*. Arruffato; imbrogliato; avviluppato.

'*Ngavignè*. Arruffare; imbrogliare.

'*Ngrumlì*. Rannicchiato; raggruppato.

Nis, agg. delle pere, e

nespole. Molli; vizze; fracide.

Nissòn. Lividezza ; pesca; monachino.

Nita. Fanghiglia. Bellini disc. I.

’*Nlià*. (Dicesi de’ denti.) Allegati.

Nuè Nuotare.

Nöna ; *mamàn granda*; *madre-granda*; *granda*. Nonna; avola.

Nöra. Nuora.

’*Ntarì*; *ansarì*. Roco.

’*Nt*; *ant*. Dentro.

’*Ntaschè i buratìn*, fr. usata solo per ischerzo. Far fagotto, far fardello, e partirsene.

’*Ntel*; *antel*; Nel.

’*Ntërdoà*. Dubbioso; perplesso.

’*Ntërpi*. Persona, che non ha disinvoltura, che non ha destrezza nell’ agire.

Nulatenènt. Uomo senza roba ; povero in canna.

O

Oliàn; *uliàn*. Usitato.

Olòch. Allocco.

Omnòn. Uomo di grande statura ; e fig. Uomo di gran talento, di gran valore.

Osèl. Uccello. ʃ Per uomo mal accorto. Barbagianni.

öm. Uomo. ʃ *Brav öm*. Uomo buono, dabbene, onesto, retto, probo, bontadoso, di benigna natura, ga-

lante. ʃ *Brav öm*. Modo di chiamare uno non sapendo il suo nome , e vale Buon uomo.

ömo. Marito.

P

Pà. (Parola usata da’ fanciulli in vece di *Papà*; *padre*; *pare*, per essere più comoda alla loro pronunzia. In certa classe di persone, cui non compete il dire *padre*, *madre*, nè tanto meno *Papà*, *mamàn* usano i figliuoli anche adulti il dire parimente, *pà*; *mama*.

Pacè, v. usata per ischerzo. Pacchiare; mangiare con ingordigia.

Paciòn. Dicesi per ischerzo di Persona paffuta, e panciuta. ʃ Dicesi ancora d’Uomo trattabile, arrendevole, compiacente.

Paciònàs, accr. di *Paciòn*, V.

Paciöch; *pacigna*. Fanghiglia; limaccio; belletta.

Pajolà, con accento sopra l’ *à*. Puerpera.

Pajöla. Puerperio.

Pairolà. (Quanto può capir un pajuolo.) Pajuolata.

Palèrma. Persona di statura grande, e sproporzionata. Spilungone.

Panbiànch. Uomo grande, ed ozioso. ʃ *Panbiànch-e-vindòs*. Dicesi di uomo grande, ozioso, e che vuol mangiar, e ber bene.

Pa 'n pluch. Niente affatto.

Pansarù. Panciuto.

Papa. (E' una di quelle parole inventate per facilitare il parlare a' bambini, come *papè* per mangiare.) Pane bollito nell' acqua, o in altro liquore. Dalle nostre balie estendesi anche a dinotare qualunque cibo, che danno ai bambini. Pappa.

Papà, (coll' accento sopra l' à) *padre*; *pare*. Padre. I figliuoli delle persone grandi, e delle persone civili dicono ordinariamente *Papà*.

Papà-grand; *padre-grand*; *grand*; *bęcè*; *cè*. Avo; avolo.

Papì, *papinèn*. Non più.

Papiña, v. usata per ischerzo. Schiaffo.

Paràstr. Patrigno.

Parblù, (da *Parbleu*, v.f. Sorta di giuramento burlesco.) Affè.

Paręsse (da *Paroitre* f.) Apparire; comparire; mostrarsi; presentarsi; venir fuori; farsi vedere.

Pare, v. pl. Padre.

Parè, coll' accento sulla è Difendere. ʃ *Paresse*. Difendersi ʃ *Paresse le mosche*, In senso fig. (Non si lasciar far ingiuria.)Levarsi le mosche dal naso.

Parènt. Parente; congiunto,

Parentèla. Parentela; parentado.

Parëi, v. contad. avverb. Così.

Parëi, v. contad. addiet. Simile.

Parës, v. pr. dubitativa. Probabilmente.

Pariè, v. volg. Preparare; apparecchiare. ʃ *Pariè*, (da *Parier* f.) Scommettere.

Passà Corso. ʃ Per quel suono di campana, che indica la morte d'alcuno. Segno del transito.

Passaròl. Passo; appassito.

Passè da-part a part. (Passar da banda a banda ferendo, o pugnendo.) Trapassare; traforare.

Passè l' anvía. (Si dice di chi sia costretto a dimettere il desiderio d' una cosa per impossibilità d'averla.) Sputar la voglia.

Pastìs; *pastis-dę-smàña*. Imbroglio.

Pastrign. Fango con acqua.

Pastrignè. Andar nel fango, in cui vi sia acqua.

Paströc. Guazzabuglio; garbuglio.

Patalòch; *gögo*. Barbagianni.

Patanù. Nudo. ʃ Fig. dicesi di chi è senza roba. Bruco.

Pataràs. Straccio; cencio.

Patatòch, (da πατασσω, v. gr.) Si dice per esprimere quel rumore, che fanno certe cose cadendo.

Patęta. Donna scipita nei suoi discorsi, incostante.

Patępagà. Pane per focaccia.

Patèla. Palmata. ʃ per *Patöca*, V.

Patèt. Uomo scipito nei suoi discorsi, incostante.

Patoë. Linguaggio grossolano.

Patòfto. Si dice per ischerzo, e per ischerno di Persona malfatta.

Patojesse. Dimenarsi; sconvolgersi.

Patojòn. Imbroglione.

Patöca. Battitura.

Patriöt. (D'una medesima patria.) Compatriota; compatriotta; compatriotto.

Pavàjre. Poco; non molto; non troppo.

Pavàña, v. usata per ischerzo. (Paura, ma breve, che cagiona frequente soffiare.) Battisoffia; battisoffiola.

Pavèra. Non è vero. ʃ *Pavèra?* dicendosi interrogando. Non è egli vero?

Pepía; pevía. (Filamento nervoso, che si stacca di quella parte della cute, che confina colle ugne delle mani.) Pipita. ʃ Dicesi anche per malore, che viene ai polli sulla punta della lingua. ʃ Fig. dicesi per Gran sete. ʃ

Per faſì d'mei. In difetto, in mancanza di cosa migliore.

Per-da-bon; da-bon. Davvero.

Per-darè; per-drè. Al di dietro; per di dietro.

Permuè, V. *Muè*.

Pessià. Pizzico.

Petacàul. Uomo piccolo. ʃ Fig. dicesi anche d'Uomo povero.

Peilà. (Tutta quella quantità di roba, che in una volta cuoce nella padella.) Padellata.

Pelègro. Uomo astuto, fino, destro.

Pentnàda. Rammanzo; rammanzina.

Pentneta. In senso metaf. dicesi di Persona soverchiamente rigorosa, ed esatta.

Pèrde d'vista. Perder d'occhio.

Pianà, v. pr. Pedata.

Pianca. (Legno, che serve a passar fossati, o riganoli.) Passatojo. ʃ Per due bastoni con un legnetto a traverso, su cui si posa il piede per passar acque, o fanghi. Trampoli.

Piantè un, com el bëch al marcà; poſè un su doi pè. Modi prov. Piantare, abbandonare chicchessia con mala creanza.

Piatonà. (Colpo, che si dà col piano della spada, ed altre arme simili.) Piattonata.

Piatonè. (Percuotere col piano della spada, od altr' arme.) Piattonare.

Pichèur-da-sièta Si usa per ischerzo. Cavaliere del dente; parassito; scroccone.

Piè 'l dessù; piè 'l dsù. Prender superiorità; prender l'ascendente sovra una persona. ʃ *Piè un d'meſ*. Mettere alcuno in mezzo, cioè ingannarlo. ſ *Piè na mostassà; piè na nacià*. Aver la ripulsa ſ *Piè'n cavàl*. (Fig. Si dice di chi ha fatta una perdita di considerazione in qualche negozio, o nel giuoco.) ſ *Piè la mosca*. Fig. offendersi per cose da nulla. ſ *Piè, ciapè ala volà*. Fr. tolta dal giuoco della palla. Rimetter di posta, cioè ripercuoter la palla prima, che cada in terra, e balzi. ſ *Piè un qui prö quö*. Ingannarsi; pigliar un granchio.

Pigmèo, v. usata per ischerzo. Uomo di bassa statura, e malfatto.

Pioràs; pioravèl; pioravlòn. (Colui, che si duole dell' aver poco, ancorchè abbia assai.) Pigolone.

Pioravlà, V. *Spiorassà*.

Pioròſ. Piangente.

Piòta. Zampa. ſ Questa voce usasi pure da noi, ma però solamente per ischerzo nel significato usato da Dante per la Pianta de' piedi.

Pipa in senso fig. Rammanzo; rammanzina.

Piròr; piròra, avv. voci contad. Poco fa.

Pista; destòrna; söja. Quadra; celia.

Pito, v., che presso i Greci significava la Dea dell' eloquenza, da noi si usa ironicamente per dinotare un Babbaccio; uccellaccio; uccellone.

Pitocà, add. Butterato; butteroso.

Pitocarìa. Spilorceria; sordidezza.

Pitocùra. Buttero.

Pitöch, (da ωχϴ, v. gr.) Mendico. ſ Per *Bagiàn*, V.

Piumè, (da *Plumer* f.) Spennare; spiumare; spennacchiare. ſ Fig. *Piumè un* si dice di coloro, che cavano danari da alcuno, o a farlo giuocare a qualche giuoco, ch' egli non sa abbastanza, oppure in fargli fare delle spese, che ridondano in loro profitto. Scorticare; pelare.

Plage; carnagiòn. Carnagione; colore, colorito del volto.

Plandra. Femmina scioperata, e neghittosa.

Plenta, (da *Plainte* f.) Doglianza; lamento; lai; querimonia; rammaricchio; rammaricazione; lamentanza; lamentazione.

Plëuja. Corteccia; scorza; buccia; guscio. ſ in senso fig. Uomo avaro.

Pluch. Pelo.

Pluchè. Pilluccare.

Plucis, v. pr. usata solo per ischerzo. Decotto.

Plutre, v. pr. (Uomo sordido, ed avaro.) Pillacchera; spilorcio.

Poferbàco. Spaccamonti.

Polidöro; ganimède. Ganimede; damerino; zerbino.

Poltròn. Poltrone; pigro; pusillanime; vigliacco.

Poltronàs, accr. di *poltròn*. Poltronaccio.

Pontù, add. Acuto; aguzzo; appuntato; affilato; pinzuto.

Popèa, (da Poupèe f.) Dicesi di Donna, o Figlia, che ha il viso ben colorito, e fresco.

Popòn; popòna. (Dicesi di giovine infante, di giovine figlia, che abbia il viso pieno, e paffuto.) Bambino, o bambinello paffuto; bambina, o bambinella paffuta.

Porà; bernà. (Certa baja, che si fa a chi è deluso della speranza, che aveva, di contrarre matrimonio con certa persona: e si fa con una striscia di crusca sparsa dalla casa di quegli, o quella, che si è maritato, sino alla porta della casa del deluso, o della delusa, là dove si suol fare un mucchio della detta crusca, e piantarvi entro un porro; onde si dice Fè la porà; semnè la bernà, la porà; piantè 'n pör.

Porcacìòn, dim. di pörch. Porchetto.

Porcàs, accr. di pörch. Porcaccio.

Porcaría. Porchería; sporcizia.

Porcòn, pegg. di pörch. Porcone.

Posè un su doi pe. Piantare, abbandonare chicchessia con mala creanza.

Povràja. Poveraglia.

Potìn (Detto di disprezzo. Donna di poco valore in ogni operazione.) Mona-

cionna. Si dice anche Potìn ramì nello stesso senso, perchè il potìn detto in vece di tupìn, che significa pignattino abbruciato, che ha preso quasi del ráme, è buono a poco. Dicesi pure Potìn möl.

Pöch ch'vaja; pöch d' bon; p ch-vaja. Briccone.

Pörch. (Dicesi di persona piena di vizj, e schifa.) Porco.

Pörtapachèt. Rapportatore; spia

Pösapiàno. Dicesi di chi va adagio, come se avesse i piè teneri, o avesse paura camminando di rompere le uova. Posappiano. E' preso da quel segno così espresso sopra vasi, cassette, e simili, che si mandano per vetturali, o in su i navigli, acciocchè si posino piano.

Pöstafrèida. Equivale allo Scaudacadrèghe, V.

Prasàr. A caso; casualmente.

Prēus. (Quello spazio di terra nel campo tra solco e solco.) Porca; ajuola.

Promete pi cern che pan. Prometter roma, e toma, o mari, e monti

Prontè; parià. Preparare; apparecchiare.

Provanè; arprovanè. Propagginare.

Provènda. (Quella quantità di biada, che si dà in una volta alle bestie.) Profenda.

Prun; a-prùa. Per ciascuno.

Psi; psij. (Dicesi dello strignere in un tratto la carne altrui con due dita.) Pizzico, e più comunemente pizzicotto; pulcesecca.

Pugnà. (Tanta quantità di materia, quanta si può tenere, o strignere in una mano.) Manata; manciata.

Pugnanghè. (Dar delle percosse co'pugni.) Gamollare.

Pus. Capriccioso.

Pussè; fiairè. Putire.

Pussiögna. Capriccio.

Q

Quand-benchè; quandanche; benchè; tanbinchè. Sebbene; quantunque.

Quà-quà, v. con cui i fanciulli esprimono il gracchiar de' corvi, ed il romore de' rospi.

Quarefima. Quaresima.

Qui-prö-quö, voci lat. Granchio.

R

Rablè j'ale. Portar i frasconi.

Racola. Cosa da poco; cosa da nulla.

Ra-rà, v. con cui i ragazzi esprimono il gracidar delle ranocchie, onde dicono *Fè ra-rà.*

Ragàs. Ragazzo.

Ragassòn, pegg. di *ragàs.* Cattivo ragazzo; ragazzaccio; ragazzone.

Rajè, v. pr. (da ραγω, v. gr.) V. *Dagnè.*

Ramà;roi, v. pr Pioggia, che poco dura. Scossa; nembo.

Ramadàn, forse *a rumore* l. fracàs; fracassòn. Fracasso; romore; strepito.

Ramassùra. Scopatura.

Ramì, (da *Rame* i. Dicesi di vivanda, che per troppo fuoco s'abbrucia, e rimanendo attaccata al vaso, in cui si è messa a cuocere, ne contrae un disgustoso sapore.) Abbronzire.

Ramì. Abbronzito.

Randvò; randevò, (da *Rendez-vous* f.) Appuntamento. ¶ Per il luogo stesso dell' appuntamento. Posta; luogo assegnato; luogo dell'appuntamento.

Rangotè. Avere il rantolo.

Rangöt. Rantolo.

Rapè. (Spolverizzare il tabacco colla grattugia.) Grattugiare.

Raf. Colmo.

Rascassòn; rasca; rascàs. Titolo, che diamo ad un ragazzo insolente, tratto dalla voce Inglese *Rascal,* che significa triste, o dall'Ebraico *Rascha,* che vuol dire Cattivo; malvagio; scellerato. Potrebbe anche derivare dall'Ebraico *Racha.* Pazzo. *Si quis dixerit fratri suo Racha.*

Rasòr. (Dicesi metaf. d'uomo arguto, e pungente.)
Lingua, che taglia, e fora;
lingua, che taglia, e fende.

Raspè. (Il raspar de'polli.)
Razzolare.

Rata-volòjra. (Metaf. dicesi Chi fa sue faccende gi-
ronzando di notte.) Notto-
lone .

Ratèra . Nido di sorci .
§ Si prende anche per Casa
vecchia, in cui, per esser
buccherata, annidano facilmente i sorci.

Rauch. Roco.

Raviolè. Rotolare.

Responde ciö per bròca. Rispondere per le rime.

Resiè, in senso fig. Sonar così a mal modo stru-
menti, che si sonano coll'
archetto. Strimpellare.

Restè astà s'un such, in
senso fig. Restar deluso. §
Restè frapà. Restar sopraffatto dallo stupore . § *Restè*
'*nbajà.* Restar colla bocca
socchiusa; restar attonito,
sbalordito . § *Restè decòto.*
Ridursi al verde . § *Restè*
sensa paròla. Restar ammutolito. . § *Restè sul pavè.* Restar senza impiego.

Restobiè. (Di nuovo semi-
nar un terreno a grano.)
Ringranare.

Reidi , (da *Roide* f.) Ri-
gido ; inflessibile. § Parlando d'uomo, se per lo freddo. Intirizzato; intirizzito:
assiderato : Se d'uomo, che
va diritto, e che non pie-

ghi il suo corpo. Intero ;
contegnoso.

Ricèdi ; *arcèdi.* Richiedere.

Rigodòn , (da *Rigodon* f.)
Aria di danza così detta. §
Per la danza stessa di mol-
te persone fatta in giro, forse
Ridda ; riddone.

Rinfna . Cavillazione . Si
prende anche per lo stesso
Cavillatore.

Rinprocè. Rimproverare ;
rimprocciare ; rinfacciare.

Rinpröc. Rimprovero; rim-
proverio ; rimproccio ; rin-
facciamento.

Roa-descàusa , (metaf de-
sunta dalle ruote, alle quali
mancano le *ganbösse* , cioè
que'quarti esteriori di quelle ruote, a cui non vi si
pone il cerchio di ferro.)
Persona, sprovvista del necessario.

Roèra, v. pr. Segno, che
fa in terra la ruota.

Rogna, V. *Cicàna.*

Roi, V. *Slavàs.*

Romansiña . (Riprensione
fatta con parole minaccie-
voli, ed ingiuriose.) Rammanzina ; rammanzo ; rab-
buffo.

Romiàge, v. pr. Festa par-
ticolare, che si fa in qualche chiesa discosta, cui con-
corrono oltre ai locali molti
forestieri. Vocabolo derivato
dall'antica voce Italiana *Ro-
meaggio*, che equivale a Pel-
legrinàggio.

Ronpe la lesna. (Si dice
d'un avaro quando fa una

O

spesa straordinaria.) Spùntar la lesina. § *Ronpe 'l còl al mestè.* Dicesi del vendere, e far cose a minor prezzo di quel, che facciano gli altri. § *Ronpe le scatole.* Rompere il capo altrui, vale Infastidire; nojare; seccare. § *Ronpe 'n doi part.* Frangese in due pezzi; scavezzare.

Ronsa. Fig. Cavillatore.

Rostisseür, (da *Rotisseur* f.) Dai noi si prende in altro senso, V. *Tensiòr.*

Ròs; bröch. (Cattivo cavallo.) Rozzone; rozza.

Rössa. (Cattiva cavalla.) Rozza; brenna.

Rubatè. Rotolare.

Rubiòla. (Spezie di cacio schiacciato.) Raviggiuolo; raveggiuolo.

Rupi, add. Grinzo; grinzoso; rugoso.

Rusa; cicàna; vogna. Cavillazione. § Si prende pure per lo stesso Cavillatore.

Rusnènt. Rugginoso.

Rusò. Ruggine. § Per lordura della pelle. Sucidume; sudiciume; sozzura; lordura. § Fig. Dicesi di Persona piccola, e sparuta.

S

Sagajà. Ciarleria.

Sagajajre. (Colui, che favella troppo.) Cicalone.

Sagnà. Cavar sangue. § *Sa-* gnè si dice anche dell'uscir sangue da qualunque parte dell'animale. Far sangue; gettar sangue. § *Sagnè 'l cheür* in senso fig. Esser mosso, commosso, provar dolore di alcuna cosa.

Sanàda, da *Zani* f., che significa Buffone . . . .

Sansìj. Brulichio.

Sebo. Si dice di persona non accorta, e goffa, da *Gebo,* v. i., che vuol dire Caprone.

Sacocià. Dicesi di cosa, che è stata in tasca.

Sacociè. Frugare, cercare in saccoccia.

Sacòcia. Saccoccia; tasca.

Sagradòn. Uomo, che impone con minaccie.

Sagrin, (da *Chagrin* f.) Afflizione; affanno; angustia; dolore; pena; cordoglio.

Saña-scrussia. In senso fig. Infermiccio.

Salòp. Sudicio.

Sansosì, (da *Sans souci* f.) Spensierato.

Sarabànda. Rammanzo; rammanzina.

Sarfidüra; sarfüra, (da *Sarcire* l.) Risarcimento; ricucimento; ricuciatura; cucitura.

Saris, (da *Serra* l.) Quella sensazione disaggradevole, che si prova quando si sente a limare, o a scricchiolare.

Saturno. Si dice di Persona saturnina, malinconica.

Savàt. Ignorante.

Savàta, (da *Savate* f.)
Scarpa vecchia, e molto logora.) Ciabatta.

Savatà, (coll' accento sopra l' à.) Battitura; battoc-
chiata; bastonata.

Sautè 'n bestia; *sautè sul
cavàl mat.* Saltar in collera;
entrar in valigia.

Savurì, add. Saporito; gu-
stoso; salso; salato; insalato.
§ In forza di sust. Salamistro.

Sbefè. Sbeffare; sbeffeg-
giare; far le beffe, o sbeffe.

Sbefignòf; sbefiòf. Beffardo;
sbeffeggiatore.

Sberveta; sbreveta. Abbrivo.

Sbefì, v. pr. Dicesi di
panno, che traluce in que'
luoghi, dove si comincia a
rompere.

Sbeuj. Paura cagionata da
sorpresa.

Sbianchì. Imbiancare. § Metaf. Scoprire i difetti altrui.

Sbiàv. Scolorito.

Sbignèsla. Svignare.

Sbiriàja. Sbirraglia.

Sbramassè. (Riprender con
grida minacevoli.) Sgri-
dare; riprendere acremente.

Sbreveta, V. *Sberveta.*

Sbriño. (Spruzzo dato dai
liquori nell' uscire con impeto dai vasi, o da qualunque altra cosa.) Spruzzo. §
Si dice anche di quegli spruz-
zoli di saliva, che gettano
alcuni nel parlare

Sbrif. Logoro. § Fig. Dicesi anche per ischerzo di

Ghi ha pochi danari, poca
roba.

Sbruf; sbruf-d'-rie, (da
Sbruffare i., che significa
spruzzare colla bocca.) Scoppio di riso. § *Sbruf* si prende anche per Rabuffo.

Scacarbt, v. pr. Cachinno.

Scapafatiga. Fuggifatica.

Scapè a gambe lvà. Fuggir
quanto se n' ha nelle gambe; fuggir precipitosamente;
darla a gambe.

Scarabotìn. Si dice per
vezzi d'una Figlia giovane,
disinvolta, vispa, e leggia-
dra.

Scaramàna; splörcia. Spilorcio.

Scarcagnè, V. *Scracagnè.*

Scarcagnöt, v. usata solo
per ischerzo. Battitura.

*Scaudacadrèghe; frustapia-
nèle.* (Coloro, che giornalmente vanno in una casa,
o bottega, e non vi spen-
dono mai un soldo, o non
vi portano utile alcuno, e
si dicono *Scaudacadrèghe; frustapianèle*; perchè non sono
d' altro giovamento, che di
scaldar le *cadrèghe*, e frustar
le *pianèle*, detti altrimenti
dagl' Italiani. Frustamattoni.

Scavìs. Discolo.

Schefì; stri; strij. Schifo;
nausea.

Schiribìs. Capriccio.

Sciairè. Vedere.

Scianca. Dissipatore.

Sciancà, coll' accento sopra l'à. Stracciato.

Scianchè la brila; sciaunchè

O 2

la cavesa ; *sciànchè la colàña*, in senso fig. Si dice di chi senza ritegno corrè dove lo trasportano le passioni, e il capriccio.) Rompere , strappar la cavezza ; scapestrare.

Sciancòn. Brandello; straccio ; stracciatura ; squarcio; squarciatura . ¶ Si prende pure per Istrappata.

Sciapassà. Sculacciata.

Sciapin. Imperito.

Sciodè. Schiodare.

Sciöde. Schiudere

Scionfürie. Scoppio di riso. ¶ *Scionf*. Si prende anche per l'coppio di pianto.

Sciopè. Scoppiare.

Scondiòn ; *scondium* . Nascondimento ; cosa fatta di nascosto.

Scopassè margrita , V. *Ausè 'l gomo.*

Scopassòn. (Guanciata gagliarda.) Guancione.

Scoptòn. (Forse da σκωπτων, voce gr., d'onde σκωμμα , tratto satirico.) Palmata forte sul capo.

Scöt. (Dicesi in senso fig. propriamente quella rata, che tocca altrui nel pagare la cena, il desinare , o simili altre spese fatte in comune; si prende anche per parte, o ragguaglio.) Stregua.

Scracagnè ; *scarcagnè.* Calcare.

Scrolè ; *socrolè* Scrollare . ¶ *Scrolè le spale.* Crollar le spalle in segno di non curanza, o di disprezzo.

Scrof. Sporco.

Scrofaria. Sporcheria.

Scröch . Briccone.

Scröl . Crollo ; scossa.

Scrusse. Scrosciare.

Scrussì , add. Sdrucito , e fig. Infermiccio. Dicesi ancora di Chi non ha la mente affatto sana.

Scufia . Quando diciamo una *Scufia* , intendiamo una Donna.

Scuma ; *scuma-d'röst* . Persona scaltrita , astuta.

Scuncè ; *sporchè*. Sporcare ; bruttare ; lordare ; imbrattare.

Scupissòn, (da *Cupis* , Occipite.) Palmata sul capo.

Serchè mesdì a quatördes ore. Vale Cercar Maria per Ravenna. Si dice del cercar le cose , dov' elle non sono . ¶ *Serchè la vërga , ch' a frusta.* Cercar checchessia col fuscellino ; cercarlo con somma diligenza : e si dice di chiunque si procaccia noje, e fastidj a bella posta.

Senpi ; *senbi* , contrario di *Dobi* . Scempio ; semplice . ¶ Per agg. di uomo . Inesperto ; soro ; senza malizia; semplice. ¶ Prendendosi sust. Midollonaccio.

Serèa ; *dserèa.* Bondì a V.S.

Servèl da davanbjra . Cervel bisbetico, bislacco.

Servèl fait-a-granghia. Cervello avviticchiato , che i Toscani dicono Cervello a oriuoli , e vale Volub le ; stravagante.

Sën , v. pr. Senno ; giudizio .

Sûre, V. *Sorèla.*

Sfita. Dolore pungente.

Sfojatè; *ſcartablè.* Squadernare; scartabellare.

Sfojòr, (forse da *Foja* i.) Amante; ganzo.

Sfojöjra. Ganza.

Sforgo, v. pl. Folgore. ʃ E si prende per l' ordinario in senso figurato per significare una Persona di straordinaria vivacità.

Sfriſ; *ſtaſilà.* (Motto satirico.) Staffilata; bottone.

Sfrontà. Spavaldo.

Sfröſ. Frodo.

Sganassà. Morsura. Dicesi anche in significato di Schiamazzo.

Sgari. Strillo.

Sghèira. Dissipatore.

Sgiaf. Schiaffo.

Sgiaſtòn, accr. di *sgiaf*, V.

Sgorgè, (da *Egorger* f.) Scannare; sgozzare. ʃ Fig. Ridurre in cattivo stato; spiantare; angustiare.

Sgiai. Ribrezzo.

Sgnora. Signora ʃUsasi anche dalle persone civili per Moglie.

Sgrignassè, voce pr. Sghignazzare; ridere smoderatamente; smascellare, sganaſciar dalle risa.

Sgrognòn. (Dicesi a colpo grande dato colla parte convessa della mano.) Rovescione; manrovescio.

Sgruſiè, voce usata per ischerzo. (Mangiar con prestezza, con ingordigia, e assai.) Scuffiare.

Siàla. Dicesi di Donna, che va vagando.

Sima - d'öm. Uomo valentissimo.

Simè. Cimare.

Siña. Cena.

Sirà, (Probabilmente da *Sira*, cera, la quale facilmente si storce.) Storto.

Sirognà. (Formato a guisa del legno della vite.) Avvitolato.

Sirognèta. Persona stroppia.

Sito; *ciûto* v. pr. Zitto.

Slandra (Colui, o colei, che usa negli atti, nelle parole, e negli abiti soverchia negligenza, e che va scomposta.) Sciatto, sciatta.

Slandriña; *slandreta*, dim. di *Slandra*, V.

Slandrassa; *slandròña*, accr. di *Slandra*, V.

Slandròn, accr. di *Slandra* in senso masc., V.

Slavà. (Parlando di sapore.) Scipito. (Parlando di colore.) Dilavato.

Slavàs, (da *Lavasse* f. roi v. pr. Gran pioggia, che cade in poco tempo.) Dirotta; rovescio.

Slonc. (Sciatto, sconcio negli abiti, e nella persona.) Sciamannato; male amannato.

Sloncia. (Sciatta; sconcia negli abiti, e nella persona.) Sciamannata; male amannata.

Slussi, V. *Löſna.*

Smangiaſòn. Prurito.

O 3

Smorfieta; *smorfiosita*. (Dicesi di donna, che vuol fare la dilicata, la preziosa.) Smorfiosa; leziosa; smancerosa; che vuol far grazie

Smorfiòn; *smorfiòs*; *smorfioson*. Smorfioso.

Smortin. (Alquanto pallido.) Pallidetto.

Smorfie. Smorfie.

Socröl; *scröl*. Crollo.

Socrolè; *secrolè*. Crollare; scrollare.

Solè. Affibbiare; allacciare. ʃ *Solesse*. Affibbiarsi; allacciarsi.

Sonài. Minchione.

Sonbre, (da *Sombre* f.) Oscuro; scuro; fosco; tetro; atro; nero. ʃ Fig. Tristo; malinconico; pensoso; mesto; cupo.

Sonè a bòt. Rintoccare. ʃ *Sonè a dobi*. Sonar a doppio; sonar con più campane ad un tratto. ʃ Fig. *Sonè à campàne dobie*. (Fr. usata solo per ischerzo. Percuotere alcuno duplicatamente, o replicatamente.) Sonar a doppio, o sonar le campane a doppio.

Sopatè. Battere. *Sopatè la povèr*. Scuoter la polvere; metaf. Bastonare; tambussare. ʃ *Sopatè la testa*. Scuoter la testa; negar di fare checchessia.

Sor; *sur*, Signore; sere.

Sora; *sura*. Signora.

Sorèla; *sēure*, v. pr. Sorella; suora; sirocchia.

Sorlàstra. Sorella da canto

di padre, o da canto di madre

Sorliéa, dim. di *Sorèla*. Sorellina.

Sorsiè, (da *Sorcier* f. Dicesi fig. d'uomo maligno.) Stregone.

Sorsièra, (da *Sorciere* f. dicesi di Vecchiarella maligna.

Sosta. (Luogo, che ripara dalle ingiurie dell'aria, o della stagione.) Ricovero, che difende dalla pioggia, dal vento, dal sole, ec.

Sot-e-su; *sot-e-sovra* Sossopra. ʃ *Sot-e-su*; *circumcirca*, v. l. Pressappoco.

Sotisa, (da *Sottise* f.) Far fallone; sciocchetta.

Sotmàn; *tora*. Tradimento; cavalletta.

Sovriscöt. Soprappiù; l'aggiunta sovra la derrata.

Spà, v. usata per ischerzo. Mangione.

Spaca; *spachëur*; *spacamònti*; *tajacantòn*. Spaccone; spaccamonte; cospettone; tagliacantoni.

Spalà. Decotto.

Spanparà. Spampanata.

Sparmiè. Risparmiare.

Sparvè. Dicesi fig. d'Uomo, o Donna svagata.

Spatus; *spatussà*. Sfoggio; festeggiamento; pompa.

Spatussèse. Empiersi di fango; lordarsi di fango.

Spatussòn, accr. di *Spatus*, V.

Spertiassà. Colpi di pertica, che si danno agli al-

beri da frutta per farla cadere.

Spervefo, V. *Vefo*.

Spiègla; *plēuja* voci pr.
Uomo avaro.

Spiorassà; *pioravlà*. Pianto continuato; piagnisteo.

Splua. Scintilla.

Splufrì. Sparuto.

Spörch. Sudicie; schifo;
lordo.

Spof. Sposo.

Spofa. Sposa.

Sposīna, dim. di *spofa*.
Sposina.

Spreme i limòn. In senso
fig. Esser chiesolastico; esser dato alla santocchiería;
far il santarello, il santone.

Spuà. Pretto; sputato; si-
milissimo

Spussè. V. *Pussè*.

Staca dle braje. Usoliére.

Stafilà; *sfrif*. (Motto satirico.) Staffilata.

Stalì, V. *Arsetà*.

Stanga; *scaramàna*. Uomo
avaro.

Stangòn, accr. di *stanga*
nel significato d'uomo avaro.

Stè ala tichęta. Osservare
una certa regola precisa. ∫
Stè sù. (Raccomandazione,
che si fa a qualcheduno,
affinchè non palesi il secreto confidato.) Tenete in voi.
∫ *Stè sù drit*. Star impettito.
∫ *Stè chiàt*; *stè coi* v. contad. Star cheto; tacere. ∫
Stè sul aqua, *sul eva*. Gal-
leggiare. ∫ *Stè al avàit*, fr.
contad. Stare, essere in agguato.

Stè d'incanto. Star a meraviglia; star benissimo.

Stenfe. Soffocare.

Stipulà. (Dicesi di chi si
rende molesto per la sua soverchia esattezza; che stà
attaccato alle minuzie. ∫ Dicesi anche di Persona eco-
noma.

Stirà. Sorta di pane fatto
a foggia di *gressa*, ma più
grosso.

Stissòf. Colloroso; colle-
rico.

Stof. Annoiato; satollo;
sazio. ∫ Dicesi anche di Persona cagionevole, e malaz-
zata.

Stòmi da prassà? v. usata
solo per ischerzo. Stomaco
forte.

Störfacöl. Torcicollo; collotorto; bacchettone; graffiasanti; ipocrita; baciapile.

Stört. Storto.

Strachè. Straccare; stancare.

Strachìn; *strassuà*, voci
usate per ischerzo. Uomo
senza roba, e senza danari;
povero, necessitoso, mes-
chino, bretto.

Stranballè, v. pr. Traballare.

Strassì. (Ridotto in cattivo stato di salute.) Rifinito.

Strassòn. Straccione.

Strassuà, v. pr. Sudato.
∫ Per *strachìn*. V.

Stravede. (Veder una cosa
per un'altra.) Travedere.

Stravurà; *svirà*. Alterato,
turbato.

Streña, v. l. Mancia; strenna.

Strèp. Strappata. ꜱ *Strèp d'còrda*. (Sorta di pena, che si dà ai rei col lasciar scorrere senza punto di ritegno quegli, che è legato alla fune.) Tratto di corda.

Stri; *strij*; *schefi*. Schifo; nausea.

Strið. Stregghiare. ꜱ In senso fig. Esaminar rigorosamente.

Strincòn.(Atto villano, che si fa in segno di disprezzo, o crollando le spalle, o facendo certo atto di braccio con isgarbo, o prendendo ruvidamente qualche cosa.) Sgarbo; ruvidezza. ꜱ Si prende pure per Strappata.

Strinconè. Dicesi del fare certo atto villano in segno di disprezzo o crollando le spalle, o facendo certo atto di braccio con isgarbo, o prendendo ruvidamente qualche cosa.

Striplòn. Mal in arnese; straccione.

Strifol. Mingherlino.

Strifolin, dim. di *Strifol*, V.

Strop. (Certo numero di animali, onde dicesi *ne strop d'ufèi*; *ne strop d'fèe*; *ne strop d'galìne*, etc. Un branco d'uccelli, un branco di pecore, un branco di polli; mano di pecore, ec.) Branco.

Strufè. Logorare.

Strufafèr. Dissipatore di abiti.

Stua. (Stufa, che si fa alla botte per levar il cattivo odore.) Pamparata.

Stuca. (Dicesi de'presenti, che si danno, o si prendono per vendere, o alterare la giustizia, o per far manopolio di checchessia.) Palmata. Onde dicesi *Dè la stuca*. Dar la palmata. *Pið la stuca*. Prender la palmata.

Svaní, verbo. Parlando di colore. Impallidire. Parlando di liquori spiritosi. Svanire.

Svaní, agg. di colore. Pallido. ꜱ Agg. di liquori spiritosi. Guasto; insipido.

Svari; *divàri*. Divario.

Svariesse. Svagarsi; divertirsi; spassarsi.

Subi. Fischio.

Subrìch. Uomo, o Donna soffistico.

Subrìch. Soffistico.

Such; *marmo*, in senso fig. Uomo, o Donna incapace d'instruzione; uomo, o donna lenta.

Suè. Asciugare; rasciugare; disseccare.

Svená. Svagato.

Svèrgna. Contorsione di bocca, di volto.

Sufìstich. Soffistico.

Sventà. Svagato.

Sufrìn. (Sdegnoso, che ha per male ogni cosa.) Permaloso.

Svirð. Aggiunto di chi ha perduto l'aspetto naturale.

Svissèr. (Guardie Svizzere.) Lanzi.

Suit; *fut*, add. Asciutto.

Sur, V. *Sor*.

Sura , V. *Sora.*

Sufnàire . (Dicesi di chi guarda le cose con grande attenzione, e con desiderio d'ottenerle) Gocciolone.

Sust . Cura.

Sut . V. *Suit.*

T

Tabalëuri. Babbaccio; babbeo.

Tabornaria. Bazzecola.

Tacagnòn. Uomo di grossa, e bassa statura , e robusto.

Tacagnòf. Rizzoso.

Tai. Taglio

Taja. Taglia ; figura , o forma di corpo.

Tajacantòn , V. *Spaca.*

Tajarìn. (Così si dicono alcune fila fatte di pasta, che si usano per farne minestra.) Tagliolini.

Tajè i colët a un; tajè i pan adös a un. Vale Tagliar le legne addosso ad uno , sparlarne .

Tajè al fausët. (Tagliare alla grossolana.) Stagliare

Tajöla. Colui , che vende le cose più del giusto prezzo.

Tanbinchę, V. *Quandbinchę.*

Tanpa. Fossa.

Tapàge , (da *Tapage* f.) Fracasso ; frastuono.

Tapinè , voce usata per ischerzo. Camminare con qualche velocità.

Taravèla. Tattamella.

Tartàja. Tartaglione . ʃ

Per colui, che favella troppo. Cicalone.

Tastè. Assaggiare.

Tavöta , v. contad. Sempre ; tuttavolta ; ogni volta.

Tęndòn. (Quella tela, che distesa ne' teatri dinanzi al palco cuopre le scene, finchè non si dà cominciamento alla commedia.) Sipario; tenda.

Tęnèbre. (Fragore, che si fa per lo più con istrumenti di legno strepitosi, chiamati Tabelle, nel mercordì , giovedì , e venerdì della settimana santa nelle chiese.) ✠ Tenebre, v. dell'uso.

Tęrlupinè. Dar la baja furbescamente.

Tęfòjre , pl. In senso fig. Critiche.

Tęstàs; tęstàrd. (Uomo ostinato nella sua opinione.) Caparbio ; caponę ; testereccio.

Tęstassa, pegg. di testa. Testaccia. ʃ *Tęstassa; tęstàrda.* (Donna ostinata nella sua opinione.) Testereccia ; caparbia.

Tęstassà , coll' accento sopra l' *à* . (Percossa, che si dà col capo in checchessia.) Capata.

Tęstòna. Uomo di gran talento, di gran letteratura.

Tenfiòr; rostissëur . Truffatore

Testa d' arabìch; testa d'afo; testa da brandè (Uomo , o donna di difficile intendimento, e niuna capacità.) Goffaccio; ignorantaccio; asinaccio; castronaccio; buaccio.

Testa baravantàna. (Si dice di persona stravagante, e strana.) Testa balzana.

Testa d'cossa. Zucca vota.

Teta. Fanciulla.

Te-tè. (Voce, con cui si chiamano i cani.) Te te.

Teto. Fanciullo.

Tetre, (da Teter l.) tretre. Traditore; ingannatore; perfido; infedele; disleale.

Tich. Ticchio; capriccio.

Tichęta. Etichetta.

Tiflà; atiflà, add. Abbigliato; ben addobbato.

Tiflesse. Azzimarsi; acconciarsi.

Tilà, V. Atilà.

Tiòrba. (Termine ingiurioso parlandosi di donna. Metaf. tratta dallo strumento così detto.) Tiorba.

Tir. Tratto. ʃ Un tir d'pera. (Quella distanza, che misura un sasso, o altro lanciato dalla mano.) Un trar di sasso.

Tirà a quatr agiclie, agg. di persona. Ben abbigliata; ben abbellita; ben aggiustata.

Tirè a cavàl. Alzar a cavalluccio. ʃ Fig. Tirà un a cavàl. Scorbacchiare; dar la baja; sojare ʃ Tirè de stocà, in senso fig. Dicesi del Cercar danari in prestito; Dicesi pure di chi chiede segretamente l'elemosina. ʃ Tirè 'l fià. Fiatare.

Tnàja; lefnà. Dicesi fig. d'Uomo avaro.

Tnì damènt. Osservare. ʃ Tnì 'l fià, in sens. fig. Citire; non fiatare.

Todęschìn. Sorta di pane fatto a foggia di gręssa, ma più corto, e di farina più fina.

Todo. Babbeo.

Tojro; pastròc. Guazzabuglio; imbroglio.

Torn, V. Sotmàn.

Torn-d'còl Gala.

Tornè a cont. Tornar conto; esser utile.

Tortàgna. Ritorta.

Totlha, dim di Tòta. Donzelletta; donzellina.

Tòck. Pezzo.

Tòla. Latta. ʃ Fig. Si dice di chi ha la faccia tosta quasi coperta di tòla. Faccia invetriata.

Tòpia, (da Topiarium opus l. Uno ingraticolato di pali, o di stecconi, o d'altro legname a foggia di palco, o di volta, sopra il quale si mandano le viti.) Pergola.

Tòrfe 'l còl. In senso fig. Far il bacchettone. ʃ Dicesi anche di persona, che sente già il languore d'una vicina infermità.

Tòta. Donzella; giovanetta.

Tòto. Babbaccio.

Tramęntrè, v. contad. Intanto; frattanto; intrattanto.

Tramolàs. Tremore; tremito.

Tratè ala-slandrìna. Trattar malamente.

Travònde. Inghiottire.

Trebo, add. Torbido.

Treta. (Quel piccolo schizzo di fango, che altri si getta in andando su per le gambe, o per la veste.) Zacchera; pillacchera. ſ Dicesi anche a piccola quantità di sterco, o d'altra sporcizia attaccata in sulla lana delle capre, delle pecore, ec.) Pillacchera; caccola. E siccome de' suddetti piccoli schizzi d'ordinario se ne getta più d'uno, e lo sterco, o altra sporcizia, che resta attaccata alla lana, forma ordinariamente più d'una crosta, perciò lo usiamo più comunemente in plurale. *Trete*.

Tretre, (da *Tretre* f.) V. *Tetre*.

Tripòn; *tripèta*. Uomo panciuto.

Tron. Tuono; fulmine.

Tuna, voce usata in lingua furbesca. Finzione; simulazione. ſ Dicesi pure in significato di Baja; celia; burla; berteggiamento.

Tupìn; *tupiña*, voci pl. Uomo, o donna goffa.

Tufo. Capassone; basoso; musorno.

Tut-ciùt. In una parola.

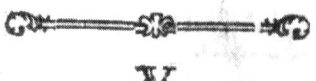

V

Vajtè; *avajtè*. Agguatare.

Vantè; *vantè via*. Toisi

dinanzi agli occhi; sparire; dileguarsi.

Veceta. Vecchietta.

Vecèt. Vecchietto.

Veciàs, peg. di *vec*. Vecchiaccio.

Veciassa, peg. di *vecia*. Vecchiaccia.

Veciòn, accr. di *vec*. Vecchione.

Veciöt. Vecchiotto.

Veciöta. Vecchiotta.

Verlèra, v. pl. Bacchiata; bastonata; battacchiata.

Vefo; *spervefo*. Frega; fregola; sosta; uzzolo.

Vetupè, v. pr. (da *Vitupero* l.) Dicesi d'ogni spezie di bruttura. ſ Dicesi ancora di Persona lercia, e sozza.

Vec; *vei*. Vecchio; veglio; vegliardo.

Vecèt, V. *Vecèt*.

Vecia; *veja*. Vecchia.

Veciarèl. Vecchierello.

Veciarèla. Vecchierella.

Veciàs; *veciassa*, V. *Veciàs*; *Veciassa*.

Vei; *vera*; *ve* v. pl. Veto. ſ *Vei* per *Vec*, V.

Vera, V. *Vei*.

Viàs Vecchiaccio.

Viassa. Vecchiaccia.

Vido. Vedovo.

Vidoa. Vedova.

Vidoànsa. Vedovanza.

Vidoeta. Vedovetta.

Vidoöta. Vedovella.

Vidull. Vedovile.

Vilia, v. contad. per *Vigilia*. E' usata altresì nello stesso significato da Pier Vittori lettera terza a B. Varchi. Prose Fiorentine parte terza delle lettere.

Viosch, v. pr.. Vecchiccio.

Viosca, v. pr. Vecchiccia.

Vir; *gir.* Giro. ʃ Per quell' ornamento donnesco, come Vezzo di perle, ec. che le donne portano intorno alla gola. Filza; vezzo.

Virè; *voltè.* Volgere; girare, voltare. ʃ *Virè, voltè le carte 'n man.* Scambiar le carte in mano. Modo proverbiale, che significa voler con sagacità far pigliar ad alcuno una cosa in cambio d' un' altra. ʃ *Virè, voltè la frità,* in senso fig. Scambiare i dadi.

. *Vischè; avischè.* Accendere.

Vit; *vitmàn* v. fr.; *Vito,* v. pl. Presto.

Vitòn; *montagnin.* Uomo di montagna; montanaro.

Viùc, v. pr. Vecchiuccio.

Viùcia, v. pr. Vecchiuccia.

Ulè. (Mandar fuori urli, e dicesi de' cani.) Guaire.

Umòr fait a cröch. Umore storto, bisbetico, bislacco.

Vnì a tai. Venir in taglio; tornar in acconcio; esser utile, comodo, opportuno. ʃ Quando si dice *Ven a tai che,* equivale a Per buona sorte.

Vnì, veni 'l formàg sui macaròn, sula supa. Venir il cacio sui maccheroni; venir in acconcio, in buon destro. ʃ *Vnì passaròl.* Appazzire.

Voidè; *vuidè.* Vuotare. ʃ *Voidè 'l sach,* in senso fig. Vuotare il sacco; scuotere il sacco. Vale Dire d' uno tutto quel male, che si può dire, come anche dire ad altrui senza rispetto, o ritegno tutto quel, che l'uom sa.

Vojòʃ. Desideroso; vago; bramoso; voglioso.

Volp; volpòn; volp-vecia. Si dice per metaf. di persona astuta, e maliziosa) Volpe; volpone.

Voltè. Volgere; girare; voltare. ʃ *Völtè le carte 'n man.* Scambiar le carte in mano. ʃ *Voltè la frità.* In senso fig. Scambiare i dadi.

Vuidè, V. *Voidè.*

FINE DEL SUPPLIMENTO AL VOCABOLARIO.

ERRORI, E MANCANZE OCCORSE NELLA STAMPA.

*La stelletta * posta avanti l' articolo indica essersi interamente riformato.*

VOCABOLARIO DOMESTICO.

Anima lin. 5 Anima, v. dell'uso *leg.* Anima del bottone; fondello, voci dell' uso i. *Animula* l.

Bassin lin. 1 Baccino *leg.* Bacino.

Bavul lin. 2. coffano *leg.* cofano.

Canè Si metta questo segno † avanti il corrisp. lat. e franz.

Cela lin. 3 *leg.* Cellule.

Ciapulöjra lin. 2 trittano *leg.* tritano.

Giergòn leg. *Gergòn.*

Giërla leg. *Gërla.*

Gorgèra lin. 4 Gofeta *leg.* Goletta.

Ola lin. 3 manici *leg.* manichi.

Navia Si metta questo segno † avanti il corrisp. i. e f.

Paramènta lin. 3 *Peripetasmata* leg. *Vestes; aula; † peripetasmata.*

Taula lin. 4 cibaria *leg.* mensa.

Taulòn lin. 4 Palpanche *leg.* Palplanche.

*Tenivlö*t lin. 4 amourçoir *leg.* amorçoir.

Tinbàla lin. 2 Timbalo *leg.* Timballo.

Tivola lin. 5 *Saterculus* leg. *Laterculus.*

AGGIUNTA AL VOCABOLARIO DOMESTICO.

Bench Si metta per corrisp. fr. *Etabli.*

Bartòn lin. 6 Grande *leg.* Grand.

Bisò lin. 5. Biseau *leg.* Bijou.

Brancàrd lin. 2 barra *leg.* bara, lin. 6 *Velus* leg. *Vebes.*

Buatàs lin. 9 Epouvenrail *leg.* Epouvantail.

Burnidòr lin. 2 Lissoir *leg.*

Brunissoir; polissoir; lissoir.

Gavia lin. 3 venne recato questo vaso *leg.* vennero recati questi vasi.

Ghicët lin. 5 Guicet *leg.* Guichet.

Scer lin. 4 *Ubi secantur fuges* leg. *Ubi siccantur fruges.*

Sebreta lin. 3 Petit baquete *leg.* Petit baquet.

P

RACCOLTA DE' NOMI DERIVANTI DA DIGNITA', ec.

Altessa lin. 2 *Serenitas* leg. *Celsitudo*.

Anbosseûr lin. 2 senza piazza *leg*. non approvato.

Artajòjra lin. 2 salamo *lege* salame.

Artajòr. salamo *leg*. salame.

Auditòr lin. 2 Maître de requêtes *l.g*. Auditeur; maître de requêtes.

Bailo lin. 2, e 3 Nourriciere, pere nourricere *leg*. Nourricier; pere nourricier.

* *Buratìn.* (Quegli, che per mezzo di certa sorta di frullone armato di filo di ferro netta il grano.) . .

* *Castagnè* . (Venditore di castagne .) . .

* *Cavajèr-Gran-Cròf*. Cavaliere Gran Croce della Sacra Religione, ed Ordine Militare de' Ss. Maurizio, e Lazzaro. § *Cavajèr d' S. Moriai*. Cavaliere della Sacra Religione, ed Ordine Militare de' Ss. Morizio, e Lazzaro.

Cavajèra. lin. 1 Cavalleress *leg*. Cavalleressa.

Causté lin. 3 Mercante di calze, e berrette ec. *leg*. Calzettajo; calzajuolo, lin. 3, e 4 Causserier; feseur de bas *leg*. Chausseier; faiseur de bas .

. *Ciamberlàn-* lin. 3 Cambel-

lan *leg*. Chambellan, lin. 4 de chambre *leg*. de la chambre .

Coeféûfa lin. 6 *Cometa leg*. Cosmeta .

Comediànt lin. 3, e 4 una commedia sopra un teatro pubblico *leg*. commedie sopra i teatri .

Conducènt. lin. 7 *velaturam* leg. *vellaturam* .

Convèrs lin. 5 *Conversus* (nel significato Francese) *leg*. Convers. .

Copìsta lin. 3 *Excriptor; litrarius* leg. *Exscriptor; librarius* .

Coronèl. Chiliarchus leg. *Chiliarchus* .

Cuftòde lin. 5 Géobier *leg*. Géolier.

Diocefàn lin. 3 Diocésaine *leg*. Diocésain .

erborista lin. 9 Erboriste *leg*. Herboriste .

Fafeûfa lin. 4 *Calacantium artifex* leg. *Calanticarum artifex* .

Generàl d' armàda lin. 16 *Peditum tribunus* leg. *Pedestrium copiarum ductor*. .

Gianblè lin. 3 *Dulciarius; ii; pistor* leg. *Pistor dulciarius* .

Goantè Manicorum leg. *Manicarum* .

Goàrdia del Còrp lin. 3 *Prætorianus satelles* leg. *Stipator Corporis Regis* .

Goĕrnatòr Gouvernatore *leg.* Governatore.

Gran-Ospedaliè lin. 2 *leg. Magnus nosocomii Præfectus* l. Grand-Hospitalier f.

Gran-Scudè lin. 2 *leg. Equilis Regii summus Præfectus* l.

Gran-Teforè lin. 2 *leg. Magnus Cimeliarcha* l. Grand-Tresorier f.

· *Inprefàri* lin. 2 *leg.* · *Susceptor* l. lin. 3 Entrapreneur *leg.* Entrepreneur.

· *Inviàto* lin. 6 Envoyé *leg.* Envoyé.

* *Lavandè*. Lavandajo i. *Lotor* l. Blanchisseur f.

· *Lavandèra. Lotrix leg. Purgatrix*.

Ligalibĕr lin. 2 *compactor leg. concinnator.*

Limofinè lin. 2 *Regi leg. Regis*.

Locandè lin. 4 de chambre garnie *leg.* des chambres garnies.

· *Magnìn* lin. 7 *Si tolga æramentarius lebetum faber*, o vi si ponga avanti questo segno †.

Magafinè lin. 2 avanti *Apothecarius* si metta questo segno †.

Marcànt-al-ingròs lin. 2 *Magnarius leg. Mercator magnarius*.

* *Marmitòña* Guattera i. † *Lotrix culinaria* l. Laveuse; ou écureuse des plats, & d'écuelles; souillon.

Marmorè leg. Marmorista; lin. 2 *leg. Marmorarius* l.

Marsèl lin. 7 Olporteur *leg.* Colporteur.

Meistcapèla lin. 3 leg. *Coryphæus musicorum* l.

Meisdabösch lin. 3 sarpentieie *leg.* carpentiere.

Meist-d'-seca lin. 2 *Præfectus ærarii* leg. *Monetalis officinæ Præfectus* l.

Mës lin. 3, e 4 leg. *Apparitor; apparitio; accensus* l.

Minadòr lin. 2 leg. *Qui suffodit cuniculos* l.

Minufiè lin. 7 Menusier *leg.* Menuisier.

Miòr lin. 3 Moessoneur *leg.* Moissonneur.

* *Mlonè*. (Che vende melloni.) Poponajo i. Vendeur de melons f.

Monatè lin. 3 Tuiller *leg.* Tuilier.

Montēufa lin. 3 *Calantitum leg. Calanticarum.*

Novisi. Tiro leg. * *Novitius; tyro.*

Oblatòr lin. 4 leg. *Licitator* l.

Oftè. Frustularius leg. Crustularius,

Pescadòjra lin. 5 pèsce *leg.* pêche.

Piagè lin. 3 *Partitor* leg. Portitor.

Porcatè lin. 3 *Subultus* leg. *Subulcus.*

* *Povrè.* (Colui, che fabrica la polvere d'archibuso.) Polverista i. *Pulveris nitrati opifex* l. Fabriquant de poudre à canon f.

Precidjre lin. 3 Ministr *leg.* Ministre.

Predecessòr lin. 3 davancier *leg.* devancier.

Prevöst . Propofito *leg.* Proposto.

Promotòr Promottore *leg.* Promotore.

Protomèdich lin. ult. Protomedicin *leg.* Protomedecin.

Pruchè lin. 2 Ciniʃto leg. *Subditttia coma conʃinnator; ʃiniʃto* .

Reʃidjre lin. 3 Seieur *leg.* Scieur.

Retörich lin. 5 *declarandi* leg. *declamandi.*

Singhër lin. 3 egyptien *leg.* egyptien.

Singria lin. 2 egyptienne *leg.* egyprienne.

Sovrastànt lin. 3 Sorbisseur *leg.* Surintendant; surveillant.

Spadè lin. 3 *leg.* Fourbisseur.

Stafè . *Servus a pedibus* .

leg. *Famulus* 1. Palefrenier *leg.* Estafier.

* *Stagiànt* . (Colui, che tiene casa a pigione.) Pigionale i. *Inquilinus* l. Locaaire f.

Sternidòr lin. 3 Pareur *leg.* Faveur.

Sublocasòr lin. 3 avanti Sublocatore si metta queʃto segno †.

Tërassàn . Contadino *leg.* Borghigiano ; terrazzano. *Oppidanus ; vicanus* .

Tessiòr lin. 2 Tisserande *leg.* Tisserand.

Testimöni lin. 2 Témoine *leg.* Témoin .

Tirabòrse lin. 3 filon *leg.* filou .

Torniòr Tornajo *leg.* Torniajo.

Torʃidòr lin. 3 Tornitore *leg.* Torcitore, lin. 5 torce *leg.* tord .

Turiferàri lin. 5 Turiféraire *leg.* Thuriféraire.

Valè-d' Camera lin. 6 magiʃter *leg.* miniʃter .

RACCOLTA DE' VERBI PIÙ FAMIGLIARI, ec.

Al-long Lunghezzo *leg.* Lunghesso.

Amassolè lin. 2 Ammazzare *leg.* Ammazzolare .

Anmochesse lin. 2 importare *leg.* importarsi.

Apaire ; paire leg. *Apajrè ; pajrè.*

A-ofa lin. 4 A offo *leg.* A uffo.

Arpassè Ripassare *leg.* Ripascere .

* *Artapè* da Taper f. Increspare .

* *Bagajè; ʃagajè* . Chiacchierare ; gracchiare .

Bocè lin. 4 Truccare *leg.* Trucciare.

Bocionè lin. 3 si tolga bolcionare .

Boconè lin. 7 Bocconcellare ; trameggiare *leg.* Sboc-
concellare .

* *Batonè.* (Dare urtoni.)
Urtare ; sospingere .

Canpè lin. 2 Vivere. *leg.*
Campare ; vivere .

Dè lin. 38 Dare delle bolzonate ; bolzonare ; bolcionare *leg.* Dare urtoni ; urtare ; sospingere .

Dorgnè lin. 2 tumori *leg.*
bernoccoli .

Fè colonna 1 lin. 15 ammazzare *leg.* ammassare ,
col. ult. lin. 8 bofonchiare ; bifonchiare *leg.* Far il
muso .

Fè lin. 15 avanti *tenebre*
si metta questo segno † ,

Lumè dicesi ancora Oc-
chieggiare .

Messonè gli spighi *leg.* le
spighe .

Mnè lin. 4 tartagliare ;
linguettare *leg.* tattamellare .

Monfe. Mongere *leg.* Mungere .

'Nbastì. Far la basta *leg.*
Imbastare .

'Ncarognisse lin. 2 Incarognare *leg.* Incarognarsi .

'Nfarinè lin. 2 Farinare
leg. Infarinare .

'Nmochesse lin. 2 importare *leg.* importarsi .

Onfe Oghere *leg.* Ugnere.

Papotè lin. 4, 5 Carreggiare ; carregiarsi *leg.* Careggiare ; careggiarsi .

Restè lin. 2 aggrizzato ;
aggrinzato .

Vende lin. 2 *fora leg.*
fera .

SUPPLIMENTO AL VOCABOLARIO.

Barbagiàn lin. 1 *barbabòc*
leg. barbabòch .

* *Bièt,* add. Molle; flacido;
passo ; appassito ; vieto .

Bifo lin. 1 Biseau *leg.*
Bijou .

Gèrg leg. Gèrgh , lin. 6
Giergo *leg.* Gergo .

Gaögna lin. 2 Gnöne *leg.*
Gnögne .

* *Granàja.* (Tutte le se-
mente.) Biada .

Lvè'l pan d'an man lin. 6
Sbrandare *leg.* Disbrandare.

Lumèta lin. 1 bugieta *leg.*
bugietta .

Piantè un com el bèch al
marcà leg. Piantè un coma
'l bèch el marcà .

NOTA

In mancanza di varie voci latine corrispondenti alle nostre
mi sono servito delle discretamente formate per analogia de'
buoni Scrittori .

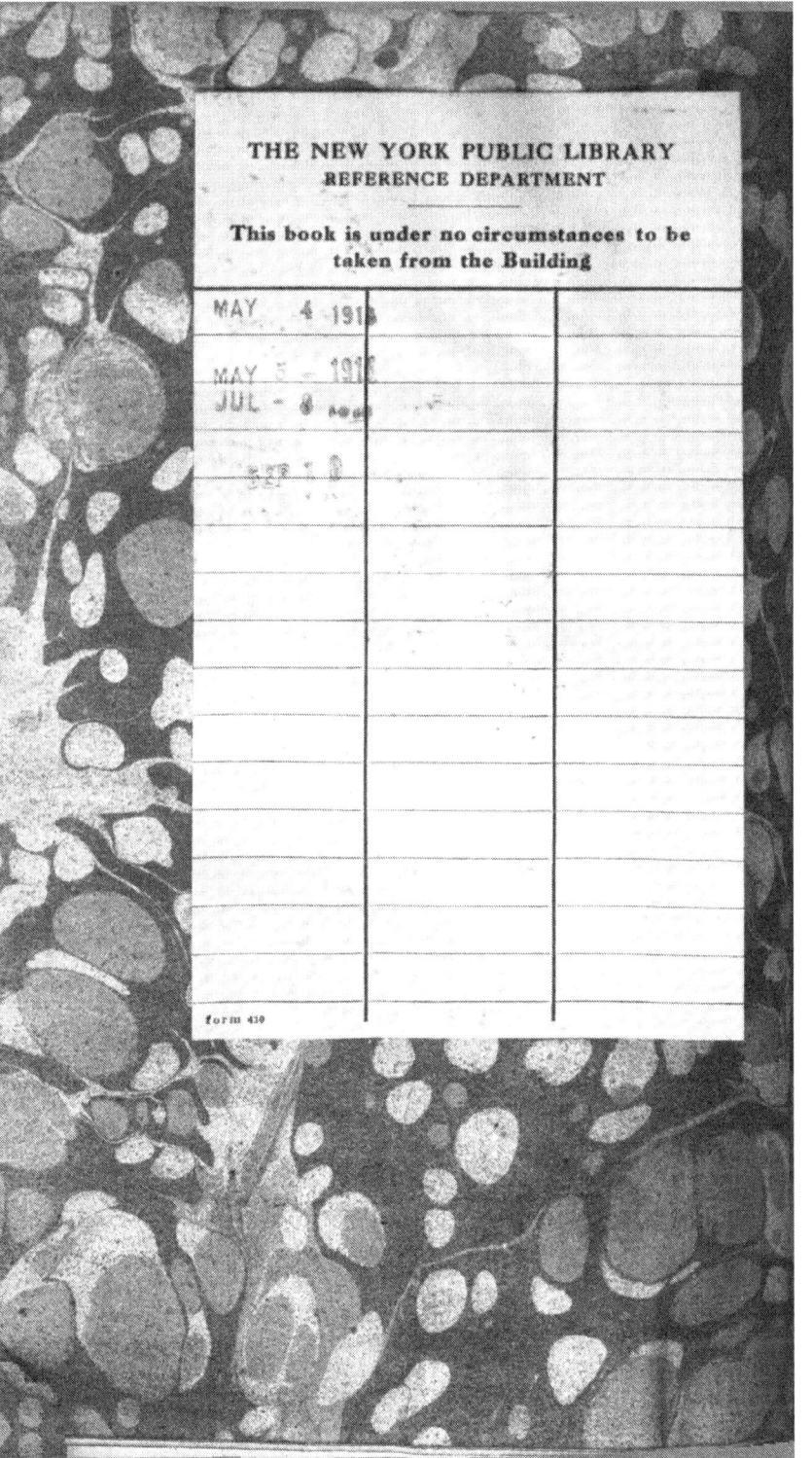

Milton Keynes UK
Ingram Content Group UK Ltd.
UKHW022023110923
428497UK00005B/149